说清小城镇
全国121个小城镇详细调查

赵晖　等著

中国建筑工业出版社

图书在版编目（CIP）数据

说清小城镇. 全国121个小城镇详细调查／赵晖等著. —北京：中国建筑工业出版社，2017.8
ISBN 978-7-112-21103-6

Ⅰ.①说… Ⅱ.①赵… Ⅲ.①小城镇－城市建设－研究－中国
Ⅳ.①F299.21

中国版本图书馆CIP数据核字（2017）第198851号

随着中央和地方各级政府积极出台支持小城镇发展的政策，企业和媒体等社会各界开始高度关注特色小镇、小城镇建设，呈现出全社会支持小城镇发展的良好氛围。本书由中华人民共和国住房和城乡建设部牵头，采取了抓住基本要素、实行彻底调查、实施严谨分析等重要方法，以小城镇的人口、生活、经济和空间等社会发展中最基本的四大要素为研究核心并设计直观明确的调查问卷，组织中国建筑设计院城镇规划院、北京大学、同济大学等13家科研单位，1000余人对全国121个小城镇进行了彻底调查研究，从水平、形态、结构、功能、作用、优劣势、内在机制、发展趋势等方面进行了科学严谨的分析，掌握了小城镇的第一手资料并形成了结论客观、表述通俗、形式生动的研究成果。

本书适用于小城镇规划建设从业人员、相关专业院校师生、小城镇各级规划建设管理人员，及所有关心小城镇的各界人士阅读。

责任编辑：吴 绫 孙 硕 唐 旭 李东禧
责任校对：李欣慰 焦 乐

说清小城镇

全国121个小城镇详细调查

赵晖 等著

*

中国建筑工业出版社出版、发行（北京海淀三里河路9号）

各地新华书店、建筑书店经销

北京锋尚制版有限公司制版

北京京华铭诚工贸有限公司印刷

*

开本：787×1092毫米 1/16 印张：18½ 字数：312千字

2017年9月第一版 2018年1月第四次印刷

定价：59.00元

ISBN 978－7－112－21103－6

（30749）

全国小城镇详细调查与研究委员会

海南省住房和城乡建设厅：陈孝京　陈东海　李柏青

重庆市城乡建设委员会：余晓斌　吴　鑫　黄星月

四川省住房和城乡建设厅：陈　涛　蒋　勇　王建欣

贵州省住房和城乡建设厅：宋丽丽　张乾飞　姚　嵩

云南省住房和城乡建设厅：赵志勇　柳明林　陈天红

西藏自治区住房和城乡建设厅：李新昌　付　聪　德庆卓嘎

陕西省住房和城乡建设厅：韩一兵　苗少峰　黄素华

甘肃省住房和城乡建设厅：蔡林峥　马筵栋　慕　剑

青海省住房和城乡建设厅：白宗科　杨敏政　朱燕敏

宁夏回族自治区住房和城乡建设厅：岳国荣　霍健明　杨　普

新疆维吾尔自治区住房和城乡建设厅：马天宇　高　峰　马　玉

调　查　组：城镇规划设计研究院：杨超（负责人），相关研究人员

北京大学：赵鹏军（负责人），相关师生

同济大学：陆希刚（负责人）、栾峰（负责人），相关师生

北京建筑大学：丁奇（负责人）、荣玥芳（负责人），相关师生

华南理工大学：邓昭华（负责人）、王成芳（负责人），相关师生

哈尔滨工业大学：冷红（负责人）、袁青（负责人），相关师生

华中科技大学：耿虹（负责人）、王宝强（负责人），相关师生

深圳大学：李云（负责人）、陈宇（负责人），相关师生

陕西师范大学：曹小曙（负责人）、黄晓燕（负责人），相关师生

西南民族大学：赵兵（负责人）、麦贤敏（负责人），相关师生

西北大学：吴文恒（负责人）、李同昇（负责人），相关师生

山西财经大学：郝俊英（负责人）、刘晓霞（负责人），相关师生

安徽建筑大学：汪勇政（负责人）、李久林（负责人），相关师生

福建工程学院：卓德雄（负责人）、曾献君（负责人），相关师生

兰州大学：常跟应（负责人），相关师生

湖南大学：焦胜（负责人）、许乙青（负责人），相关师生

浙江工业大学：王岱霞（负责人）、陈前虎（负责人），相关师生

广西大学：卢一沙（负责人）、覃盟琳（负责人），相关师生

桂林理工大学：龚克（负责人）、王万明（负责人），相关师生

江西师范大学：李小云（负责人）、杨坤（负责人），相关师生

山东建筑大学：赵虎（负责人），相关师生

长沙理工大学：熊鹰（负责人）、徐海燕（负责人），相关师生

目 录

0 序章 001

0.1 为什么要说清小城镇 002
    0.1.1 小城镇是更符合国情的大战略 002
    0.1.2 小城镇发展得并不好 003
    0.1.3 对小城镇的认识不全、不透 003

0.2 怎样说清小城镇 005
    0.2.1 透视小城镇"人、生活、经济、空间"四个基本面 005
    0.2.2 实施全国性抽样、镇区全覆盖式的调查 006
    0.2.3 实施深入、透彻的调查 007

0.3 调查了什么样的小城镇 007
    0.3.1 调查对象 007
    0.3.2 抽样方法及调查样本 008

1 小城镇住着什么样的人 013

1.1 人口结构 014
    1.1.1 年龄金字塔呈"纺锤形",不同于农村"386199部队".... 014
    1.1.2 七成以上的常住居民为农业户籍 016
    1.1.3 七成以上居民受教育水平在初中及以下 016

1.2 劳动就业 018
    1.2.1 务农、打工、经商、上班"四分天下" 018
    1.2.2 青年打工、中年经商、老年务农 020
    1.2.3 八成为个体就业,兼业普遍 021

1.2.4 一半以上就业者工作时间相对自由 022

1.2.5 镇内就业为主，年轻就业者更愿意选择县级及以上城市... 023

1.3 居民收入 024

1.3.1 中低收入为主，平均收入高于农村、低于城市 024

1.3.2 机关上班和开店收入最高，打工和务农收入最低 025

1.3.3 劳务收入为主，财产性收入少 026

1.4 家庭结构 027

1.4.1 世居家庭多，迁入家庭主要来自周边农村 027

1.4.2 一两代人组建的小型家庭普遍，户均3人 028

1.4.3 家庭结构稳定，留守儿童少 029

1.4.4 直系亲属中年轻人在城里，老年人在村里 030

1.5 小结 031

2 小城镇的生活是什么样的生活 035

2.1 日常消费 036

2.1.1 消费水平略高于农村，远低于城市 036

2.1.2 生存型消费比重大，恩格尔系数相似于城市20世纪90年代
水平 038

2.1.3 日常购物镇内为主，较高端消费依赖周边县市 040

2.1.4 空调、电脑、汽车开始走入普通家庭 042

2.1.5 文娱等享乐消费普遍少，但高收入家庭相关消费明显增多
.... 044

2.1.6 超六成居民用智能手机，信息化刺激消费增长趋势明显 ... 044

2.1.7 有现代消费欲望，预期大额消费以买房买车为主 046

2.2 居民住房 047

2.2.1 七成居民住宅自建，买房租房量少价低 047

2.2.2 住宅面积户均150平方米，人均45平方米 047

2.2.3 几乎没有装修，厨卫浴等基本功能与城市有明显差距 048

2.2.4 一半以上住宅在2000年后建设，住房满意度较高 049

2.3 交通出行 050
　　2.3.1 镇内购物串门最常见，去县市普遍较少 050
　　2.3.2 出行"20分钟生活圈" 052
　　2.3.3 步行是居民最主要的出行方式 053
　　2.3.4 超七成居民认为出行方便 054

2.4 休闲娱乐 055
　　2.4.1 日常休闲以看电视、玩手机、闲逛闲聊等低成本消遣方式
　　　　　 为主 055
　　2.4.2 六成家庭半年都不外出就餐一次，3/4家庭从不旅游 057
　　2.4.3 镇内休闲为主，公园广场最受欢迎 058

2.5 公共服务 060
　　2.5.1 在镇内完成义务教育，高中就学主要在县城 060
　　2.5.2 镇里看小病，县市看大病 060
　　2.5.3 居家养老倾向明显 061
　　2.5.4 在镇可办日常基本事务，仍对县城依赖多 062

2.6 心态意愿 064
　　2.6.1 六成居民满意现状，超三成认为小城镇接近城市 064
　　2.6.2 最满意生态交通与邻里氛围，最不满意经济就业与设施
　　　　　 服务 064
　　2.6.3 故土情结根深蒂固，归属感较强，是幸福感重要来源 065
　　2.6.4 三成居民愿意留镇，八成希望后代去城市 068

2.7 小结 071

3 小城镇的经济是什么样的经济 073

3.1 经济结构与水平 074
　　3.1.1 社会经济发展水平与城市差距显著 074

3.1.2 产业结构相似于我国改革开放初期水平.......................076

3.1.3 经济长期低速缓增，新常态下受宏观经济下行影响最小...079

3.1.4 工商业投资主要来自本地.......................081

3.1.5 财政高度依赖上级补贴，"吃饭财政"普遍...................084

3.2 小城镇的企业 087

3.2.1 小型、民营、多样的特征突出 087

3.2.2 企业根植于本地.......................090

3.2.3 产品以原材料、初级加工品、生活生产基本服务为主 093

3.2.4 大部分盈利状况良好，但近年来利润空间受挤压..........095

3.2.5 高新企业、新兴企业在小城镇崭露头角.......................096

3.2.6 返乡创业企业为小城镇增添活力 099

3.3 小城镇的商业 100

3.3.1 商铺三百家，类型上百种 100

3.3.2 沿街底商最常见，定期集市不可缺 103

3.3.3 日常必需店为主，也有品质生活店 105

3.3.4 电子商务发展迅速 109

3.3.5 店铺平均月利润超1万元，店主收入在镇上较高.......................111

3.3.6 主要服务镇区居民和周边村民 112

3.4 小结 116

4 小城镇的空间是什么样的空间.......................119

4.1 空间意象 120

4.1.1 选址布局灵活，贴近山水田园 120

4.1.2 沿河沿路居多，常见带状发展 123

4.1.3 路网"非正规"，不规则背街小巷多 127

4.1.4 尺度小巧，建筑低矮，风貌多元 129

4.1.5 城镇中心常为主街、集市，地标多为山水、古建..........132

4.1.6 历史文化资源丰富珍贵 132

4.2 生活空间 136

　　4.2.1 街坊式居住空间占八成以上，小区式住宅少而散 136

　　4.2.2 居住用地占比过半，自建住房占八成以上 138

　　4.2.3 商铺大多沿街分布，"上居下店"十分普遍 139

　　4.2.4 街道尺度宜人，生活气息浓郁 143

　　4.2.5 一块板道路为主，人车混行普遍 144

　　4.2.6 大型公园广场少，街头巷尾休闲空间丰富 145

4.3 土地利用 146

　　4.3.1 满足基本生活职能为主，生活与生产用地比例约为8：1 146

　　4.3.2 镇区以村庄为基础，集体土地占六成以上 147

　　4.3.3 建设用地与非建设用地相互渗透，边角地、插花地、夹心
　　　　　地较多 150

　　4.3.4 土地混合利用程度高，功能分区不明显 151

　　4.3.5 建设强度低，人均建设用地面积为城市2.4倍 152

4.4 设施配置 154

　　4.4.1 教育医疗硬件齐全，服务水平有待提高 154

　　4.4.2 大众文化休闲设施普及，但满足特定人群需求的设施服务
　　　　　缺乏 156

　　4.4.3 环卫给水通信基本普及，污水处理短板突出 159

　　4.4.4 旅游服务能力提升滞后，仅两成有星级宾馆 160

4.5 小结 162

附录　典型镇详细调查报告 165

天津市静海区双塘镇调查报告 165

内蒙古自治区鄂尔多斯市伊金霍洛旗札萨克镇调查报告 172

辽宁省阜新市阜新蒙古族自治县东梁镇调查报告 178

江苏省无锡市江阴市新桥镇调查报告 186

安徽省宣城市泾县云岭镇调查报告 195

福建省三明市尤溪县西滨镇调查报告 202

山东省济南市长清区万德镇调查报告 209

湖南省怀化市溆浦县龙潭镇调查报告 216

广东省清远市清新区山塘镇调查报告 220

海南省文昌市冯坡镇调查报告 228

重庆市南川区南平镇调查报告 233

贵州省遵义市湄潭县永兴镇调查报告 242

西藏自治区山南市扎囊县桑耶镇调查报告 250

甘肃省兰州市皋兰县什川镇调查报告 256

新疆维吾尔自治区阿克苏地区温宿县克孜勒镇调查报告 263

附图 典型镇用地现状图 271

0 | 序章

为什么要说清小城镇

怎样说清小城镇

调查了什么样的小城镇

0.1 为什么要说清小城镇

0.1.1 小城镇是更符合国情的大战略

小城镇可以成为城镇化的重要载体。城镇化由城市和小城镇两者的发展所支撑，小城镇可以成为其重要支撑。虽然我国小城镇的作用不是很大，但纵观世界，已完成城镇化和工业化的欧美发达国家，小城镇是城镇化的主要载体，如德国70%的人口居住在2万人以下的小城镇。发达国家的小城镇往往是城镇化的高端形态，其人居环境质量高于城市，更加舒适优美，居住的人多为中产阶层甚至富裕阶层。

小城镇更加有利于协调发展。小城镇是促进城乡协调发展最直接、最有效的途径。小城镇是农民生活圈的核心，提供农民就业岗位，满足农民上学、看病、办事、购物、娱乐等生活需求。小城镇发展带动农民增收效果十分明显，农民的生活现代化是靠小城镇实现的，这是城市里所不能及的。近年来，外出农民工逐渐回到小城镇就业创业，实现就近就业和家庭团圆，极大地促进了社会和谐与稳定。小城镇的发展有利于区域协调发展。新疆、云南、广西等西部省依靠特色小镇发展，促进了城镇化和经济增长。

小城镇可以成为经济增长新的一批"小发动机"。在城市和县域，我国产业空间布局的特点体现为政府主导、统一规划、一点集中式布局。我国一个县的面积很大，往往在一千平方公里以上，对如此辽阔的疆域，通过统一规划，将高附加价值的二、三产业几乎全部集中布局在县城，而其他辽阔的地区只留下农业、农村、农民，这种模式在世界上也是不多见的。实际上城市以及县城以外存在着许多不可移动的资源，有较大的发展潜力。有重点地发展小城镇，有特色地发展小城镇，可以把城市以外的发展潜力调动起来，成为发展的新动力。小城镇经济往往是绿色的、内需的、有文化的，有利于经济新常态下的转型升级。

小城镇具有城市不可比拟的绿色发展优势。北京市人均汽油消耗量是我国浙江最发达小城镇人均汽油消耗量的7倍。城市的高层建筑单位面积的建造和使用能耗，是小城镇低层和多层建筑的1.5倍。小城镇空气质量更好，各类排放更容易治理。小城镇生活比城市生活更绿色。

小城镇可以让国家建设更有中国特色，更加丰富多彩。我国的传统文明是农耕文明，广大乡村地区蕴藏着大量的历史文化资源，闪烁着丰富多彩的地区和民族特色，每一个镇都有一段历史、一种文化、一种精神。此外在空间上，小城镇更容易体现传统文化和地区特色。由于城市用地限制，不可避免地建设高层建筑，而高层建筑要实现美观，一般采用简洁风格，因此容易导致千城一面。而小城镇以低层小体量的建筑为主，建筑设计上更具灵活性，更容易体现地域特色和民族特色。因此，将1.8万个小城镇建设好，可使我们的国家建设得更具中国特色，更加丰富多彩。

0.1.2　小城镇发展得并不好

虽然小城镇对我国协调发展、可持续发展具有重要意义，并且我国在20世纪80年代就提出了"小城镇、大战略"，后来又提出大中小城市和小城镇协调发展的目标，但是从实际结果看，我国小城镇发展明显滞后，大中小城市和小城镇发展并不十分协调，"小城镇、大战略"没有成为现实。

我国小城镇在城镇化中的作用很弱。除县城城关镇以外的建制镇有1.8万多个，但承载人口能力比较低，居住在1.8万个小城镇上的人口占城镇人口的比例为24%，占全国人口比例仅为12%，远低于发达国家。小城镇尚未成为人们长期稳定的居住地。小城镇基础设施建设落后，全国建制镇2015年污水处理率仅51%，生活垃圾无害化处理率仅45%[①]，产业薄弱，教育医疗服务水平较低，环境脏乱差，许多年轻人选择离开，一些镇的人口在减少。小城镇的建设缺乏特色。许多确定作为重点镇或中心镇的规划建设照搬和模仿城市，缺乏小城镇特色，缺乏地域、民族和传统文化特色。从全国范围来看，人口越来越向大中城市或特大城市集中；从省市范围来看，人口更多地向地级市、县城集中。

0.1.3　对小城镇的认识不全、不透

过去相当长的时间里，我国对小城镇有大量研究。研究方向主要包括小城镇的发展过程和机制、土地利用与经济效益、流动人口、就近就地城镇化、产业与企业发展、人居环境改善、规划建设等。这些研究通常运用历史资料梳理、统计数据分析、案例研究和社会调查的方法，部分对小城镇空间

---

① 数据来源：《2015年中国城乡建设统计年鉴》。

的研究开始引入遥感等新技术。这些研究中,一部分主要是由政府部门结合工作需要组织开展的,如住房和城乡建设部村镇建设司、国务院发展研究中心、国家发展改革委的城市与小城镇改革发展中心等都组织过了大量小城镇调研;江苏、浙江、湖北、山西、陕西等地方政府也进行过本地区的小城镇调查研究,形成了针对性的研究报告和政策建议。另一部分主要由高校、规划设计与科研机构、商业咨询机构组织开展,调查角度和调查工具相对多元,多围绕特定主题或为解决具体问题开展,如小城镇建设情况调查、社会生活调查、企业调查、市场调查等。这些既有的研究成了宝贵经验,为进一步研究小城镇、说清小城镇奠定了良好的基础。

但总体来看,这些研究在对小城镇的认识上,存在全面性、透彻性的局限,由此导致对小城镇的作用认识不足。主要表现在:

一是缺乏全面性。许多研究的范围往往局限在少量的小城镇个案,或局限于局部地区,没有在全国全面调查或抽样调查。许多研究局限在小城镇本身,没有分析镇与县城的联系、没有分析镇与村庄的联系。许多研究的内容局限在小城镇的产业、规划建设、或土地利用等单一内容上,缺乏对小城镇的整体性剖析。

二是缺乏透彻性和准确性。对全国或者区域范围较大的小城镇既有研究,普遍依赖于统计数据,而小城镇的统计指标较少,反映的问题很有局限,难以做出透彻的研究结果。同时,大量统计指标是以小城镇的镇域为单位,没有将镇建成区和镇下属的村庄分开,模糊了小城镇的特性。许多个案调查研究,对镇的调查范围有限,如调查了镇区的部分企业,而不是镇的全部企业和全部经营个体,造成对小城镇的经济说不透、说不准;调查了镇区的部分空间,而不是全部空间的详细调查,造成对小城镇空间说不透、说不准。更重要的是,许多调查研究的切入点不够接地气,限于经济、人口、建设等宏观层面,而不是抓住小城镇最基本、最一手、最反映真实面、最生动的鲜活信息,因此对小城镇的分析浮于表面,没有把小城镇的生命机理、生命状态以及体格体型特征分析清楚。

调查研究的局限性导致制度反思比较苍白,给出的解决方案和政策建议科学性、创新性不足。现实社会中普遍存在的重城轻镇、"小城镇效率低"、"小城镇是城市的尾、乡村的头"、以县城为中心建设等认识上的偏差,都与我们对小城镇认识不足、认识不清有密切关系。对小城镇认识上的不足,影响了推进城镇化、推进乡村建设的思路和政策，影响了规划和项目实施，也会给国家可持续发展、协调发展带来影响。

0.2　怎样说清小城镇

0.2.1　透视小城镇"人、生活、经济、空间"四个基本面

以人说镇。人与小城镇是同一事物的两个侧面，人是小城镇最基本的写照，说清楚小城镇住着什么样的人，就能很大程度说清楚小城镇是什么。人是小城镇最重要的构成细胞，运转着小城镇中的一切活动，因此人的年龄、就业、家庭、教育、收入等结构和特征反映出小城镇的经济社会结构和特征，可以清晰看出小城镇与城市的不同，与农村的不同。对小城镇人的分析可折射出小城镇的功能和作用，昭示小城镇的未来。小城镇的特性都能在小城镇的人上找到印证。

以生活说镇。生活是经济社会发展的最终目的。小城镇的生活水平生动、真实地反映出小城镇社会经济的发展水平，折射出小城镇的吸引力。人们生活的满意度与幸福感能综合地反映出小城镇的历史、自然、文化等方方面面的特征和功能，也反映出人们价值观等思想层面的本质。说清楚小城镇的生活是什么样的生活，是说清楚小城镇最接地气、最生动、最有说服力的切入点，可以清晰地看出小城镇与城市的不同，与农村的不同。以生活说镇是对以人说镇的一个重要补充。

以经济说镇。经济是小城镇的生命力所在，经济分析在既有小城镇研究中普遍使用。本次研究的独特之处是全面性调查，即对镇的所有经济单位，包括全部企业和店铺进行调查，以求更清晰地说明小城镇是如何"谋生"与"运转"的。同时也注重解析小城镇经济的特征及其在国民经济整体中的地位和作用。

以空间说镇。空间是人类活动的产物，空间是小城镇全部活动的一个重要写照，有什么样的人和活动就塑造出什么样的空间。说清小城镇的空间可从独特的角度说清小城镇。通过调查、体验、分析小城镇的空间，由表及里地认知问题，展示空间直观印象和现实特色，重点揭示小城镇的由来、形成机制和运转机制，也进一步阐明小城镇的社会经济特征，反映人们的生活方式，昭示小城镇的价值。

四个基本面具体研究内容如图0-1所示。

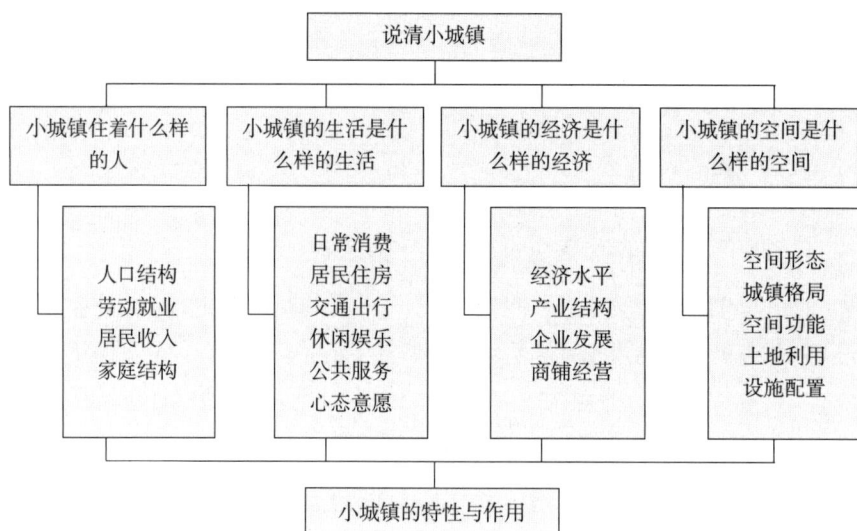

图0-1 研究的主要内容

0.2.2 实施全国性抽样、镇区全覆盖式的调查

实施全国性抽样调查。为保证调查地区的全面性,调查范围涵盖了全国31个省(区、市),抽样121个小城镇作为详细调查对象。

实施镇区全覆盖式调查。为把握小城镇经济全面情况,对每个镇所有经营单位,即所有企业和店铺进行全数调查。为把握小城镇空间全面情况,对建成区每一块不同用途的空间进行实地全数调查。对小城镇居民家庭调查,难以做到覆盖全部家庭,但每个镇抽样120户进行入户调查,保证样本充足。

组织全国各地专业人员驻镇调查。中国建筑设计院城镇规划院、北京大学、同济大学等13家科研单位,1000余人对全国121个小城镇进行了彻底调查研究,投入时间累计超10000余人·日,记录了调查家庭每一个成员的信息,确定了镇区所有土地和建筑的功能与属性,访谈了镇区每一种企业的经营状况,走遍了镇区所有商铺,并绘制了121个镇的土地、商铺、住宅等的现状图纸,真正掌握了小城镇的第一手资料。

针对核心内容进行深入调查。例如,人口调查不仅涉及每户家庭的所有常住成员,而且涉及该家庭三代以内所有直系亲属。空间调查采用由表及里的认知顺序设计指标。

0.2.3 实施深入、透彻的调查

区别于传统的统计年鉴指标，围绕小城镇的"人、生活、经济、空间"四大基本面，创新性地设置了小城镇实用指标，设置了5份调查问卷（调查表），共设置了211个问题，采集了1305项指标：

1. 镇区入户调查问卷：调查小城镇镇区常住居民家庭成员、就业收入、消费习惯、娱乐休闲、文化认同等。设置问题56项，采集指标155个。

2. 村民调查问卷：调查镇区周边村庄居民家庭、往来镇区目的、频率等。设置问题13项，采集指标33个。

3. 企业调查问卷：调查镇区企业的基本信息、企业发展投资环境、企业生产情况、企业创新及能源来源等。设置问题38项，采集指标116个。

4. 城镇空间与建设调查表：调查镇区用地、格局、街巷、居住、商业店铺、公共服务、交通设施与服务、基础设施、旅游配套服务、文化传承、生态节能、规划编制及建设投资等。设置问题59项，采集指标916个。

5. 基本情况调查表：调查小城镇的基本情况、人口经济统计数据、人口流动情况、产业结构、固定资产投资、工商业项目投资来源及贡献、园区景区、财政收入等。设置问题45项，采集指标85个。

对于调查数据的分析，我们力图科学、严谨。除了从水平、形态、结构、功能、作用、优劣势、内在机制、发展趋势等方面进行了基础分析以外，采用画像的方式展现出小城镇的特征，形成了结论客观、表述通俗、形式生动的研究成果，并将大部分指标与城市、农村或全国平均水平进行了横向比较，选择一些重要指标进行了多年变化的纵向对比。

0.3 调查了什么样的小城镇

0.3.1 调查对象

我国小城镇人口差异极大，最大的镇建成区人口超40万人，最小的镇建成区人口只有一百多人，但整体上看，绝大部分小城镇人口规模较小，建成区人口不足1万人的建制镇占72%，2万人以下的约占90%，3万人以上的镇仅占5%。考虑大部分县城规模和功能已接近城市，且大多数小城镇都比较小，本次调查的对象以建成区人口规模2万人以下的建制镇为主。

建制镇镇区是镇政府驻地，是商贸、工业、公共服务、文化娱乐等各类

活动的发生地。因此，本书的核心研究区域是镇区，人口、生活、空间、企业、商业等大部分研究内容都是基于镇区分析的。但是，由于镇域是独立完整的经济体，小城镇经济发展水平与产业结构是从镇域范围分析的。

0.3.2 抽样方法及调查样本

调查样本选择采取分层抽样、整群抽样、随机抽样3种方式相结合进行。调查实际选取建制镇121个，共计调查了12000多户小城镇家庭、1300多家企业，访谈了30000多家店铺，绘制了121份镇建成区用地现状图。

（1）镇样本信息

镇的选择采用分层抽样。主要考虑镇本身的发展水平，与大城市的距离。每个省（自治区、直辖市）选择3~4个镇。

从地理区域来看[①]，91%的镇位于胡焕庸线以东的东部季风区，其中北方区占41%，南方区占50%。从地形条件来看，山地、丘陵和平原的数量相当，分别为41、35和36个，地处高原的镇较少，仅有9个。从经济地带来看较为均衡，东、中、西三大地区分别为32%、22%、36%，东北地区10%（表0-1~表0-3）。

按地理区域划分的镇样本数量与比例　　表0-1

地理区域	北方区	南方区	西北区	青藏区	合计
数量（个）	49	61	6	5	121
比例	40.5%	50.4%	5.0%	4.1%	100%

按地形条件划分的镇样本数量与比例　　表0-2

地形	平原	丘陵	山地	高原	合计
数量（个）	41	35	36	9	121
比例	33.9%	28.9%	29.8%	7.4%	100%

按经济区域划分的镇样本数量与比例　　表0-3

经济区域	东部	中部	西部	东北	合计
数量（个）	39	26	44	12	121
比例	32.2%	21.5%	36.4%	9.9%	100%

---

① 西北区包括内蒙古、新疆，青藏区包括青海、西藏，东部季风区按照秦岭-淮河为界分为北方区和南方区。

平均每个镇的镇区常住人口规模为9012人，中位数为6500人。具体来看，0.5万人以下、0.5万人～1万人和1万人以上者大约各占1/3（表0-4）。

按人口规模划分的小城镇数量　　　　　　　　　　　表0-4

人口规模（万人）	<0.5	0.5～1.0	1.0～2.0	>2.0	合计
数量（个）	40	43	27	11	121
比例	33.1%	35.5%	22.3%	9.1%	100%

从小城镇的职能类型来看，农村服务镇、工业镇、旅游镇和商贸镇分别占34%、25%、26%、15%（表0-5）。

按产业功能类型划分的小城镇数量　　　　　　　　表0-5

职能类型	商贸流通	工业发展	农业服务	旅游发展	合计
数量（个）	18	30	41	32	121
比例	14.9%	24.8%	33.9%	26.4%	100%

（2）居民样本信息

镇区居民家庭入户样本采用整群抽样与随机抽样相结合的方式。每个镇调查总户数控制在120户左右。随机抽取1～2个所居委会，对抽到的居委会住户全部调查。

村民家庭入户样本则根据村庄的发展水平、与镇区距离，每个镇选择3个村庄，每个村庄随机选择5～6户居民家庭入户调查。

居民样本信息统计　　　　　　　　　　　表0-6

项目	频数（个）	百分比
性别		
男性	21254	51.6%
女性	19953	48.4%
样本量（人）	41207	
年龄		
0岁～9岁	3598	8.7%
10岁～19岁	4412	10.7%
20岁～29岁	5293	12.8%
30岁～39岁	5787	14.0%

续表

项目	频数（个）	百分比
40岁～49岁	7594	18.4%
50岁～59岁	6890	16.7%
60岁～69岁	4892	11.9%
70岁～79岁	1948	4.7%
80岁～89岁	702	1.7%
90岁～99岁	95	0.2%
100岁及以上	3	0.01%
样本量（人）	41214	
民族		
汉族	35704	86.7%
少数民族	5467	13.3%
样本量（人）	41171	
户籍		
农业	27260	66.3%
非农业	13868	33.7%
样本量（人）	41128	
省份		
安徽	1342	3.3%
北京	313	0.8%
福建	1533	3.7%
甘肃	1740	4.2%
广东	2292	5.6%
广西	1837	4.5%
贵州	1356	3.3%
海南	1310	3.2%
河北	1474	3.6%
河南	2010	4.9%
黑龙江	936	2.3%
湖北	1255	3.0%
湖南	1785	4.3%
吉林	1128	2.7%
江苏	1351	3.3%
江西	1920	4.7%

续表

项目	频数（个）	百分比
辽宁	1140	2.8%
内蒙古	1118	2.7%
宁夏	937	2.3%
青海	1210	2.9%
山东	1567	3.8%
山西	1811	4.4%
陕西	1326	3.2%
上海	798	1.9%
四川	1878	4.6%
天津	923	2.2%
西藏	375	0.9%
新疆	756	1.8%
云南	1364	3.3%
浙江	1247	3.0%
重庆	1235	3.0%
样本量（人）	41267	

（3）企业样本信息

对镇区范围内的企业采用全数调查方式。即小城镇镇区的生产或提供服务的各类公司，全部走访（表0-7）。

企业样本信息统计   表0-7

项目	频数（个）	百分比
企业性质		
国有	58	4.3%
集体	66	4.9%
民营	1041	77.8%
三资	65	4.9%
联营	20	1.5%
其他	88	6.6%
样本量（家）	1338	

续表

项目	频数（个）	百分比
企业类型		
生产型实业公司	890	66.5%
专业贸易型公司	121	9.0%
工贸一体型企业	129	9.6%
服务型企业	198	14.8%
样本量（家）	1338	
所属行业		
农、林、牧、渔业	293	21.9%
建筑业	54	4.0%
旅游业	53	4.0%
工业（采矿业、制造业、电力）	575	43.0%
仓储、批发、零售业	106	7.9%
交通运输业	15	1.1%
物流业	10	0.8%
餐饮和住宿业	87	6.5%
房地产开发经营	17	1.3%
物业管理	4	0.3%
商业服务业	43	3.2%
其他	81	6.1%
样本量（家）	1338	

（4）商铺样本信息

对镇区范围内的所有营业的商铺，采用全数调查方式。即只要开门营业的、注册为个体工商户的商铺全部走访（表0-8）。

商铺样本信息统计　　　　　　　　表0-8

项目	数量（个）
商铺	45518
沿街商铺	38534
大型商场和超市	342

1 | 小城镇住着什么样的人

人口结构   家庭结构

劳动就业   小结

居民收入

1.1 人口结构

1.1.1 年龄金字塔呈"纺锤形"，不同于农村"386199部队"

小城镇常住人口的平均年龄为44岁。18岁以下的青少年及儿童占17%，15岁～39岁的占32%，40岁～59岁年龄段的中壮年占35%，60岁及以上老年人占19%，其中65岁以上老年人占12%。按照联合国标准[①]，我国小城镇已步入老龄化社会。总体上看，我国小城镇常住人口金字塔已经表现为上大下小的"纺锤形"（表1-1）。

小城镇常住人口的年龄构成　　　　　　表1-1

年龄（岁）	占常住人口比例
<18	17%
18～59	64%
其中：40～59	35%
≥60	19%
其中：>65	12%

从劳动力来看，常住人口中36岁～55岁年龄组占总人口比例要明显高于农村地区，这一年龄组也是劳动力的重要组成。相比于农村人口日益呈现"386199部队"特征，即常住人口基本只有妇女、儿童和老人，小城镇当前的人口结构更完整，劳动力更充足，发展的压力更小。但是，当前小城镇16岁～35岁年龄组常住人数仅相当于36岁～55岁年龄组的一半，甚至比56岁～65岁年龄组的占比还要低，这意味着"80后"、"90后"在小城镇中的数量少，仅相当于"60后"、"70后"的一半，小城镇未来劳动力数量可能出现断崖式减少（图1-1）。

随着我国城市化进程的推进，更多小城镇的年轻人进城，未来小城镇人口金字塔底部缺口可能进一步扩大（图1-2）。

男　女

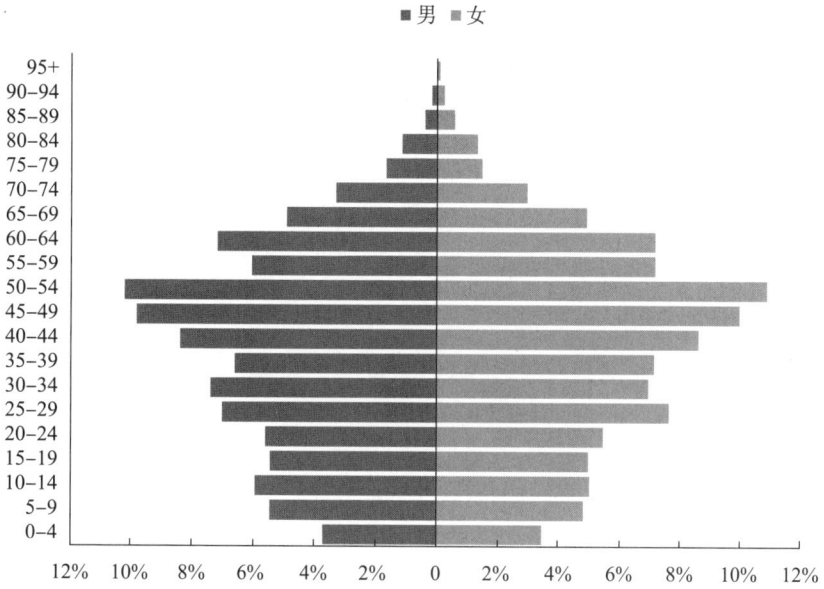

图1-1　小城镇常住人口年龄金字塔

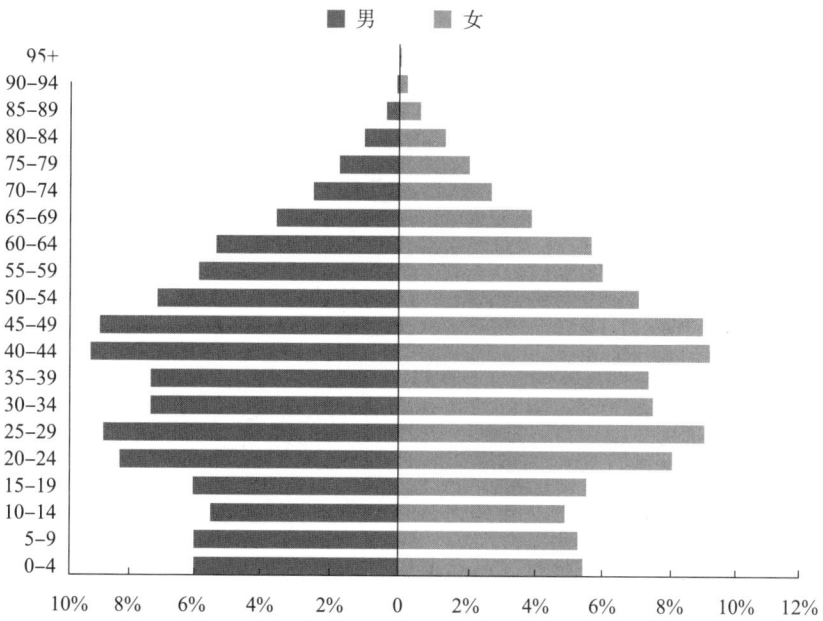

男　女

图1-2　2014年全国分性别人口年龄金字塔

1.1.2 七成以上的常住居民为农业户籍

镇建成区居民与农村有着非常紧密的联系。常住居民中，70%的居民登记为农业户籍，21%的居民仍在乡村地区从事农业生产，13%的居民在农村有宅基地和老房子，20%的居民仍有三代以内近亲在农村居住。因此，小城镇居民的面貌、想法、生活节奏与生活方式等都仍与农村居民有极大相似之处（图1-3）。

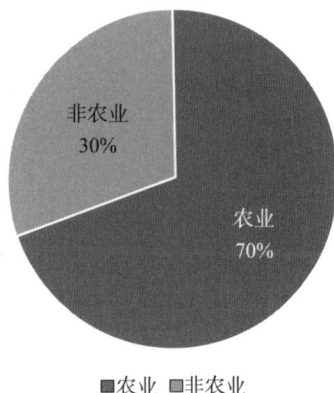

图1-3 小城镇居民户籍构成

1.1.3 七成以上居民受教育水平在初中及以下

小城镇建成区常住人口中，6岁及6岁以上人口受教育水平在初中及以下的高达74%，小学及以下的达到32%，大专及以上的仅有10%。15岁～34岁的青年人中，受教育水平在初中及以下的也高达2/3，小学及以下的占1/4。与全国人口受教育程度相比，小城镇受教育水平达到高中及大专以上的人口比例略低[①]（表1-2、图1-4）。

小城镇常住6岁及6岁以上人口受教育程度　　　　表1-2

文化程度	比例
小学及以下	32%
初中	42%
高中（包括中职、技校）	16%
大专	6%
本科	4%
研究生及以上	0

从性别来看，女性受教育程度偏低。受教育水平在高中、大专、本科及研究生以上水平的男性占男性总人口的比例分别为18%、6%、4%，分别高于女性的15%、5%、4%（图1-5）。

从年龄段看，16岁～35岁的青年人受教育水平较其他年龄段较高。具有大专以上教育水平的人数比例在16岁～35岁的人口中达到了15%；而在55岁以上的人口中，该比例仅为4%（图1-6）。

---

① 国家统计局：《2014年1‰人口变动调查样本数据》。

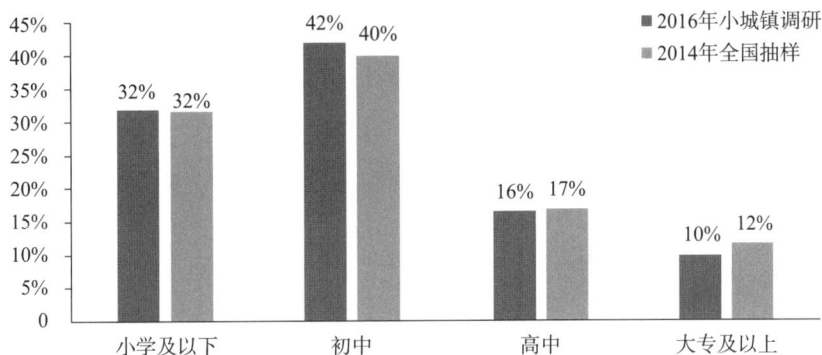

图1-4 小城镇与全国抽样人口受教育程度对比

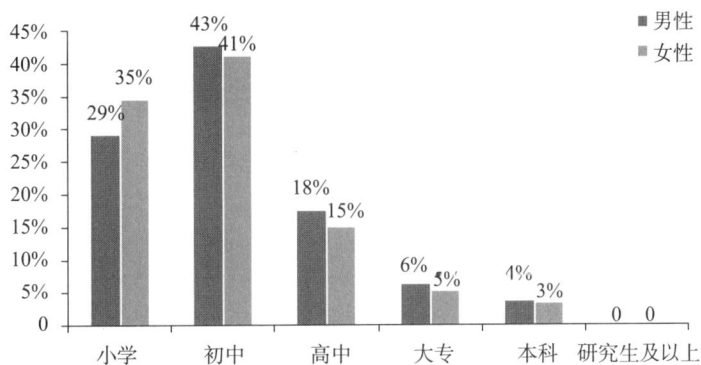

图1-5 小城镇居民受教育程度性别差异

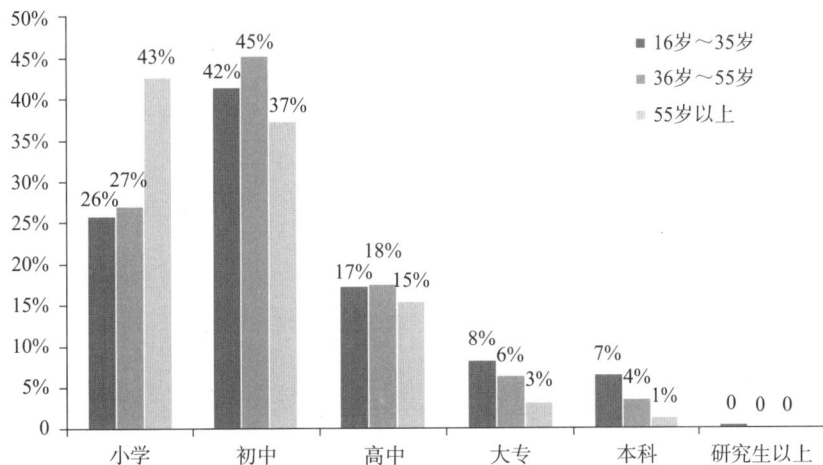

图1-6 小城镇不同年龄段居民受教育程度分布

　　小城镇居民受教育水平偏低，特别是中高等教育十分稀缺，一方面主要原因是农村地区的"教育外溢"，即在农村受过高等教育的人口一般会移居城市，从而在调查中被视为城市人口；另一方面是小城镇人口接受教育的理念及就业形态与农村十分接近，当上学读书的机会成本增高，大量年轻人会过早离开学校去工作。此外，家庭收入普遍较低也是重要原因。未来随着我国的经济转型，对技能要求较低的工作逐步减少，小城镇中大量没有受过中高等教育的低技能劳动力将会更难找到合适的就业岗位。

1.2　劳动就业

1.2.1　务农、打工、经商、上班"四分天下"

　　小城镇居民就业主要分布在"务农"、"打零工"、"做生意"和"机关企事业单位上班"四大领域，就业人口占比分别为33%、22%、21%、21%。农民、"打工族"、小店主、"上班族"主导的这种就业格局直接决定了小城镇个体就业多、就业者劳动保障薄弱等特征（图1-7）。

　　"农民"：镇区居住、回村种地的农民占镇区全部就业者的1/3，占镇区常住居民的1/5。以中老年人为主，平均年龄约50岁，绝大多数纯务农，少量有兼业，有的做小生意或农闲时在周边打零工（图1-8）。

　　"打工族"：打零工占镇区全部就业

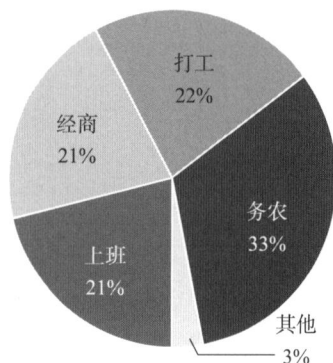

图1-7　小城镇就业者职业类型分布

图1-8　小城镇务农者

者的1/5，占镇区常住居民的14%。平均年龄40岁左右，男性占6成以上。无固定单位，无固定岗位，无固定时间，也没有固定收入，赶上什么活就干什么。主要在镇区或临近城市从事短期体力活，如建筑工、搬运工、司机、市政工程临时维修维护工等（图1-9）。

图1-9　小城镇打工族

"小店主"：经商开店的占镇区全部就业者的1/5，占镇区常住居民的13%，以做小生意的个体户为主，主要是商品零售和餐饮等传统生活服务。平均每个小城镇约300家商铺，95%为沿街小商铺，多为"家庭店"、"夫妻店"，服务于镇区及周边农民，部分旅游镇为游客服务。此外，小城镇经商者也有部分为当地企业主，或在周边地区经商，这部分居民通常是镇上的"能人"，是最先富起来的一批人（图1-10）。

"上班族"：不同于城市居民在各类单位、企业上班，镇区内"上班族"占镇区全部就业者的1/5，占镇区常住居民的14%。主要是公务员、学校医院等单位的职工，以及企业员工（图1-11）。

小城镇居民的就业结构是由小城镇的功能、产业、人口结构等多种因素

图1-10　小城镇小店主

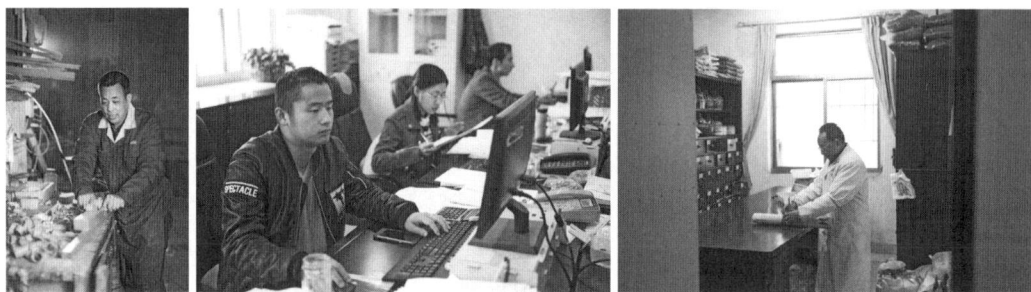

图1-11 小城镇上班族

共同决定的。大部分小城镇主要功能是周边农村地区的服务中心，产业发展较弱，因此可提供的工作岗位主要集中于农业、商业、传统服务业、手工业等领域，就业门槛较低。这些岗位适合小城镇和农村地区存在的大量文化水平偏低、职业技能单一、劳动能力有限、年龄偏大的劳动力。他们因年龄、技能、受教育水平等限制，被挡在城市劳务市场大门之外，外出转移就业难度大，而小城镇的岗位是较好的选择。

1.2.2 青年打工、中年经商、老年务农

分年龄段来看，18岁~30岁人口主要从事打零工和经商，分别占21%和15%；而30岁~39岁的人口中经商的比例最高，其次为打零工，分别占24%和23%，相较于其他年龄段在企事业单位上班的比例也较高，达到了24%；40岁~49岁的人口主要务农和经商，分别占27%和23%；50岁~59岁人口中务农的比例明显上升，达到了33%，同时无业人口比例也开始增加。可以看出，青壮年劳动力多从事如打零工等体力劳动，而中年人多以经商和企事业上班为主，务农的劳动力则以50岁以上的老年人口为主（表1-3）。

不同年龄段居民从事职业类型分布　　　　　　　　　　　　　表1-3

年龄 职业	30岁以下	30岁~39岁	40岁~49岁	50岁~59岁	60岁以上
机关事业单位上班	11%	14%	11%	8%	2%
企业上班	9%	10%	8%	6%	2%
经商/做生意	15%	24%	23%	15%	4%
非企业务工/打零工	21%	23%	21%	15%	6%

续表

职业 ＼ 年龄	30岁以下	30岁～39岁	40岁～49岁	50岁～59岁	60岁以上
务农	12%	20%	27%	33%	30%
无业	11%	10%	10%	15%	30%
退休	0.2%	0.2%	1%	8%	23%
其他	2%	2%	2%	1%	1%

1.2.3 八成为个体就业，兼业普遍

小城镇企业数量少、规模小，缺乏正规的劳动力市场，在企业和事业单位就业的人口只占到全部人口的1/5左右，其余80%均为务农、打工、经商等个体就业。

同时，兼业在小城镇较常见，"农忙务农，农闲打工"、"上班开店两不误"是很多小城镇居民的真实写照。

💬 居民访谈

- 河北某镇居民：农忙的时候就种地，农闲的时候到处打零工贴补家用。
- 河南某镇居民：镇上生意不好做了，还可以回家种地咯。
- 江西某镇居民：平时镇上有工作去就镇里开工，没有的话一般就下地里干农活。
- 安徽某镇居民：我们一家四口，儿子在外地工作，我在家看这个店，媳妇在医院上班，怀孕了，休息时候也帮帮我，她公公就在镇上到处打打零工。
- 江苏某镇居民：种地的收入还是少，平时还是要出去打打工，过年过节的会回来，农忙的时候也要帮着忙活地里的事。
- 江苏某镇居民：之前住在村子里，后来因为村子迁移搬到这儿，新房子比以前的好很多，住着宽敞。土地流转出去了，闲的时候在镇上打工，或者做点小买卖。
- 江西某镇居民：我这个店开了也有好几年了，钱是挣不了多少，也只能挣点够吃的。
- 湖北某镇居民：一家三口人，儿子在镇上上初中，家里靠着自家的门店维持生计。孩子他爸有时候出去打点零工，平时就在镇上，镇上基本能满足需求了。

1.2.4 一半以上就业者工作时间相对自由

52%的就业者工作方式是自由式，可以自主安排，具有较大弹性，工作时间可长可短，工作强度也不大。这种工作方式常见于农民、小店主和打零工一族。类似城市工薪阶层"朝九晚五"的8小时上班族占1/5，这些就业者主要集中在政府和学校、医院等事业单位（图1-12）。

小城镇居民工作相对自由，每日生活比较闲散，明显区别于城市上班族较快的工作节奏。据2015年北京大学社会调查研究中心联合某招聘网站对全国各城市的人均工作时间的网络调查显示，全国各大城市的上班族每日工作时间约

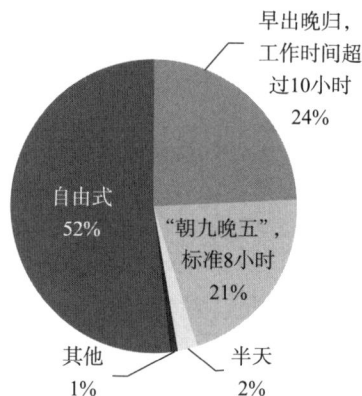

图1-12 小城镇就业者的工作时长

9小时，但在小城镇大部分的就业者平均工作时间不到8小时[①]，只有1/4的人需要"早出晚归"，日工作时长超过10小时（表1-4）。

不同工作方式的小城镇居民比例 表1-4

职业	自由式	早出晚归，工作时间长	朝九晚五	半天	倒班	其他
合计	53%	24%	21%	2%	0.2%	1%
机关事业单位上班	10%	31%	57%	2%	0.1%	1%
企业上班	28%	25%	42%	3%	2%	1%
经商	65%	23%	11%	1%	0	1%
非企业务工/打零工	52%	30%	16%	2%	0.1%	1%
务农	74%	18%	6%	2%	0.0%	1%

💬 居民访谈

- 重庆某镇居民：下岗了，一天都在屋头耍起（玩乐）。
- 浙江某镇居民：平桥虽说是个大镇，居民还是很淳朴的，不欺负外地人。在这里生活没什么压力，周围的人关系很融洽，闲来无事与街坊邻居们泡壶茶聊

[①] 载http://www.dvdc100.com/v-roll-d-20151215-n-431296961/。

天，小日子还是挺滋润的。

• 青海某镇居民：刚从农场回来。这段时间都是白天一直待在农场，晚上才回来，中午就在农场吃饭了。

1.2.5　镇内就业为主，年轻就业者更愿意选择县级及以上城市

小城镇居民主要工作地点在镇区内或者镇内的村庄，少数去镇外工作的人也基本选择就近就业。镇区就业者中，63%的工作地在镇区内，25%的在农村，12%的在县级及以上城市（图1-13）。

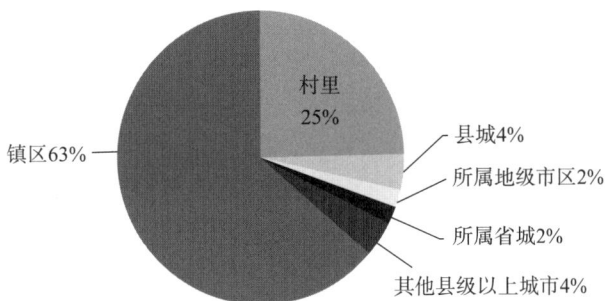

图1-13　小城镇就业者的工作地分布

工作地点在县级及以上城市的就业者中，50%为打零工，20%为上班，平均年龄34岁，平均月收入为3027元，相对于留在镇区就业的人员，他们更加年轻，收入也更高（图1-14）。

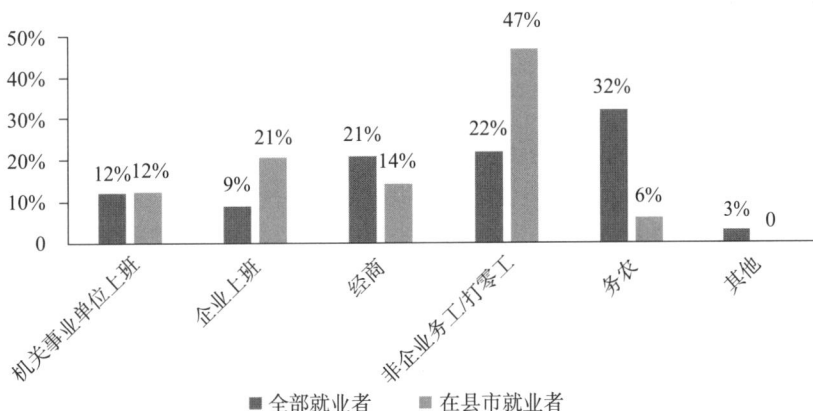

图1-14　小城镇在县市就业者的行业分布

1.3 居民收入

按照收入来源，通常可划分为工资性收入（包括上班和打工收入等）、家庭经营性收入（包括农业生产和非农业生产经营收入）、财产性收入（包括对外投资和财产租赁等取得的收入），转移性收入（包括国家和政府补贴、离退休金、家人补贴等）四大类。

总体来看，小城镇中拥有工资性收入的家庭占65%，拥有家庭经营性收入的占62%，拥有财产性收入的占2%，拥有转移性收入的占25%（图1-15）。

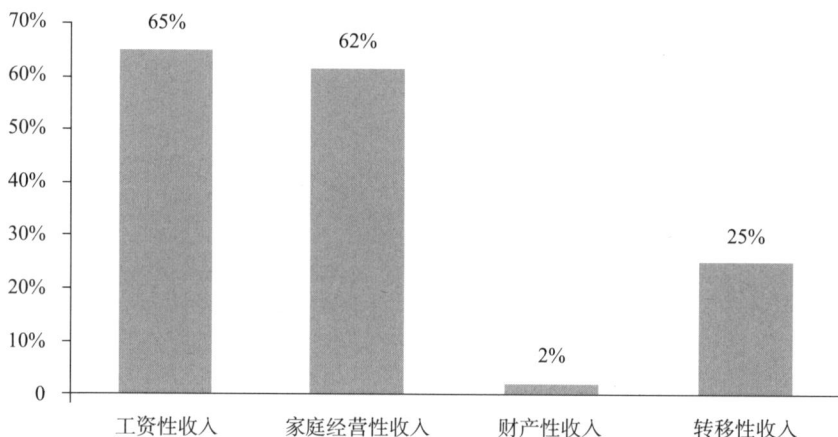

图1-15 拥有不同收入来源的小城镇家庭比例

1.3.1 中低收入为主，平均收入高于农村、低于城市

小城镇居民每个月可支配收入为1468元，折算成年收入约为17616元。2015年我国城镇居民人均可支配收入为31195元，农村居民人均可支配收入11422元。小城镇居民人均收入高于农村居民，但远低于全国城镇居民，仅相当于城市居民的一半。与调研镇所在县城、农村的居民收入对比，小城镇居民的平均收入显著高于当地农村。

约35%的小城镇居民基本无收入，主要是义务教育阶段儿童、无退休金老人以及无业人员。12%的居民月收入低于1000元，属于低收入者，19%的居民月收入在1000元～2000元之间，2000元～3000元中等收入的居民占16%，3000元～5000元中等偏上收入的占15%，5000以上在小城镇基本是高收入，只有4%（图1-16）。

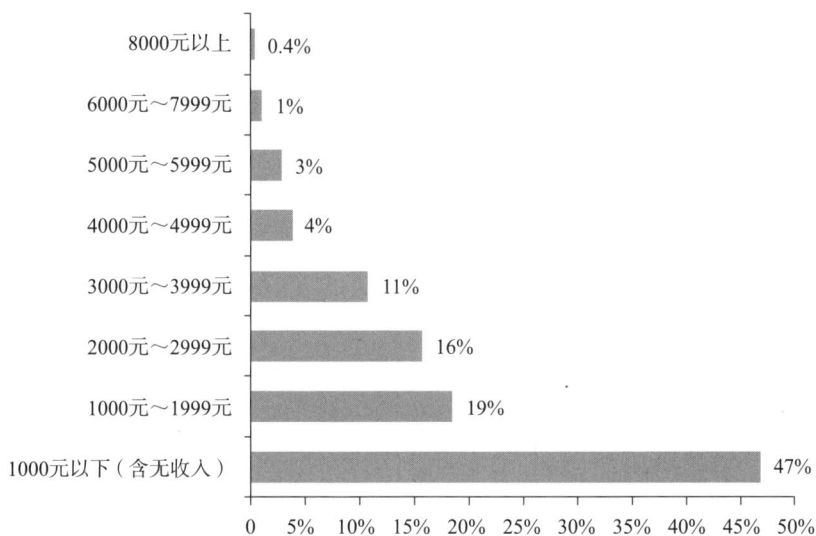

图1-16 小城镇常住居民月收入分布

小城镇居民的个体收入差异较大。按照相对低中高收入将居民样本五等分，比较来看，小城镇高收入居民组的平均月收入约为低收入组的14倍。这一差距显著高于全国城镇5倍、农村8倍的水平。整体来看，虽然小城镇大部分居民收入较低，但也出现了极少数的高收入群体，主要为经商、办厂的人，最高收入者月收入可达5万元以上（表1-5）。

小城镇、农村、全国城镇收入五等分组平均月收入对比　　　　表1-5

	城镇	农村	小城镇
低收入者（20%）人均可支配收入（元）	12231	3086	4930
中等偏下收入者（20%）人均可支配收入（元）	21446	7221	11417
中等收入者（20%）人均可支配收入（元）	29105	10311	18606
中等偏上收入者（20%）人均可支配收入（元）	38572	14537	25943
高收入者（20%）人均可支配收入（元）	65082	26014	69103
均值	31195	11422	17616

1.3.2 机关上班和开店收入最高，打工和务农收入最低

小城镇居民收入与就业岗位有明显的对应关系，不同就业岗位收入呈现明显的分段特征。平均来看，机关事业单位上班、经商与企业上班的居民收入最高，平均月收入约在3000元上下。退休和务农的居民收入较低，不到

2000元。打零工的居民，个体收入差异较大，取决于具体的工种。总体上，工作相对稳定的居民整体收入水平也较高（表1-6）。

同期，2015年全国农民工人均月收入为3072元[1]。对比来看，小城镇约有一半就业者与外出农民工平均收入相当。考虑到照顾家庭、生活成本、乡土情结等因素，随着小城镇的进一步发展，设施服务进一步完善，小城镇在吸引农民工返乡上将具有相当的潜力。

小城镇不同就业的收入情况 　　　　　　　　　　　　　　表1-6

职业	月平均收入（元）
机关事业单位上班	3195
经商	3129
企业上班	2998
打零工	2267
退休	1930
务农	1626
其他	2589
均值	2562

1.3.3　劳务收入为主，财产性收入少

小城镇居民收入主要来自务农、打工等劳务报酬，或退休金、养老金，以及来自家人、政府等的补贴。以打工、务农、做生意和企事业单位上班为主要收入来源的家庭分别占40%、36%、26%和25%。近一半的家庭拥有两种及以上的收入来源，除劳务收入外，主要是退休金、政府补贴。

与城市相比，小城镇居民的房产租金、理财等财产性收入极少，小城镇居民家庭中拥有房产出租性和理财收入的家庭仅各占1%。与城市家庭通常利用财产利息、投资分红、房产增值等手段增收不同，兼业才是小城镇居民提高收入的重要手段。特别是以务农为主业的居民，通过兼业在企业上班或做小生意，可使收入翻一番（表1-7、表1-8）。

---

① 人力资源和社会保障部：《2015年度人力资源和社会保障事业发展统计公报》，载http://www.mohrss.gov.cn/SYrlzyhshbzb/dongtaixinwen/buneiyaowen/201605/t20160530_240967.html。

小城镇家庭收入来源　　　　　　　　　　表1-7

收入来源	家庭比例
打工	41%
务农	36%
做生意	26%
上班（教育、事业单位等）	25%
养老金、退休金等	14%
家人补贴	6%
政府补贴	6%
房产出租	1%
理财收入（基金、股票等）	1%
其他	2%

小城镇居民兼业收入情况　　　　　　　　表1-8

主业	兼业	平均月收入（元）
企业上班	经商	7500
务农	企业上班	3375
	打零工	2212
	做小生意	3549
做小生意	打零工	4125
退休	做小生意	3200
	务农	2650

部分居民也开始通过互联网增收。约4%的小城镇居民开设过网店，其中约7成表示可以盈利。随着互联网、电商在小城镇和乡村的进一步普及，小城镇居民可通过在线销售农副产品、手工艺品、特产等带来更多收入。

1.4　家庭结构

1.4.1　世居家庭多，迁入家庭主要来自周边农村

小城镇建成区常住居民中，世居家庭比例高达72%，后期迁入镇建成区的家庭占28%，以近20年内迁入居多，2000年以后迁入的占15%，90年代迁入的占6%（图1-17）。

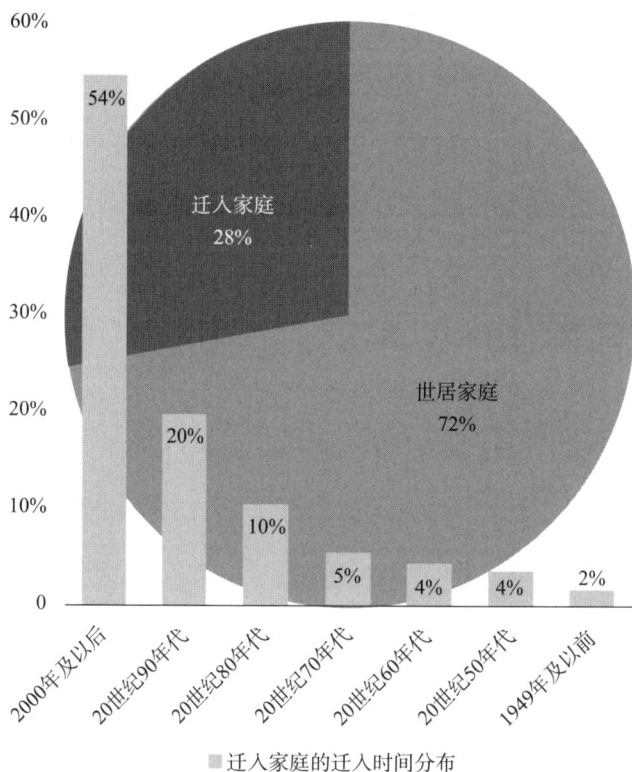

图1-17　小城镇家庭世居和迁入情况

迁入镇区的家庭主要来自本镇农村，占一半以上。这表明小城镇内部的社会关系结构长期都比较稳定，镇区常住的基本是本镇或周边的"本地人"，"外地人"很少，形成"熟人社会"（图1-18）。

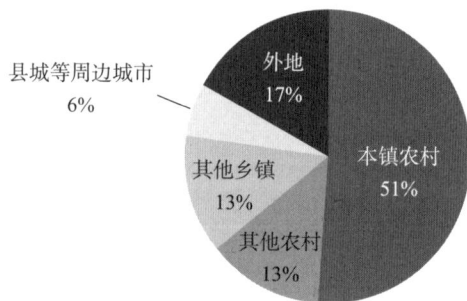

图1-18　小城镇迁入家庭的来源

1.4.2　一两代人组建的小型家庭普遍，户均3人

小城镇家庭户均人口为3.27人，略高于全国平均值的3.1人[①]。小城镇家庭日益小型化，两代人组成的核心家庭成为主体。1人～2人的微型家庭和3

[①]　国家统计局：《2015年全国1%人口抽样调查主要数据公报》，http://www.stats.gov.cn/tjsj/zxfb/201604/t20160420_1346151.html。

人～4人的小型家庭数量分别占全部家庭的34%和47%，3人以下家庭数量占
全部家庭户的61%。（图1-19、表1-9）

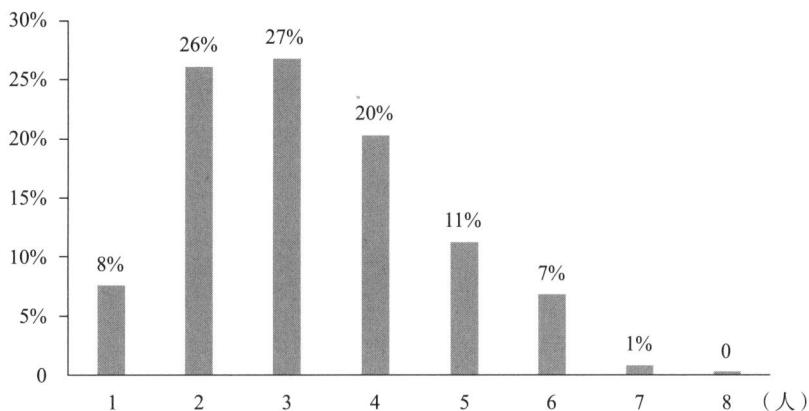

图1-19 小城镇的家庭人口规模分布

按家庭人口数划分的小城镇家庭构成 表1-9

家庭类型	家庭比例
微型家庭（1人～2人）	34%
小型家庭（3人～4人）	47%
其中：3人家庭	27%
中型家庭（5人～6人）	18%
大型家庭（6人以上）	1%

💬 居民访谈

• 安徽居民：家里就我儿子、我老公和我三个人。
• 湖北居民：一家三口人，儿子在镇上上初中，家里靠着自家的门店维持生计。

1.4.3 家庭结构稳定，留守儿童少

"核心家庭"、"主干家庭"和"夫妻家庭"是小城镇最常见的家庭，而
结构不稳定、不健全的"隔代家庭"、"独居家庭"较少。由一对夫妻和未
婚子女两代人组成的"核心家庭"最多，占比超4成；其次是由两代及以上

夫妻组成，每代最多不超过一对夫妻且中间无断代的"主干家庭"，占1/4；仅由一对夫妻组成的"夫妻家庭"占比接近1/4。

常住人口中不满十六周岁的未成年人中，父母双方外出、隔代照看的留守儿童比例占6%，父母一方外出的儿童比例仅占2%，未见独居留守儿童。而据2016年民政部、教育部、公安部在全国范围内联合开展农村留守儿童摸底排查工作，农村留守儿童数量为902万人，其中父母一方外出务工，另一方无监护能力的有31万人，无人监护的36万人[①]。与农村相比，留守儿童问题在小城镇并不突出，家庭更加和谐、社会更加稳定（图1-20）。

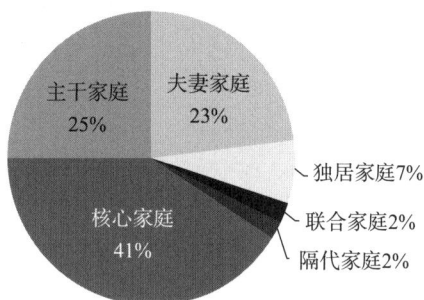

图1-20 小城镇的家庭结构

1.4.4 直系亲属中年轻人在城里，老年人在村里

小城镇居民三代以内非同住直系亲属的居住地表现出较明显的"年轻人在城里，老人在村里"的特征，40岁以下的人6成以上在城市居住，40岁以上的人6成以上在村镇居住。

小城镇居民三代以内非同住直系亲属中，18岁～40岁的青年人有一半居住在大中城市，居住在地级和省级城市的分别占23%和26%，居住在农村的仅为12%，相比其他年龄段亲属具有最明显的城市属性。这部分居民大多生于小城镇或农村，通过上学、就业和外出务工离开了镇村进入城市并定居。

18岁以下的未成年人，大部分还在上学，有一半居住在小城镇和县城，分别占26%和24%，35%居住在大中城市。

40岁以上的中老年人中，大部分居住在小城镇和农村，特别是60岁以上的老年人，48%在农村，37%在镇区，只有15%在城市（图1-21、表1-10）。

---

① 新华社：《我国农村留守儿童数量刷新为902万人》。载http://news.xinhuanet.com/gongyi/2016-11/14/c_129362952.htm。

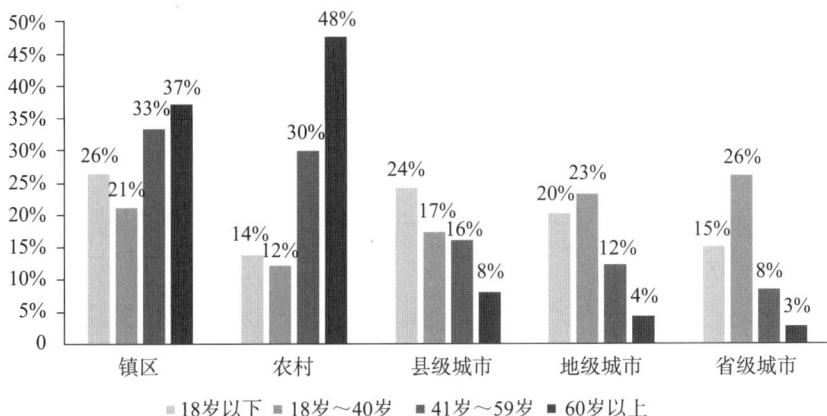

图1-21 不同年龄非同住三代近亲家庭成员居住地分布

小城镇居民不同年龄段非同住近亲居住地分布　　　表1-10

非同住近亲 年龄段	镇区	村里	县城	非隶属 县城	所属地级 市区	非隶属地 级市区	所属 省城	非隶属省 级城市
合计	29%	27%	12%	3%	8%	7%	7%	8%
18岁以下	26%	14%	20%	5%	12%	9%	7%	9%
18岁~40岁	21%	12%	14%	3%	12%	11%	12%	14%
41岁~59岁	33%	30%	13%	3%	8%	5%	4%	4%
60岁以上	37%	48%	5%	3%	3%	2%	1%	2%

💬 居民访谈

- 四川居民：现在许多娃娃都出去了，就剩下些老人。
- 辽宁农民：我和我家老头子在乡下住习惯了，不想去城里，去城里干啥呀，这大岁数了，谁用你干活啊。再说在村儿里待惯了，城里生活适应不了。
- 江西居民：我们这些老骨头都是以种田为生，儿子和儿媳妇都去广州打工去了。
- 河南农民：年轻的在外地卖力气，年纪大了就只能看着家里的一亩三分地过日子。

1.5　小结

小城镇住着很多中年人。与农村相比，小城镇人更年轻一些；而与城市相比，小城镇人则更老一些。40～59岁的中年人比例明显较高，比城市和农村都要高，这既是小城镇的活力所在，也显示着小城镇具有一定的稳定就业功能。

小城镇住着劳动的人。小城镇绝大多数人靠着劳动谋生，与城市相比，靠资产资本食利的人少之又少。与农村相比，失去劳动力或半失去劳动力的人也相对较少。

小城镇住着家庭完整的人。小城镇家庭以核心家庭为主，不同于农村"386199部队"，夫妻分居家庭、留守儿童、留守老人等情况较少。小城镇的家庭生活是正常的，社会也是比较稳定的。

小城镇住着初级服务业的蓝领阶层。小城镇就业结构为农民、小商人、打零工者、乡镇干部老师医生"四分天下"，这与以白领及技能蓝领为主的城市就业结构十分不同，也与以务农为主的农村从业结构十分不同。

小城镇住着在收入位于中下层的人。城市居民的平均收入是小城镇的1.8倍，小城镇居民的平均收入是农村的1.5倍，小城镇的平均收入低于城市与农村之间的中间值，在全国来看属于中下层。小城镇的收入虽然较大幅度高于农村，但仍拉低了全国平均收入，属于经济发展的短板。

小城镇住着受教育水平不高但能够维持一般生活的人。小城镇人受教育水平普遍在初中以下，在全国属于能力相对较低的群体。但小城镇的农村服务功能、初级产业等适合这些群体。小城镇人是社会分工中不可替代的群体。

小城镇住着很少高学历的人。小城镇里有大学学历的人多数是镇领导等公务员，很少有从事经济活动的。小城镇没有相应的就业机会，对高学历者没有吸引力。

小城镇住着与农村共存亡、共发展的人。小城镇的初级服务业因农村而存在，小城镇的发展相当程度取决于农村发展，同时，农民的现代化生活也相当程度依靠小城镇来实现。未来一些地区农村发展了，小城镇也会水随船高，一些地区农村衰败了，小城镇也随之衰败。

小城镇住着土生土长、与社会环境高度融合的人。小城镇人绝大多数几代世居镇上，外来人口很少。人际关系亲近、生活习惯一致、价值观念相吻、自然环境适应，这些也是小城镇社会稳定和人们满足度较高的部分原因。

小城镇住着较少的年轻人。镇上的年轻人都希望到县城以上的城市去工作，未来小城镇的发展和生存令人担忧。

通过调查分析小城镇住着什么样的人，勾勒了小城镇的轮廓，揭示小城镇的功能和发展状态，同时揭示了小城镇的短板。小城镇人就业从业的分析，说清了小城镇人是靠什么养活自己和家庭，也从一个侧面说清了小城镇的经济结构。小城镇人年龄结构的分析，反映出小城镇能留住什么样的人，留不住什么样的人，启示了小城镇的活力、魅力以及局限性。

可以看出，虽然"城镇"常被统称为一个概念，但小城镇与城市截然不同，所生活的人是两类群体，意味着经济结构、社会结构、地域文化也不同。另外，与欧美发达国家小城镇人口多为受教育程度较高、收入水平较高的中产阶级和富人群体相比较，中国小城镇人口的社会阶层截然不同，意味着其背后中国与欧美国家经济社会结构的很大不同，以及城镇化机制的很大不同。

可以看出，虽然小城镇与农村密不可分，但小城镇与农村截然不同，所生活的人是两类群体，在年龄结构、家庭组成、从业结构、收入水平等方面差异很大。因此，常说的小城镇是"城市之尾、农村之首"也是不确切的。可以看出我国大部分小城镇属于乡村中心，对这类小城镇的规划建设的目标不能超越实际，应以补足作为乡村中心的功能短板为重点。

可以看出，小城镇在我国经济社会发展中具有重要的、独特的功能和作用，同时也可以看出小城镇是我国经济发展中的短板，特别是我国过去几十年的现代化建设中，惠及小城镇的少之又少，资源配置少之又少，多数小城镇仍然只能依靠农村的缓慢发展而低速发展。

可以看出，现阶段小城镇依靠人与社会及环境的融合所特有的稳定性与和谐性，也可以看出今后小城镇因缺乏发展活力而存在的潜在生存担忧。

2 | 小城镇的生活是什么样的生活

日常消费　　　　公共服务

居民住房　　　　心态意愿

交通出行　　　　小结

休闲娱乐

2.1 日常消费

2.1.1 消费水平略高于农村，远低于城市

2016年小城镇居民人均年消费支出为9828元。同期，全国城镇居民、一线城市居民和全国农村居民人均年消费支出分别为21392元、35425元、9223元。从人均消费支出来看，小城镇居民仅相当于全国城镇居民平均水平的46%，相当于一线城市居民平均水平的28%，略高于农村居民。小城镇居民的消费水平与农村居民接近，主要原因是小城镇居民与农村居民的生活环境与方式比较接近，不仅物价较低，住房等生活成本几乎为零，有的小城镇家庭还仍然务农，因此在食品上节省开支。小城镇居民与城市居民消费支出总额的巨大差异主要缘于收入的巨大差距。

小城镇人均年消费占人均年收入的56%，表明小城镇家庭正常情况下可有近一半收入结余。相比农村居民挣的钱八成以上都用于支付日常花销，生活显得很"紧巴"，小城镇家庭日常生存压力较小，积累财富和应对风险的能力都更强，未来的购买力也更强。小城镇人均年消费与人均年收入之比明显低于全国城镇平均水平和北京、上海、深圳、广州四大一线城市的平均水平[①]，这与小城镇的物价较低，生活方式和消费观念比大城市更传统，而大城市房价房租高等因素有关（表2-1、图2-1）。

小城镇收入与消费水平与全国城镇、一线城市和农村对比　　表2-1

	小城镇	全国城镇	一线城市	农村
人均年可支配收入（元）	17616	31195	47035	11422
人均年消费（元）	9828	21392	35425	9223
消费占收入比例	56%	69%	75%	81%

小城镇居民中绝大部分为低消费群体。85%的居民每月消费低于1000元。人均消费支出呈现随收入上升而增加的趋势，低收入组人均消费支出仅相当于高收入组的1/5（表2-2）。

---

① 全国城镇数据来自国家统计局《2015年中国统计年鉴》；一线城市数据由笔者利用各城市统计年鉴相关数据统计获得。

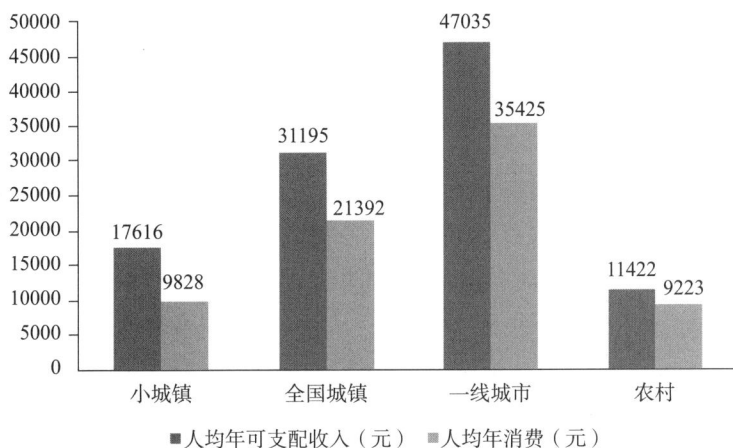

图2-1 小城镇、全国城镇、一线城市、农村人均年收入和年消费对比

小城镇按居民收入分组的人均消费支出　　　　　表2-2

收入分组（元）	人均消费支出（元）	占所有样本比例
0～1999	510	41%
2000～3999	897	43%
4000～5999	1285	12%
6000·7999	1557	2%
8000～9999	2141	0.5%
10000～20000	2304	1%
20000及以上	2442	0.3%
平均值	819	—

✎ 访谈

小城镇的消费

山西某镇居民：一百块钱买了些肉就没有了。

重庆某镇居民：今天的白菜便宜得很，才1块钱一斤。

新疆某镇居民：我们家主要还是务农，收入较一般，月收入2000左右，主要花销还是买食物。

天津某镇居民：别墅我没花钱，是村里建的，不仅管装修，连家具都买好了，物业费、供热费村里统一承担，家里的米面油、水果、蔬菜全是村里分的，都吃不完……

河北某镇居民：退休之后，每个月靠村里的补助和儿女供养，大约每个月有800块左右的生活费。几乎不吃肉，吃不起，只吃自己家地种的菜。剩下的钱都用来买药了。也不敢生病，没钱没积蓄。

2.1.2 生存型消费比重大，恩格尔系数相似于城市20世纪90年代水平

小城镇居民的消费结构仍为生存型结构，即吃穿等满足基本生存需求的消费比重大，这与农村居民的消费结构更接近，与城市居民的消费结构有显著差异。

受限于收入，小城镇居民日常消费中满足衣食等基本生存需求的消费约占2/3；文教娱乐、医疗保健、通信、社交、投资等发展型、享乐型支出约占1/3。而大城市居民日常消费中，除因高房贷或高房租带来的住房支出比较多以外，其他吃穿等生存型支出明显较少，而用于娱乐等享乐方面的支出占比明显更多。此外，大城市居民在交通方面的支出占比也明显高于小城镇，这主要与城市居民和小城镇居民日常出行的距离、方式等不同有关。随着小城镇信息化快速推进和交通条件明显改善，交通通讯类消费也逐渐占有相当比重（图2-2、图2-3）。[①]

小城镇的居民消费中食品支出占比最高，平均为36%。食品支出占消费支出总额的比重即恩格尔系数（Engel's Coefficient），可用于衡量生活水平，

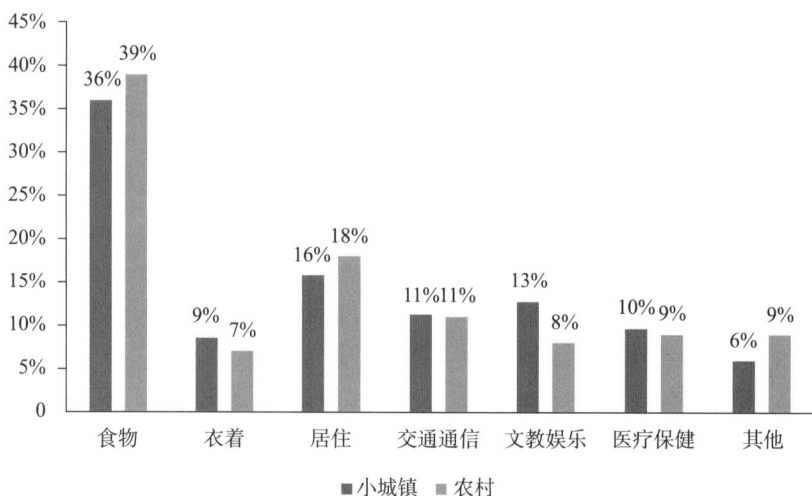

图2-2 小城镇与农村居民消费结构对比

---

① 对比数据来源：《2015年国家统计年鉴》，北京、上海、广州、深圳四个城市2015年城市统计年鉴。

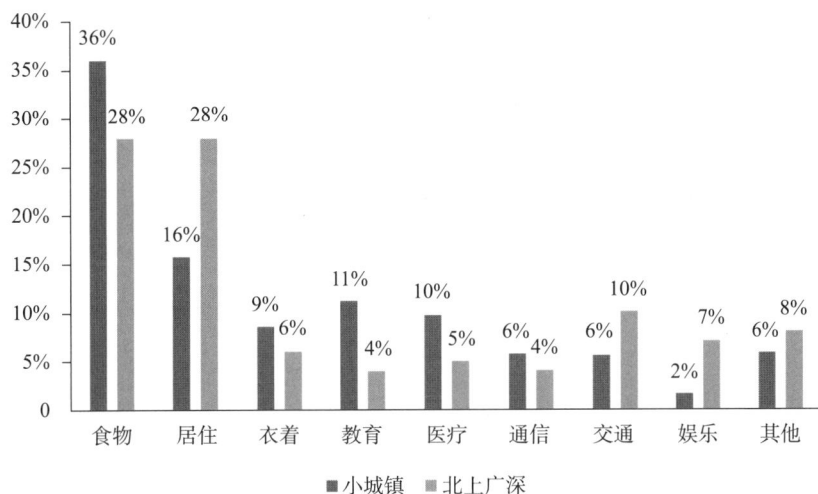

图2-3 小城镇与大城市居民人均消费结构对比

通常家庭收入越高恩格尔系数越低，小城镇家庭的恩格尔系数也基本遵循了这一规律。按照联合国根据恩格尔系数对生活水平的评判标准[①]，小城镇的生活水平可达恩格尔系数30%～40%的相对富裕标准。相比城市和农村来看，小城镇的恩格尔系数介于两者之间，这主要是因为小城镇家庭的平均收入介于城市家庭和农村家庭之间（表2-3）。

小城镇按居民收入分组的恩格尔系数　　　　　　表2-3

家庭月可支配现金收入	恩格尔系数
2000元以下	36.3%
2000元～3000元	36.3%
3000元～5000元	36.2%
5000元～8000元	35.7%
8000元以上	33.6%
全体平均	36.0%

[①] 联合国根据恩格尔系数大小，对世界各国的生活水平划分标准：平均家庭恩格尔系数大于60%为贫穷；50%～60%为温饱；40%～50%为小康；30%～40%属于相对富裕；20%～30%为富足；20%以下为极其富裕。

✎ 专栏

我国城乡地区恩格尔系数的变化

随着我国社会经济发展和人民生活水平的提高，我国城乡居民的消费结构也发生了很大变化。食品消费所占的比重在逐渐减小，从20世纪80年代60%左右已降到现在的40%以下。食品消费占消费总额的比重，也就是恩格尔系数，通常用于衡量家庭或地区的生活水平。按照联合国的标准，我国城乡居民生活明显有着从解决温饱，到达到小康，再向富裕迈进的转变（图2-4）。

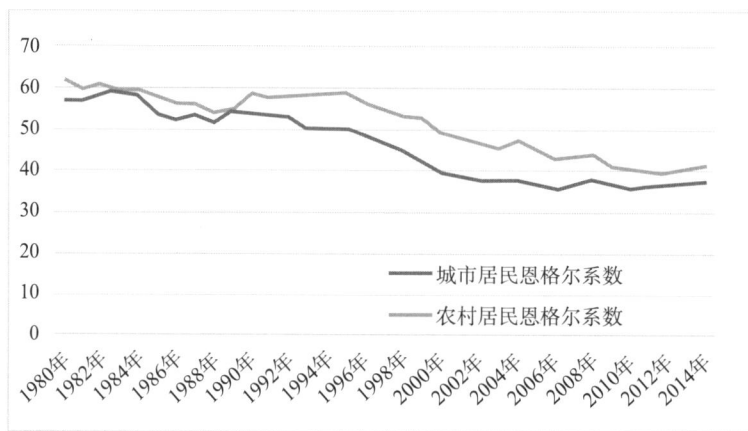

图2-4 我国城市和农村居民恩格尔系数变化

城乡之间的小城镇，根据所调查镇区家庭的平均恩格尔系数，生活水平也达到相对富裕水平。但从消费结构的其他构成来看，小城镇与城市还存在明显差距，消费结构有待随居民收入的提升进一步优化。

2.1.3 日常购物镇内为主，较高端消费依赖周边县市

小城镇居民日常购物以就近购物为主，食品、服装、家电以及理发等日常服务都能在镇区购买。居民中超过一半的人会定期去县城或周边城市购物娱乐，主要是购买汽车、金银首饰等贵重物品或看电影等娱乐服务（表2-4）。

集贸市场是小城镇居民最常去的消费场所，其次是随处可见的社区小店（小商铺），最常去的消费场所为集贸市场和社区小店的居民占比分别为42%和40%（表2-5）。

小城镇不同类型商品常用购买地点的家庭比例　　　　表2-4

购买商品/服务	镇区	县城	市区	省城	网购	其他	不购买
农资	62%	3%	1%	0.1%	0.1%	1%	33%
服装	60%	23%	8%	1%	4%	1%	3%
家具家电	56%	26%	10%	2%	1%	1%	5%
理发等日常服务	89%	6%	2%	0.2%	0.1%	0.4%	3%
娱乐活动	38%	14%	5%	1%	0.4%	1%	43%
贵重物品	31%	26%	17%	3%	1%	1%	20%

小城镇居民日常消费场所　　　　表2-5

日常购物场所	比例
集市	42%
大型超市	16%
社区小超市	40%
网络购物	1%
其他	2%

💬 居民访谈

- 广东某镇居民：电器、家具这些都可以在镇上买，很方便。
- 青海某镇居民：买衣服还是喜欢到县城去，样子多一点，好看一些，镇里还是比较少，买菜生活用品可以在镇上买。
- 青海某镇居民：准备弄网店呢，现在还没开始，县里给我发了个网店试点培训通知，以后要给我们培训呢，不过我现在还不知道怎么弄，以后看看弄。
- 新疆某镇居民：现在不行了，照以前差多了，现在的人很多在网上购物，对我们这些小商店冲击挺大的，比方说以前一年能赚3万～5万，现在一半都不到了。
- 辽宁某镇服装店老板：网购对我们做小生意的影响太大了，现在也就能凑个本儿，店员我都给辞了。

✎ 专栏

小城镇的集市

　　在大城市逐渐转型升级的集贸市场，在小城镇仍然十分常见。调研镇每年平均集市数量达到72.8次，平均5天1集。大多数小城镇是间日集，如每月逢三、六、九或二、五、八为集期，有的小城镇甚至隔日一集，甚至天天有集。

人气爆棚、货品琳琅满目的集市，至今仍是一些地区小城镇居民依赖的购物场所、重要的收入来源，以及青睐的社交休闲环境。约54%的小城镇居民还会以各种方式去"赶集"。

集市在沟通小城镇与农村贸易以及带动就业方面发挥着积极作用。正如安徽某镇小商贩所说，"集市上不需要房租，人流量还很大，十分适合我们这种流动商贩，这里农历逢一、六集市，周边还有五、十集，我们会不停'赶场'"，集市经营成本低，客源充足，适合小本经营。对于农民，正如江西某镇农民所说，"清早去地里收点菜，上午拿到集市上去卖，可以补贴一点家用"。

集市商品多样，价格便宜，极大程度满足了较低收入镇村家庭的日常消费。正如某位小镇居民所说，"集市上的商品价格普遍便宜，每次都会采购大量的蔬菜水果"，"你想买的东西集市上基本都能买到"。随着时代的变迁，小城镇集市既保留了蔬菜水果、五谷杂粮、鞋帽服装等传统商品，也逐渐引进了随身听、马桶垫、暖宝宝等新玩意儿。这一定程度上刺激了乡村地区居民的新消费，在集市上"随机买些新奇玩意儿"，"每次来这儿除了买到自己想买的东西外，都会买几件计划外的产品"。

无论在中原，还是边疆，居民们都表达了他们对集市的热爱："家里老人爱赶集，一天下来都不累"；"巴扎很热闹，东西很好买，人很多，很方便，也很有特色，我很喜欢去巴扎逛逛，家里人也很喜欢"……

虽然集市的货物经常在变，但对于大多数小城镇居民，尤其是中老年人，集市的亲切轻松、集市承载的乡情一直没变，集市是他们生活的一部分，和无论走到哪都忘不掉的乡土记忆（图2-5）。

图2-5 小城镇的集市

2.1.4 空调、电脑、汽车开始走入普通家庭

家电、汽车等家用大件在小城镇较为普遍。电视、冰箱、洗衣机等基础家电在小城镇几乎家家都有，普及率超过85%；电脑、空调、热水器等生活

品质类家电的普及率也将近达50%。20%的家庭已经买了小轿车，甚至是多辆轿车，均价约12万元。可见小城镇家庭也在与时俱进，不断改善自己的生活条件。这一方面是小城镇家庭财富积累的结果，另一方面也得益于我国自2009年起实行的家电下乡、以旧换新等政策，以及信用贷款、分期付款等带来的消费便利（图2-6～图2-8）。

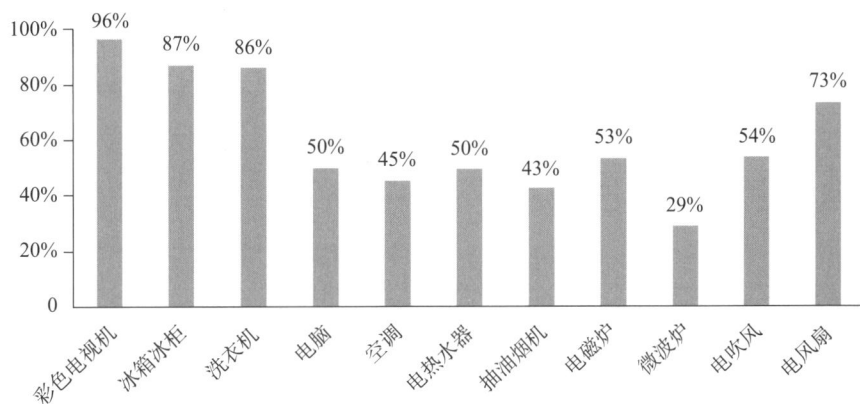

图2-6　小城镇家庭家用电器普及率

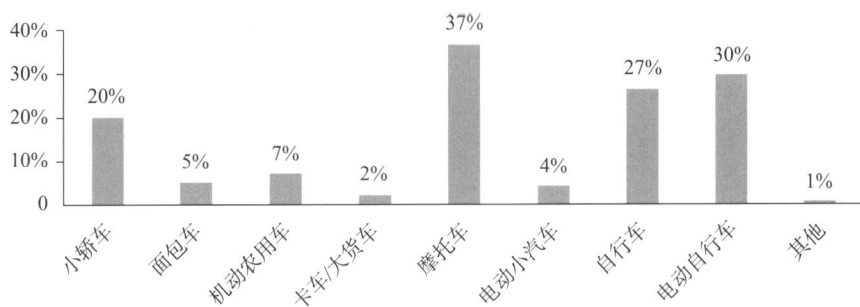

图2-7　小城镇家庭交通工具普及率

图2-8　小城镇小轿车使用情况

2.1.5 文娱等享乐消费普遍少，但高收入家庭相关消费明显增多

文娱消费受家庭收入的影响最大。居民日常消费中用于娱乐消费不到2%，远低于大城市居民7%[①]的平均水平。几乎很少有人付费去参加教育学习、享受艺术等。43%的居民表示不需要娱乐消费，即使有也会去县城或周边城市。KTV、网吧、影剧院、游戏厅等文娱场所只能吸引少部分年轻人，大多数居民更愿意选择喝茶打牌、广场舞这类零成本或低成本的休闲活动。

收入有限是限制小城镇居民休闲娱乐消费最根本的原因。随着收入的增加，家庭在文娱方面的消费频率和单次消费额度均明显增加。以外出就餐为例：收入越高，外出就餐的频率明显越高，单次消费金额也越高。月收入5000元以上家庭，超过一半会在1个月内至少外出就餐1次，每次就餐花费可达500元以上；而月收入2000元以下的家庭，70%以上的半年都不会外出就餐1次，单次花费不超过300元（表2-6、表2-7）。

2.1.6 超六成居民用智能手机，信息化刺激消费增长趋势明显

随着互联网、3G甚至4G信号覆盖率迅速提高和移动智能终端快速普及，互联网深刻地改变着小城镇居民的生活。小城镇居民几乎人手1部手

不同可支配收入的小城镇家庭外出就餐频率　　　　　　表2-6

频率 ＼ 家庭月可支配收入	1000元以下	1000元～2000元	2000元～3000元	3000元～5000元	5000元～8000元	8000元以上
1～3天	2%	3%	3%	4%	5%	10%
一个星期左右	4%	8%	10%	13%	20%	27%
一个月左右	14%	20%	25%	23%	29%	32%
半年或更久	20%	20%	19%	19%	17%	14%
从不外出就餐	60%	50%	44%	41%	30%	19%

不同可支配收入水平的小城镇家庭外出就餐平均花费　　　　　　表2-7

家庭月可支配收入	1000元以下	1000元～2000元	2000元～3000元	3000元～5000元	5000元～8000元	8000元以上
单次就餐平均花费	240元	299元	370元	439元	506元	660元

---

① 7%为北京、上海、广州、深圳四大一线城市平均水平，由各城市2015年统计年鉴数据计算所得。

机。64%的居民使用智能手机上网，55%的居民通过手机上网、"微信"获取新的资讯，28%的居民通过互联网看新闻。"微信"成为仅次于电话的第二大联络方式（图2-9、图2-10、表2-8、表2-9）。

通信类消费目前在小城镇居民生活支出中占比约为6%。随着互联网+的不断推进，预计随着农村信息化建设推进，在网络购物、信息服务等方面将释放小城镇更大的内需市场（图2-11）。

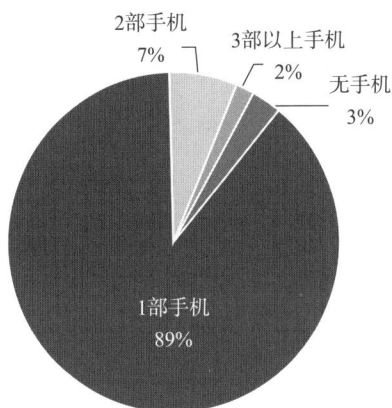

图2-9　小城镇居民拥有手机情况

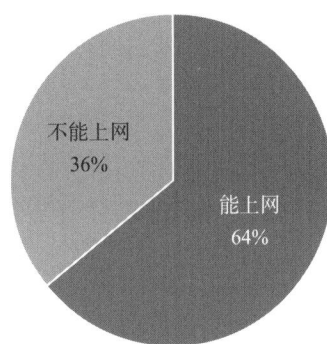

图2-10　小城镇居民手机上网情况

小城镇居民信息来源分类　　　　表2-8

信息渠道	居民比例	信息渠道	居民比例
电视	92%	报纸杂志	16%
手机、微信	55%	广播	7%
互联网	28%	其他	1%
别人转告	27%		

小城镇居民与亲友联系方式构成比　　　　表2-9

联系方式	居民比例	联系方式	居民比例
书信	4%	电子邮件	2%
电话	97%	不联系	2%
QQ	19%	其他	1%
微信	40%		

图2-11 浙江某镇街头正在使用智能手机的老人

2.1.7 有现代消费欲望，预期大额消费以买房买车为主

小城镇居民的消费水平受制于目前较低的收入，但家庭普遍有较强的现代消费欲望。从预期大额消费来看，与城市居民类似，买车买房同样是小城镇普通家庭的梦想。75%的家庭预计未来有大额消费，主要是用于购房购车。其中，25%的家庭想为子女购买商品房，17%想翻建旧房，16%的小城镇居民未来想要买车（表2-10）。

小城镇家庭预计大额支出 表2-10

家庭意愿支出	家庭比例
购买汽车	16%
为子女购买商品房	25%
翻建旧房	17%
投资创业	12%
其他	5%
都没有	25%

出于对子女未来事业和生活美好的希望，到县城或者更高一级的城市给子女买房，是很多小城镇家庭的大事，是否在县市买房是家庭实力的体现，在山东、河北等地甚至将此作为择偶标准。小城镇自建房多，商品房开发较少，居民对本镇和自有住房更有归属感，翻建旧房又比去城市买房更加经济，因此，仍有17%的家庭想在未来翻建旧房。随着小城镇住房消费市场的扩大，必然会带动家电、家具、建材等和住房相关的消费增长；家庭消费中用于交通的比例也将随买车家庭增多而上升，小城镇家庭消费空间必将进一步扩大。

2.2   居民住房

2.2.1   七成居民住宅自建，买房租房量少价低

不同于城市居民通常需要面对高昂的房价或房租，小城镇的住房成本很低。大部分居民都住在自建房里，占比为72%。因此7成以上小城镇家庭的居住成本日常只有水电燃气和少量维修费用，没有房租和房贷压力，也没有城市常见的物业、取暖、停车等费用（图2-12）。

图2-12   小城镇居民自建房

14%的居民购买商品房居住，6%的居民租房居住。无论是租房还是买房，小城镇家庭的居住成本均远低于城市家庭。调查小城镇已开发商品房的均价约2943元/平方米，其中61%的镇房价低于3000元/平方米；租房成本约800元/月·套，84%的房屋月租金在1000元以下。目前，国内大部分县城的商品房单价约3000元～5000元。可见小城镇买房租房的成本都是比较低的（图2-13、图2-14）。

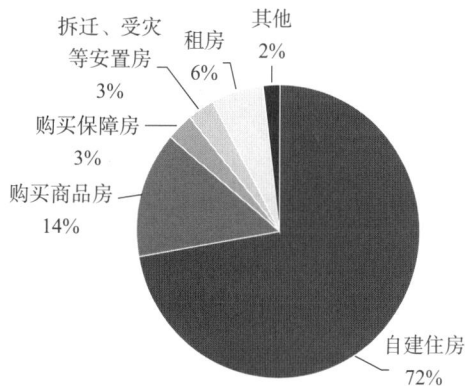

图2-13   小城镇居民住房来源

2.2.2   住宅面积户均150平方米，人均45平方米

与大城市相比，小城镇家庭的居住面积相当宽松。住宅套均建筑面积为150平方米，人均住房面积约45平方米。而2015年，一二三线城市住宅套均面积分别

图2-14 小城镇的商品房

为108平方米、107平方米和110平方米^①，人均住房面积均不到40平方米。大城市的高房价、高人口密度，使得居民的居住空间更加狭小，例如，2015年北京市居民人均住房面积仅32平方米^②（图2-15）。

不仅面积宽松，小城镇居民的人均房间数也较多，平均1.4间。30%的居民人均房间数在2间及以上，45%的居民人均房间数为1～2间，仅有25%的居民人均房间数不足1间。

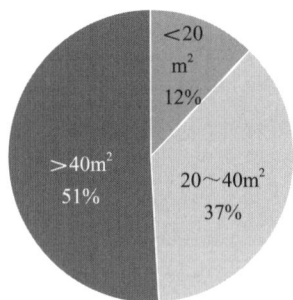

图2-15 小城镇人均住房面积分布

19%的小城镇家庭拥有两套住宅，2%的家庭拥有三套及以上住宅，即超过2成家庭有多套住宅。这些拥有多套住宅的家庭中，56%是在农村宅基地上有房，20%在镇区其他地段有房，26%在县城甚至省城等城市置产。

2.2.3 几乎没有装修，厨卫浴等基本功能与城市有明显差距

小城镇住宅的基本功能不完善，与城市有明显差距。大部分家庭几乎没有装修，或者十分简单，尚有10%的家庭未安装自来水，超过1/4的家庭没有独立洗澡设施，1/3的家庭无水冲式厕所，近1/5的家庭仍在使用煤炭、柴草等较原始的炊事燃料（图2-16）。

---

① 城市住宅套均面积=年度成交面积/成交套数。
② 《北京市2015年暨"十二五"时期国民经济和社会发展统计公报》。

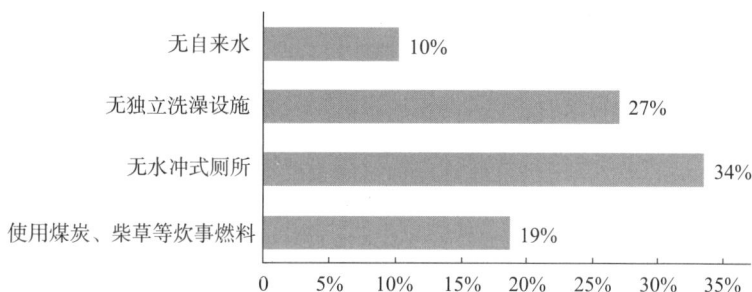

图2-16 小城镇家庭各类设施使用情况

无自来水 10%
无独立洗澡设施 27%
无水冲式厕所 34%
使用煤炭、柴草等炊事燃料 19%

2.2.4 一半以上住宅在2000年后建设，住房满意度较高

小城镇大多住宅较新，49%的住房为2000年以后建设，27%的住房为90年代建设，14%的住房为80年代建设，仅有10%的住房为80年代之前建设。年代较新的住宅，功能适应现代居住需求而更完善，有较高舒适度（图2-17）。

六成家庭对现状居住条件满意或较满意，两成明确表示不满意。小城镇居民居住满意度较高的主要原因是住宅大部分是

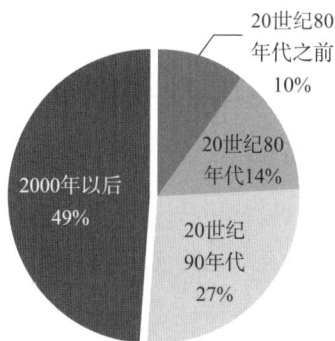

图2-17 小城镇住房建成时间

20世纪80年代之前 10%
20世纪80年代14%
20世纪90年代 27%
2000年以后 49%

自建房。自建房的好处在于空间较宽松，且能根据家庭需要自由建设，例如建设庭院、天台等开敞空间，门面房、小作坊等生产经营空间等（图2-18、图2-19）。

图2-18 小城镇建有院子和门面房的住宅

图2-19 小城镇有露台和车库的自建住宅

对现状住宅不满意的两成家庭，不满意的原因主要包括房子较旧、设施配套不完善，或者居住空间狭窄。对居住条件感觉一般和不满意的家庭，未来的改善计划中，重新翻建最多，占47%；计划购买商品房家庭占41%，其中，想在县城购房的最多，其次是在镇区，到其他城市买房意愿较低（图2-20）。

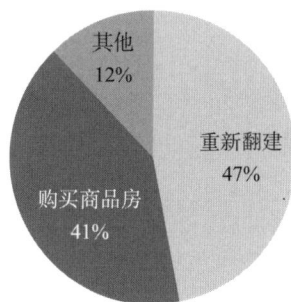

图2-20 按居住条件改善计划分的小城镇家庭分布

💬 **居民访谈**

- 江苏某镇居民：之前住在村子里，后来因为村子迁移搬到这儿，新房子比以前的好很多，住着宽敞。土地流转出去了，闲的时候在镇上打打工，或者做点小买卖，新建的安置房很满意，不喜欢住楼房，还是现在这种带院子的房子住着舒坦，前后的人家都能看见也能在院子里打招呼。
- 湖北某镇居民：我自己就在镇上就行了，或者回农村，自己盖房子住，住得宽敞环境好，没必要跟着孩子添负担。
- 福建某镇居民：（镇区）房子建得更好，住得也更舒服
- 青海某镇居民：非常不满意，地方太小了，我们一家5口人，只有40多平，根本住不开啊，政府的这个保障房分配完全不合理，我一直准备去申请个大的呢，就是不给。
- 辽宁某镇居民：在这生活总体觉着挺好的，上个班也不累，就是这一下雨啊楼里老是进水啥的，都冒漾了，希望这些能帮我们解决一下。

2.3 交通出行

2.3.1 镇内购物串门最常见，去县市普遍较少

小城镇居民日常出行目的最常见的是购物和串门。居民日常出行目的主要包括两类：一类是工作相关的通勤出行，另一类是生活休闲出行。通勤出行主要包括上下班、上下学、务农等。生活休闲出行主要包括购物（如去集市、超市等）、娱乐（去饭店、KTV、茶楼、麻将馆等）、社交（去广场、公园、海边或河边、社区活动室、邻居亲戚家等）。由于居民中老年人多、

劳动者个体就业多且工作相对自由，通勤出行并不占主导，而是生活休闲类
出行相对更多。85%和70%的居民表示日常存在购物出行和走亲访友出行，
而有各类其他出行目的的居民均不到六成（图2-21）。

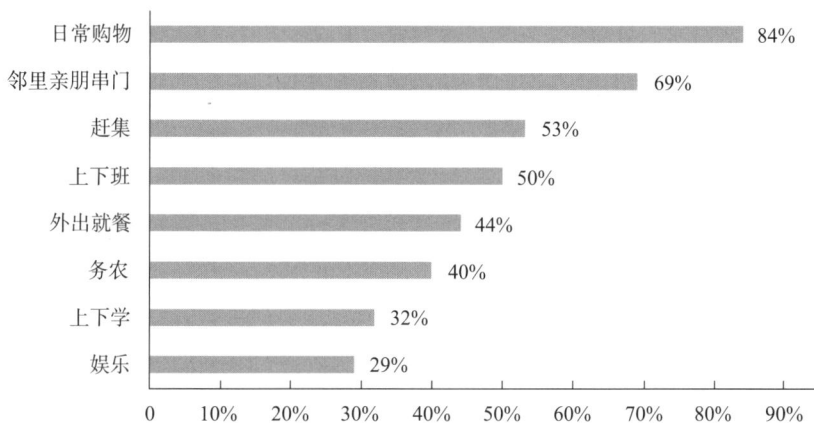

图2-21　有各类出行目的的家庭比例

　　从出行范围来看，小城镇居民的长距离出行普遍较少，近一半居民一个
月以上才去一次县城，六成居民半年以上才去一次市区，用他们的话说，就
是"没什么事不去"。居民去县市的目的主要集中在购物玩乐、走亲访友、
看病和办事（图2-22、图2-23）。

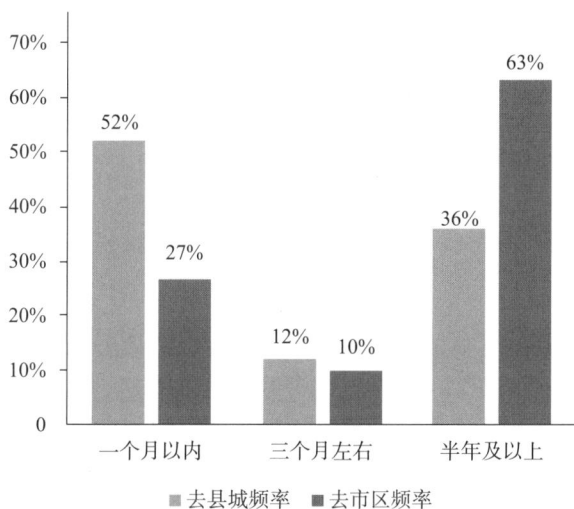

图2-22　小城镇居民去县城和市区的频率对比

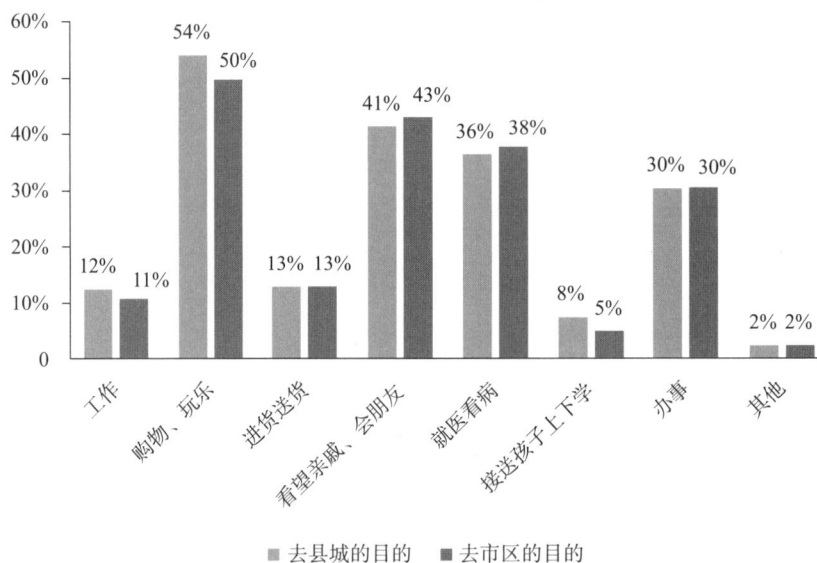

图2-23 小城镇居民去县城和市区的主要目的

2.3.2 出行"20分钟生活圈"

小城镇出行时间成本较低，基本形成了"20分钟生活圈"——7成以上各类出行的时间花费在20分钟以内。小城镇最常见的购物、串门等生活类出行一半以上都在10分钟生活圈内，可见小城镇日常生活十分便捷。小城镇部分居民仍从事务农生产，农地通常在镇区外，因此出行时间相对其他目的出行稍长，但八成以上30分钟可达（表2-11）。

不同出行目的与出行时间的居民家庭比例   表2-11

出行时间 ＼ 出行目的	上下班	上下学	日常购物	外出就餐	赶集	务农	邻里亲朋串门	娱乐
10分钟内	50%	45%	52%	43%	47%	35%	50%	45%
10～20分钟	27%	31%	26%	30%	30%	33%	20%	26%
20～30分钟	13%	12%	12%	15%	13%	17%	13%	14%
30～40分钟	5%	5%	4%	5%	4%	6%	6%	6%
40～50分钟	1%	2%	1%	2%	2%	2%	2%	2%
50～60分钟	2%	2%	3%	3%	2%	2%	3%	2%
1～2小时	1%	2%	2%	2%	2%	2%	3%	3%
2小时以上	1%	1%	1%	1%	3%	3%	2%	2%

2.3.3 步行是居民最主要的出行方式

小城镇居民绿色出行特征明显，居民日常出行均以步行、自行车/电动自行车/摩托车为主。其中，步行是大部分居民的主要出行方式，除上下班外的其他各种目的出行中，采用步行的居民比例均在50%上下。而以北京市为例，居民采用公共交通、小汽车出行的比例分别达到46%，33%，出行方式差异明显。

小汽车出行在小城镇各类出行中的应用都不超过20%，相对较多用于外出就餐、娱乐、上下班等出行中。这主要是因为小城镇居民通常只有远距离出行，如去县城或周边城市就餐、游玩或上班时，才会选择小汽车出行（表2-12、图2-24、图2-25）。

有不同出行目的与出行方式的小城镇家庭比例　　表2-12

出行方式＼出行目的	上下班	上下学	日常购物	外出就餐	赶集	务农	邻里亲朋串门	娱乐
步行	35%	47%	55%	46%	56%	53%	59%	51%
自行车/电动自行车	19%	17%	15%	14%	18%	18%	10%	9%
摩托车	17%	9%	10%	12%	12%	13%	11%	10%
小轿车	14%	6%	8%	17%	4%	1%	8%	16%
公交车	6%	9%	6%	5%	4%	1%	7%	6%
电动小汽车	3%	2%	2%	2%	2%	2%	1%	1%
面包车	2%	2%	2%	2%	1%	2%	2%	3%
机动农用车	1%	1%	0.5%	1%	1%	1%	0.4%	1%
校车	1%	1%	1%	0.4%	1%	7%	0.4%	0.3%
其他	2%	6%	1%	2%	1%	2%	2%	3%

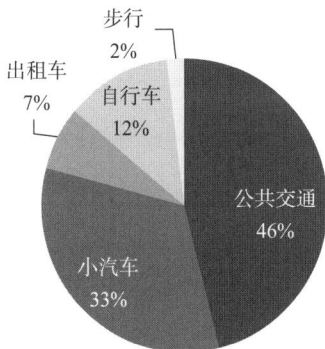

图2-24　北京市居民家庭出行方式

图2-25　小城镇街头步行居民

2.3.4 超七成居民认为出行方便

随着高速公路、国道、火车站、机场等区域交通设施的迅速发展，小城镇的对外交通得到了明显改善。居民们切实感受到了出行的便利。72%的居民表示日常去县城或周边地区很方便，或者比较方便。

交通条件改善使小城镇出行便捷度大幅提升，客货对外交流更容易，与城市地区的联系也更加紧密。小城镇至县城平均车程已从20世纪80年代1.6小时缩短到现在的47分钟，且82%的镇与县城之间开通了公交车。小城镇至国道车程在1小时内的小城镇比例已从80年代的48%提升到90%；至高速公路车程在1小时内的小城镇比例已从80年代的6%提升到83%（图2-26、表2-13）。

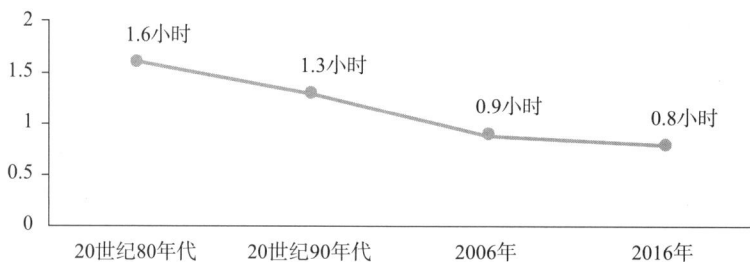

图2-26 不同年代小城镇居民到县城平均出行时间

不同年代1小时内可达主要交通设施的小城镇比例 表2-13

	20世纪80年代	20世纪90年代	2006年	2016年
与县城车程在1小时内的小城镇	39%	67%	81%	90%
与高速公路车程在1小时内的小城镇	6%	39%	74%	83%
与国道车程在1小时内的小城镇	48%	62%	72%	90%

受益于新农村建设、农村人居环境改善等一系列政策的实施推进，摩托车、电动车、小汽车等机动交通工具在小城镇日渐普及，居民在镇村之间的出行也越来越便利，平均镇村出行时间从80年代的1小时以上，逐渐缩减到了现阶段的22分钟（图2-27）。

公共交通进一步提升了居民出行便捷度。近6成居民家附近有公交车车站，主要往来于小城镇与县城、周边村镇之间，发车频率平均约1个小时1班（图2-28）。

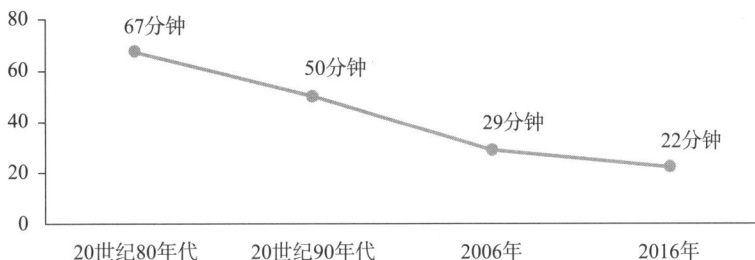

图2-27　不同年代居民镇村之间的平均出行时间

图2-28　小城镇居民出行公交

2.4　休闲娱乐

2.4.1　日常休闲以看电视、玩手机、闲逛闲聊等低成本消遣方式为主

居民娱乐活动基本上都是免费或低成本。占比最高的是看电视、玩手机和上网，八成以上居民以看电视，一半以上居民以玩手机和上网为主要休闲娱乐内容。广场舞、棋牌在小城镇居民中也非常受欢迎（图2-29）。

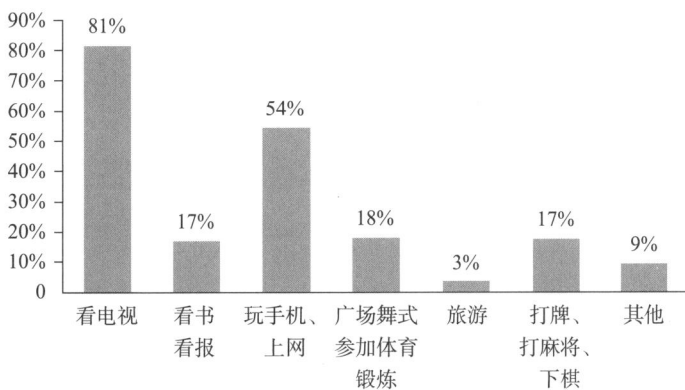

图2-29　小城镇居民休闲娱乐活动

儿童的日常娱乐方式以看电视、玩手机和上网、街头玩耍为主；老人的日常娱乐方式以看电视、聊天、体育锻炼、下棋打牌等为主，相对单调（图2-30～图2-33）。

图2-30　小城镇正在玩耍中的儿童

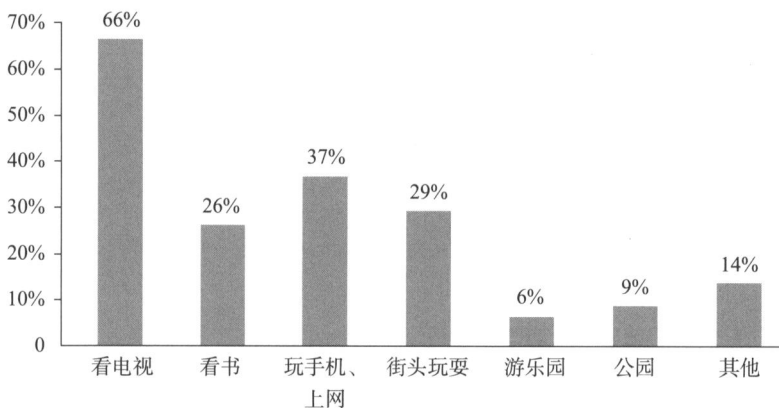

图2-31　小城镇儿童娱乐方式

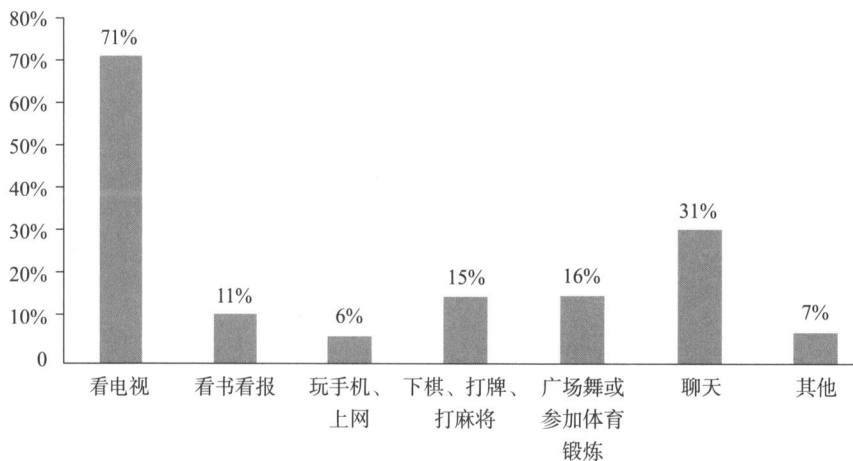

图2-32　小城镇老人日常娱乐方式

图2-33　小城镇休闲娱乐中的老人

💬 居民访谈

- 青海某镇居民：生活嘛还可以，吃穿不愁，就是没有玩的，没事的时候就是看看电视，玩玩手机。
- 湖南某镇居民：最喜欢的休闲娱乐方式是去江边散步。

2.4.2　六成家庭半年都不外出就餐一次，3/4家庭从不旅游

相比城市家庭，小城镇家庭很少外出就餐。62%的居民半年都不会外出就餐，仅有15%的人每周都会外出就餐（图2-34）。

居民外出旅游更少，76%的小城镇家庭从不外出旅游[①]。只有24%的家庭外出旅游，其中，大多数家庭1年旅游1次（图2-35）。

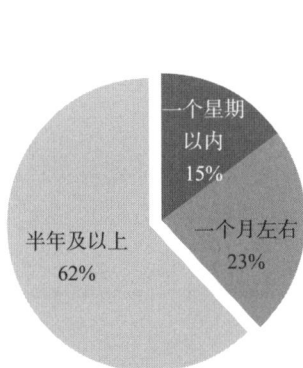

一个星期以内 15%
一个月左右 23%
半年及以上 62%

图2-34　小城镇家庭外出就餐次数

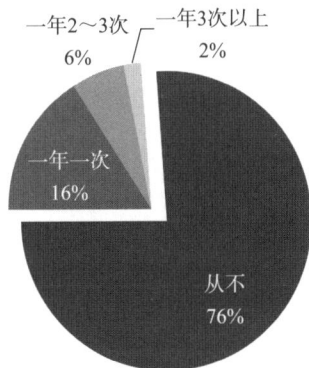

一年2~3次 6%
一年3次以上 2%
一年一次 16%
从不 76%

图2-35　小城镇家庭外出旅游频率

————————————

① 指去镇以外地区明确以休闲游玩为目的的出行。

家庭可支配收入明显影响居民外出就餐和旅游频率，可支配收入越高，外出就餐和旅游相对越频繁（表2-14）。

不同可支配收入的小城镇家庭外出旅游频率　　　　表2-14

家庭月可支配收入 外出旅游频率	1000元以下	1000元～2000元	2000元～3000元	3000元～5000元	5000元～8000元	8000元以上
从不	91%	86%	79%	72%	59%	44%
一年一次	7%	10%	14%	20%	26%	33%
一年2-3次	2%	3%	5%	7%	11%	16%
一年3次以上	1%	1%	2%	2%	4%	7%

2.4.3　镇内休闲为主，公园广场最受欢迎

53%的小城镇居民在镇内进行休闲活动，35%的居民会去县城休闲。无论是在镇区还是去县城，最受小城镇居民喜爱的是公园广场。在镇内休闲的居民中，近7成人选择公园或小广场。这主要因为公园和小广场的包容性较强，适合各年龄、职业的人群进行各类休闲活动，可以闲逛、闲聊、广场舞和文体活动等。大部分居民不去歌舞厅、网吧等消费场所，一是受限于收入和生活习惯，二是这类场所在部分小城镇并不多见。去县城休闲的居民除常去公园广场外，还相对喜欢去茶馆、影剧院这类在小城镇比较缺乏的消遣场所（图2-36～图2-39）。

图2-36　跳广场舞的小城镇居民

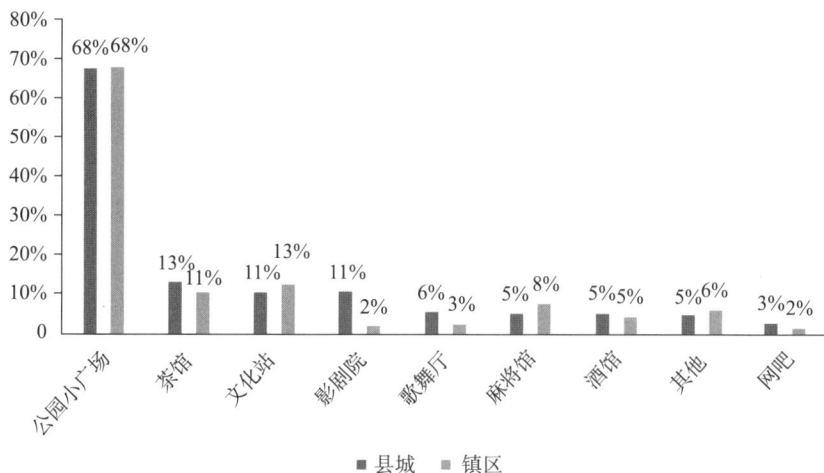

图2-37　小城镇居民消遣地点

图2-38　宁夏某镇活动广场

图2-39　浙江某镇街心公园

💬 居民访谈

- 四川某镇居民：编艺公园带动了大家的积极性，有许多师傅也不出去打工了，就在本地安安心心工作。
- 河南某镇居民：自从建了"老子广场"之后啊，我们就有地方遛弯了，小孩子也喜欢去那玩儿。
- 陕西某镇居民：镇上我最喜欢去的地方是小教堂，这个教堂的历史特别长，它是我们镇的特色，我有事没事过去坐一坐，觉得很安心。
- 辽宁某镇居民：我们这吧，就是环境好，有山有水的。没事逛逛广场，也就没啥别的了。

2.5 公共服务

2.5.1 在镇内完成义务教育，高中就学主要在县城

大部分居民会将孩子送入本镇或临近乡镇的幼儿园和小学，超过半数在镇建成区就近上学，高中主要集中在县城。

适龄儿童的幼儿园和小学选择在镇建成区就学的比例均为79%，超出在县城和市区的比例。考虑到学籍限制、上下学接送的问题，加之镇级义务教育较完善，初中选择在镇建成区就学的比例为58%。由于大部分小城镇没有高中，高中选择到县城就学的比例为47%（表2-15、图2-40）。

小城镇家庭内学龄成员不同就学地点　　　　　　表2-15

就学地点 教育阶段	本镇	周边乡镇	县城	市区	省城	其他
幼儿园	79%	3%	4%	2%	0	12%
小学	77%	5%	7%	2%	1%	8%
初中	58%	6%	20%	4%	1%	11%
高中	15%	7%	47%	12%	2%	15%

图2-40　小城镇小学课堂

2.5.2 镇里看小病，县市看大病

居民的日常小病愿意在镇内诊治，看大病大多选择去县城、市区医院。看"小病"，包括简单体检，头疼脑热等常见疾病诊治、买药、注射输液等，近九成居民选择就近在镇内的乡镇医院，社区卫生室就医。但对于"大病"，九成以上居民选择去城市就医，主要是去县城医院或地级市区医院。

主要是因为大部分小城镇医疗条件相对城市较弱，尤其是医护人员的数量和质量都与县市医院有明显差距。急救120服务一般设于县城，小城镇卫生院应急医疗功能普遍较差（表2-16，图2-41、图2-42）。

在不同医疗机构就医的小城镇居民比例　　　　表2-16

就医需求 ＼ 就医地点	社区卫生室	乡镇卫生院	县医院	市医院	省医院或省外就医	私人诊所	其他
看小病	20%	66%	6%	1%	0.1%	6%	1%
看大病	1%	7%	54%	30%	7%	0.2%	2%

💬 居民访谈

- 青海某镇居民：（现在）比以前方便多了，镇上有医院还有好几个社区卫生服务站，家里要是有人得了重病，开车到镇上看病要么就去西宁看，现在路也比以前好多了，车子也方便。
- 广东某镇居民：镇卫生院不好啊，连破伤风药都没有，小病就在这略，要是大病就去清远啊，很麻烦。

2.5.3 居家养老倾向明显

小城镇人口老龄化趋势明显，镇区常住人口中60岁及以上老年人占19%，高于2015年16%的全国水平。常住人口的中坚力量为40～59岁的居民，占35%，18岁以下的居民仅占18%。

年轻人离开父母独立居住，实现代际间分居在小城镇已经十分普遍，这

图2-41　青海某镇卫生院

图2-42　浙江某镇卫生院内场景

导致小城镇"空巢老人"、"纯老户"现象比较普遍。虽然小城镇独居老人并不多（占60岁以上老人的4.6%），但家中无后辈照顾的"空巢老人"占60岁以上老人比例超过1/3，"纯老户"占所有家庭的13%。部分老人常年没有子女同住，而是与伴侣或兄弟姐妹等同辈亲属相互照料。

相比于经济更发达、设施与保障体系更完善的城市地区，小城镇人口老龄化带来的养老问题显得更有压力。90%以上的小城镇居民选择居家养老，极少数人考虑去养老院。这主要是由中国人根深蒂固的传统养老观念决定的。小城镇的养老院通常是为镇村少量的"五保户"、孤寡老人等准备的，空置率一般较高，更不存在一些大城市养老机构床位紧张的问题。

小城镇居民心中的"居家养老"不等同于城市里以家庭为核心，以社区为依托的，有专业服务的"居家养老（服务）"，基本只是依靠家庭、亲属，缺乏社会化服务内容。随着小城镇老龄化程度进一步加重，如何更好实现大量老人居家养老将成为小城镇面临的重大课题（图2-43、图2-44）。

图2-43 小城镇中的老人

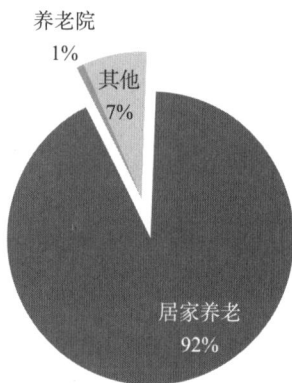

图2-44 小城镇居民养老方式选择

2.5.4 在镇可办日常基本事务，仍对县城依赖多

大部分小城镇可为居民办理户口、生育、社保等基本公共服务事项，但结婚、建房、护照等仍需要到县城办理。86%、90%、86%、81%的小城镇居民可以在镇内完成户口入户、生育、医保、社保等个人常用证件的办理，但超过一半的小城镇都不能办理婚姻登记、房屋登记、房屋建设许可等事项，需要去县城办理。因此，办事成了居民去县城的一大重要目的（表2-17）。

小城镇居民服务事项办理普及率　　　　　　　　　　表2-17

可办理的居民事项	镇比例
户口入户	86%
婚姻登记	24%
生育相关证件	90%
医保	86%
社保	81%
房屋登记	39%
就业失业登记	60%
护照及出入境	1%
房屋建设许可	45%
其他	5%

　　小城镇的应急服务主要依靠县城提供。各项应急服务中，出警（110）的速度相对较快，因为小城镇通常会设有派出所，能处理普通案件，但消防（119）、急救（120/999）、交通事故（122）等应急服务基本依赖县城。由于小城镇与县城通常有一段距离，部分小城镇在报警以后，应急服务救援人员并不能迅速就位，时间长的甚至需要一个小时以上。对于这些城市居民相对熟悉的应急服务，小城镇居民的了解度也普遍很低，七成左右的居民表示对应急服务不清楚（表2-18，表2-19）。

小城镇居民了解各类应急服务的家庭比例　　　　　　表2-18

了解程度	119（消防）	110（报警）	120/999（急救）	122（交通事故）
了解	27%	31%	30%	25%
不清楚	73%	69%	70%	75%

了解相关应急服务的小城镇居民对服务到达事故点用时的认知分布

表2-19

了解程度	119（消防）	110（报警）	120/999（急救）	122（交通事故）
10分钟以内	9%	15%	8%	6%
10～20分钟	7%	8%	6%	6%
20～30分钟	5%	4%	5%	4%
30～40分钟	3%	2%	5%	4%
40～60分钟	2%	1%	2%	2%

2.6 心态意愿

2.6.1 六成居民满意现状，超三成认为小城镇接近城市

六成居民对小城镇总体满意或较满意，只有不到一成人对小城镇生活不太满意或很不满意。约九成居民认为小城镇应该是建设水平和生活水平较高的地方，其中56%的人认为小城镇建设水平和生活水平比农村好，32%的人认为小城镇各方面接近城市，仅有12%的居民认为小城镇和农村差不多（图2-45）。

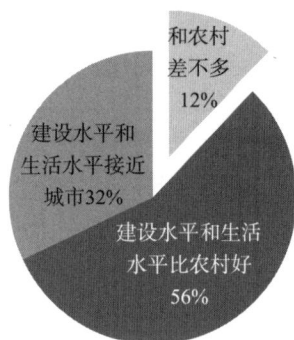

图2-45 小城镇居民对小城镇的建设总体评价

2.6.2 最满意生态交通与邻里氛围，最不满意经济就业与设施服务

邻里氛围融洽、交通出行便捷、自然环境舒适是小城镇居民最认可甚至自豪的地方，三项的满意度均超过六成，分别达到78%、65%、62%。

就业机会、产业发展、基础设施及公共服务设施则是小城镇的短板，超过了20%的居民对这4项明确表示不满意。尤其是在就业问题上，外出打工的居民已经"用脚投票"，而在镇里生活的居民约只有三成对镇上的就业机会满意。居民在访谈中也表示了对这几方面的不满，就业困难、经济不景气、基础设施跟不上都是共性问题（图2-46）。

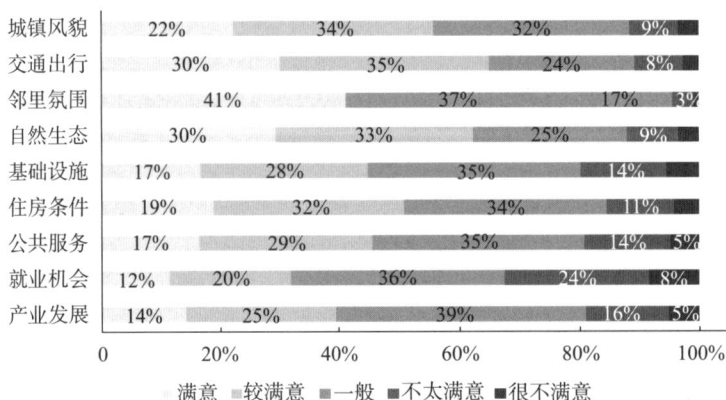

图2-46 小城镇居民对分项内容的满意度评价

💬 居民访谈

- 广东某镇居民：这里就是空气好，其他没什么了。
- 福建某镇居民：环境好，空气好，但经济没怎么发展，人也少。
- 福建某镇退休返乡的老人：家乡环境好，更有人情味。
- 黑龙江某镇居民：咱们这儿吧，就是老人多了些，年轻人都去城里打工了，希望咱这能多点投资，让咱孩子也能回家干活，不用出去受那罪。
- 河北某镇居民：路不好，下雨的时候不好走，车也开不进来……（环境）整治意识也提升不上去，我们镇上有时候集市一过，一片狼藉。
- 辽宁某镇居民：在这生活总体觉着挺好的，上个班也不累，就是这一下雨啊楼里老是进水啥的，都冒漾了。
- 湖南某镇居民：年轻人就业机会太少。
- 新疆某镇居民：比较满意的，现在镇路变宽了，交通方便了许多，医疗就医这一块，也给了我们很多优惠政策。

2.6.3 故土情结根深蒂固，归属感较强，是幸福感重要来源

小城镇居民总体上幸福感较强，除了良好的自然环境、融洽的邻里关系、宽敞的自建住房、自由闲适的生活等之外，幸福感最重要的来源是他们心中根深蒂固的故土情结。

一半以上小城镇居民能明确意识到自己对本镇的文化归属感，75%的居民喜欢本镇生活，可见小城镇居民的归属感、幸福感普遍较强。访谈得知，居民喜欢本镇生活最常见的原因是"习惯"。这种习惯实际上表达了多个层面的感受，一是情感，包括对故土的归属感、邻里关系融洽带来的幸福感等；二是环境，包括觉得小城镇生活环境好、空气好、安静；三是生活方式及成本等，如可住自己的房子，生活压力小，生活成本低等（图2-47～图2-52）。

💬 居民访谈

- 浙江某镇居民：在这里生活没什么压力，周围的人关系很融洽，闲来无事与街坊邻居们泡壶茶聊天，小日子还是挺滋润的。
- 甘肃某镇居民：我们这里山好水好环境好，我们有万亩的古梨园，看不尽的黄河水！
- 西藏某镇居民：我6岁就从家里过来镇上……以后的事情还没想好呢，毕竟家

人都在这边，从小也是在这边长大的。

- 浙江某镇居民：在这的生活还是蛮舒服的，金窝银窝，不如自家狗窝嘛，但是工作的话我还是希望到佛堂镇上或者义乌市里。
- 宁夏某镇居民：还是家乡好，哪儿都不去。
- 黑龙江某镇居民：我们这的大米特别好吃，米糠油还有各种营养，吃的还养生，养胃。希望全国人民都能吃上正宗的香兰大米。

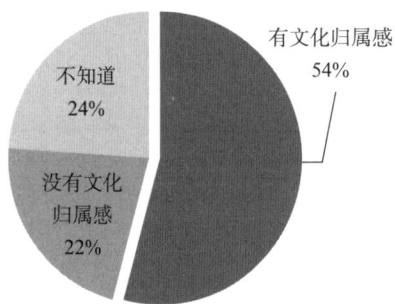

图2-47　小城镇居民对所在城镇文化归属感

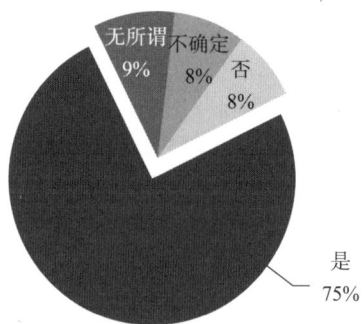

图2-48　小城镇居民是否喜欢在本镇生活

图2-49　青海群科镇黄河沿线风光

图2-50　福建四堡镇古桥

图2-51　西藏桑耶镇寺庙

图2-52　吉林省石岘镇朝鲜族舞蹈活动

小城镇居民对镇的故土情结体现在方方面面，他们认为印象深刻会念念不忘的事物种类繁多，包括小城镇的风土人情、花草树木、生活方式、亲人朋友等。这些内心深处深刻的小城镇元素都是居民们幸福感的源泉。

居民对小城镇记忆深刻、念念不忘的有：

小镇的风景如山水、河流、草场、沙滩、梨园等环境场景	小镇的味道如腊味、茶、豆腐、黑豆等	小镇的建筑如祠堂、茶楼、村委会、寺庙、城楼等	小镇的地标如古树、桅杆、吊桥、广场等	小镇的人如老人、孩子、亲戚、邻里等	小镇生活如传统节日、活动赛事、赶集、庙会等

💬 居民访谈

- 湖南某镇居民：最喜欢的休闲娱乐方式是去江边散步。
- 黑龙江某镇居民：咱们这边水土好，有特色干豆腐、煎饼、大酱都特别好吃，还有特色的黑加仑果汁。
- 西藏某镇居民：（咧嘴笑）我们这叫甜茶，还有咸茶，酥油茶等。我们这的茶也有做成茶粉卖到内地的，但是都不正宗，只有我们这里的水冲出来才好喝！（满脸自豪）
- 山东某镇居民：我们岱崮地貌，跟喀斯特地貌、丹霞地貌等一样，都属于中国五大造型地貌，并且在我们岱崮最集中、最典型。很多摄影爱好者都来我们岱崮拍照，我们还举行摄影比赛……你看这是石人崮，这是卧龙崮，这是老年崮……什么形状都有，太美了，让你感叹大自然太奇妙了。

✎ 专栏

民族地区小城镇居民关于本镇特色的想法

民族地区小城镇居民比其他一般小城镇居民的文化归属感更强，近9成居民对城镇的民族特色很"在意"（图2-53）。

关于民族特色的具体体现，居民们认为除了在城镇特色景观和风貌上应有所体现外，还应该采用更"活"的方式来继承和传播这种特色，包括多开展民俗活动，发展特色产业等。例如，贵州某苗族镇居民就提到本镇"苗族的银饰、刺绣产业大多属于个体经营或微小企业，需要国家更多的扶持和帮助，同时加大非物质文化遗产的传承和保护，让民族文化的精品永远流传下去。"（图2-54）

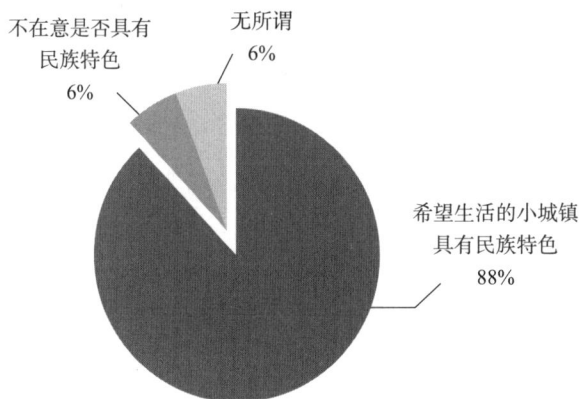

图2-53 民族地区小城镇居民对民族特色的在意程度

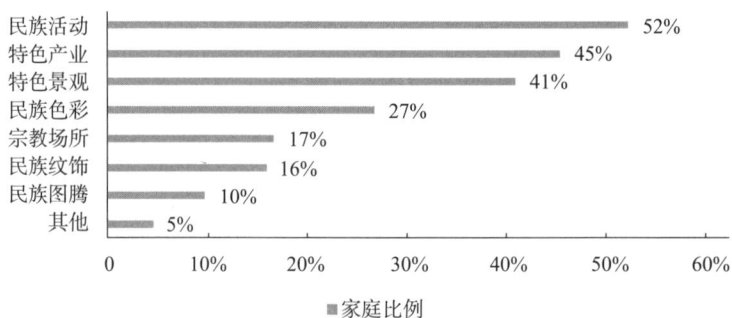

图2-54 民族地区小城镇居民对所在城镇应体现的民族特色内容情况调查

2.6.4 三成居民愿意留镇，八成希望后代去城市

愿意继续生活在小城镇、搬去县城等小城市、去大城市的居民比例相当，约各占三成，余下近一成居民想回农村或有其他打算（图2-55）。

六成以上的小城镇居民想去城市生活，最主要的原因还是大部分小城镇目前生活条件有短板。尤其是较年轻的、有一定能力的居民，都希望去城市追求更好的生活和发展。居民想去各类城市，首先是追求更好的生活条件，希望居住地配套设施更齐全，而小城镇目前在这方面多有不足；其次是希望能获得更好的教育和医疗服务，因为目前大部分小城镇只能满足义务教育和

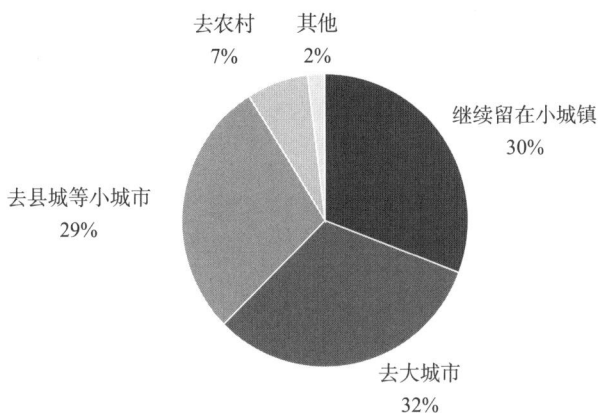

图2-55　小城镇居民去留意愿

基础医疗；再次才是考虑有更好的就业机会和收入。

　　三成希望继续留下的居民以中老年人为主，60岁以上的占31%，41岁～60岁的占50%，40岁及以下的仅占19%。愿意继续留在小城镇的居民觉得习惯本镇生活，对当前生活满意，且没有意愿或能力迁走（图2-56）。

　　近九成小城镇居民希望子女孙辈去城市，其中，希望后代去大城市的占60%，去县城或小城市的占24%。主要是因为小城镇居民同样"望子成龙、望女成凤"，期望后辈能去外面获得更好的发展机会，并普遍认为有本事、有出息的人都会去外面学习、工作或者"见世面"（图2-57）。

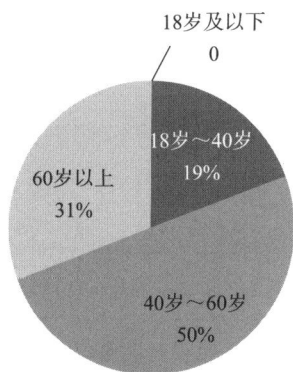

图2-56　愿意继续留在小城镇的居民年龄构成比例

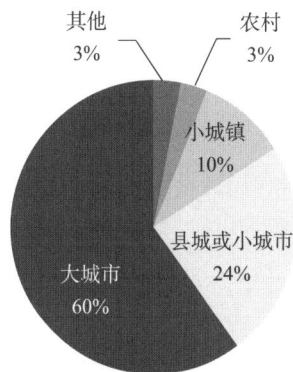

图2-57　小城镇居民希望子女或孙辈居住在何种地方调查

💬 **居民访谈**

- 辽宁某镇居民：我和我家老头子在乡下住习惯了，不想去城里，去城里干啥呀，这大岁数了。
- 海南某镇居民：有本事的人都出去了，（希望）小孩也不要回来了。
- 河北某镇居民：希望我家小孩能接受高质量的教育，以后有出息去大城市生活。
- 湖北某镇居民：小孩在镇上上小学，以后肯定还是希望她去大城市生活，城市机会多生活总是会好。
- 陕西某镇居民：娃在西安上学，那学校美地很！希望娃以后住在大城市哩。
- 江西某镇居民：来自一位留守在家的小女孩，她说："大学好玩吗？""我长大以后也要上大学，我想去看看外面的世界"。

✎ **专栏**

小城镇居民幸福感的重要来源——"没有雾霾"

随着人们对健康与生活品质的追求，生活环境中的生态圈日益成为人们关注的焦点。相比饱受雾霾折磨而珍惜每一次蓝天的城市居民，小城镇居民似乎一直习惯于蓝天碧水的"诗意的栖居"。小城镇具有城市不可比拟的绿色优势，生态环境好也已成为小城镇居民引以为傲的事情。

本次调查的小城镇全年空气质量平均达标天数比例达88.6%，84%的小城镇全年平均达标天数已经超过80%，超过1/4的调查镇甚至实现了全年空气质量优良。而根据环保部门监测数据，2015年全国338个地级及以上城市平均达标天数比例为76.7%，京津冀地区的13个城市达标天数仅为52.4%。除了福建、广东、云南、贵州、西藏等少数省份，大部分城市都与《国家十三五规划纲要》提出的"城市全年空气达标天数占全年8成以上"要求有相当一段距离。

小城镇居民对自己所在镇的生态环境非常认可，62.7%的人表示非常满意或较为满意。优于大多数城市的空气质量，更是成为小城镇居民幸福感的重要来源，让某镇居民可以骄傲地对来自城市的调研人员说："我们这里空气可好，没有雾霾！"

小城镇的空气质量显著优于城市的原因，主要是小城镇的生产生活状态中空气污染源少，同时环境容量更大。影响空气质量的最主要污染物——颗粒物，主要来自汽车尾气、工业及燃煤排放等，而小城镇各类污染源都较少。一是居民日常出行以步行等慢行交通为主，即使有车，需要使用的长距离出行频率也较低，故汽油消耗量少——人均汽油消费量为41.3千克/人·年，仅相当于2010年北京、上海城市居民的1/4，从而汽车尾气排放量少，对空气影响小。二是镇区主要功能为居住及生活服务，工业较少。同时，小城镇镇区规模小，建筑密度低，空气流通性好，乡村腹地广阔，较难形成城市型雾霾天。

2.7 小结

小城镇生活紧巴，但有结余。消费水平略高于农村，远低于城市，恩格尔系数相当于城市20世纪90年代水平，六成家庭半年不外出就餐一次，3/4家庭从不旅游。但收入结余率高于农村、也高于城市，显示出小城镇独特的中低收入与低消费的生活特征，或者说小城镇与近农民式消费的生活特征。

小城镇生活中最没压力并带来安定感的是住房。小城镇七成居民的住房是自建的，多数是自有宅基地。面积大且宽敞，建房成本低，没有城市的购房经济压力。更重要的是，自己的地、自己的房会产生很强的生活安定感，这是小城镇居民生活幸福感的重要来源。

小城镇生活最便捷的是20分钟生活圈。购物、串门等生活类出行多数甚至在10分钟以内。可以说这种小而比较完整的生活圈是小城镇独有的，城市和村庄都不具备。出行所需时间少已成为现代城市人的奢望，村庄要做到也很困难。

小城镇的生活是比较独立的。有近一半的居民一个月以上才去县城一次，其中36%的居民半年以上才去县城一次。许多居民表示"没什么事不去"。去县城的目的以购物、访亲、看病、办事为主，多数是因为设施建在哪里，就只能去哪里。去县城是必要的，但不是必然的。去县城的频率之低，显示着小城镇的生活相当程度上是独立的。

小城镇的生活也在朝现代化发展。超六成居民用智能手机，两成家庭拥有小汽车，高速公路、铁路等基础设施建设使七成居民认为出远门方便。在部分生活领域，小城镇的现代化水平与城市的差距已比较小或正在接近。

小城镇的生活充满亲情和乡情。小城镇居民对生活最满意的是邻里氛围，这是城市所缺乏的。75%的居民喜欢小镇生活，习惯自然环境和社会环境，念念不忘小镇的风景、味道、建筑、人和节庆。故乡情结根深蒂固且归属感强，这是幸福感的重要来源。

小城镇的生活是绿色的。步行是小城镇最主要的出行方式，自行车和电动自行车次之，与城市80%依赖汽车的出行结构截然相反。小城镇以低层建筑为主，与城市高层建筑相比，建筑过程及生活使用过程的能耗要低30%以上。

小城镇生活中居民不满意、不方便的更多来自政府负责的公共领域，居民对基础设施和公共服务的满意度相对较低。另外，自建住房虽然宽敞，但由于与住房配套的燃气、上下水等很不完善，也造成一定不满。可以看出，小城镇自身环境、居民自我投入等并不是不满的方面，而政府负责的公共区域的落后，才是居民不满的主要方面。

小城镇生活最令人不满的是就业机会。小城镇产业发展的落后造成了小城镇就业机会少、收入低这一突出短板，这也是小城镇居民希望子女去城市的主要原因。然而小城镇缺乏产业并不是天然的，更多的是人为造成的是我们的发展理念和规划及产业布局造成的。

通过对小城镇生活的详细调查分析：

生动地描述了小城镇的生活水平，勾勒出小城镇生活的特征，许多特征既不同于城市、也不同于乡村。

生动地揭示了小城镇与生俱来的生活优势，独特的安逸性、便捷性、独立性、低成本、和谐性、天人合一性、绿色、现代化趋势等。许多优势与人类发展的长远目标相一致，与地区及社会结构不均衡、人口与资源矛盾紧张的中国国情及理想的发展目标相一致。这些优势是城市与生俱来就不具备的。我们必须科学认识，倍加珍惜，采取措施，充分发挥。小城镇如能发展得更好，则中国会发展得更好，矛盾问题则减少。

生动地揭示了小城镇生活的劣势，而许多劣势不是小城镇与生俱来的，而是人为造成的；不是不可解决的，而是能够做好的。我们必须要考虑扭转重城轻镇的习惯思维，切实加大对小城镇建设的投入，补上小城镇基础设施和公共服务的短板；认识到小城镇是独立的生活圈，不是县城或城市的附属物；修正现行的一点集中式的规划理念和产业布局做法，让小城镇有产业、有就业，让具有独特优势的小城镇生活圈更加完整、健全。我国现行的县市规划和产业布局几乎将所有二、三产业集中到了县城或城市，极少布局在镇。而在面积往往达一千多平方公里辽阔的县域范围内，将二、三产业进行一点集中式布局，辽阔乡镇上只布局农业，这种做法在全世界也是绝无仅有的。

3 | 小城镇的经济是什么样的经济

经济结构与水平

小城镇的企业

小城镇的商业

小结

3.1 经济结构与水平

3.1.1 社会经济发展水平与城市差距显著

整体来看小城镇的经济发展水平较低，与城市有显著差距。小城镇经济发展总量普遍较小，人均水平相对较低。一半以上调查小城镇2015年的地区生产总值（GDP）在10亿元以下，八成以上小城镇GDP不超过20亿元，平均约占所属县域经济的7%（图3-1）；人均GDP平均值为4.1万元，中位数为2.6万元，超七成调查小城镇的人均GDP水平在同期全国人均GDP4.9万元水平之下（图3-2）。小城镇的居民收入水平也相对较低，城镇居民人均年可支配收入平均值为1.9万元，中位数为1.7万元，显著低于全国同期2.2万元的平均水平[①]。

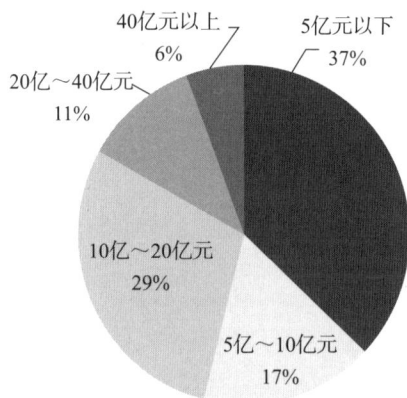

图3-1 调查小城镇2015年GDP分布

虽然整体经济发展水平相对较低，但根据世界银行《1999-2000世界发展报告》中的划分标准，超过六成的调查小城镇人均GDP已跨过3000美元中

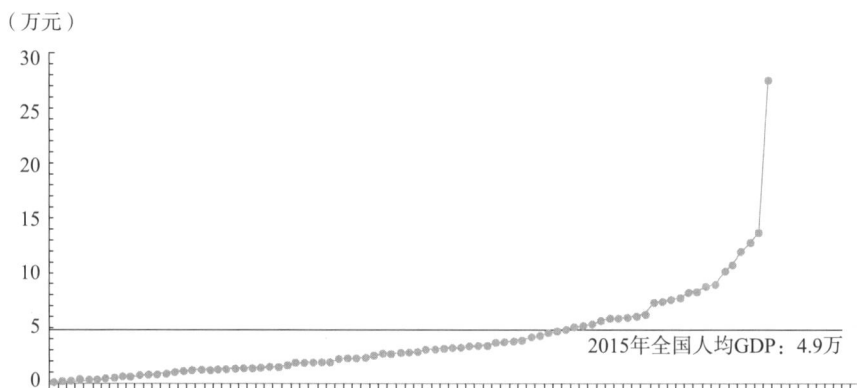

（万元）

图3-2 调查小城镇2015年人均GDP分布

2015年全国人均GDP：4.9万

---

① 国家统计局，2015年国民经济和社会发展统计公报，载http://www.stats.gov.cn/tjsj/zxfb/201602/t20160229_1323991.html。

等收入国家与上中等收入国家的分界线[①]，这标志着小城镇的社会经济状态
在逐步实现着由传统向现代的转变。在这一过程中，受区位、功能等因素的
影响，小城镇社会经济发展水平的个体差异显著，经济发达与欠发达镇之间
的差距可达百倍以上。

不同区位的小城镇，人均GDP水平有明显差异。整体来看，距离各类市
镇较远的乡村地区小城镇人均GDP水平普遍相对低，距离大城市近的小城镇
人均GDP水平整体较高，前者人均GDP均值约为后者的3/4。位于各类城镇
密集地区的小城镇人均GDP均值高，但个体差异大（表3-1）。

不同区位小城镇2015年人均GDP水平对比　　　　　　　　　　表3-1

区位	平均值（元）	中位数（元）
大城市郊区	44741	33458
城镇密集区	46619	26004
乡村地区	33586	22307
全国	39618	25793

不同功能的小城镇，经济规模与水平均有差异。无论是从总量还是人
均水平，工业镇的经济水平都最高，平均GDP约为27亿元，人均GDP达到
7.4万元，工业镇的平均经济规模接近全部小城镇的2倍。旅游镇和商贸镇的
平均GDP约为22亿元，略低于工业镇，但人均GDP与工业镇相差较大，仅
为2.6万元，约相当于工业镇的1/3。主导产业类型不仅与本地的资源禀赋相
关，而且和政府发展战略的制定相关。工业发展型、旅游发展型小城镇的
GDP规模普遍高于农业服务型和商贸流通型小城镇（表3-2、图3-3）。工业
化和新兴经济的发展对于我国小城镇的经济发展具有显著促进、带动作用。

不同功能类型小城镇的GDP规模分布　　　　　　　　　　表3-2

小城镇功能类型	2015年GDP 10亿元以下	10亿元～20亿元	20亿元以上
商贸流通型	57%	14%	29%
工业发展型	35%	43%	22%
农业服务型	63%	25%	12%
旅游发展型	52%	32%	16%

---

① 世界银行《1999～2000年世界发展报告》编写组.1999/2000年世界发展报告：迈进21世纪
[M].北京：中国财政经济出版社，2001.

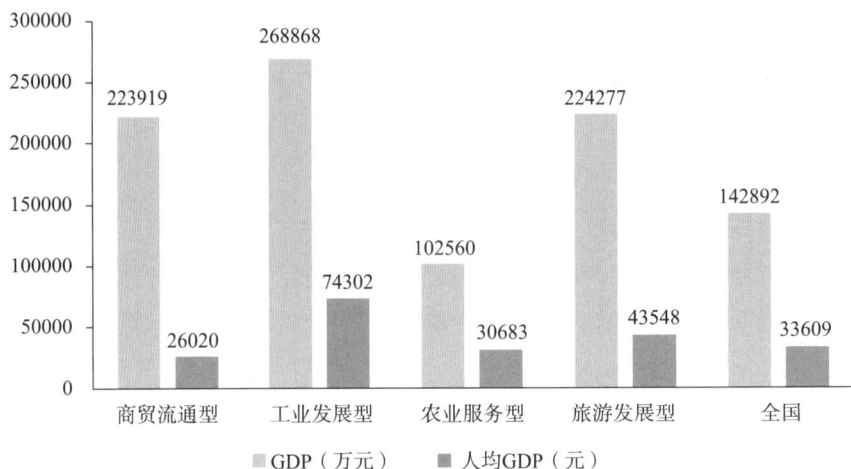

图3-3 2015年各类型小城镇GDP与人均GDP对比图

3.1.2 产业结构相似于我国改革开放初期水平

小城镇三次产业产值比为32∶41∶27。其中：小城镇第一产业增加值占国内生产总值的比重为32%，这一比例远高于全国[①]以及县城。目前小城镇的三次产业结构与我国1984年改革开放初期的产业结构31.5∶42.9∶25.5[②]相似（表3-3、图3-4）。

与大中城市资金、技术、人才等要素推动产业发展不同，我国小城镇的产业发展、经济增长基本上是由劳动密集型产业推动的。劳动力优势在很大程度上变成了小城镇的优势，既实现了大量农村劳动力转移就业，又凭借劳动力优势获得了快速成长。例如我国东部地区乡镇企业的发展，出现过苏南模式、温州模式、珠江三角洲模式，它们各有特点，但共同点都是依托小城镇，发展了劳动密集型产业。如浙江省小城镇的纺织、针织、鞋帽、服装、箱包、低压电器，广东省的玩具、食品等，都属于劳动密集型产业。

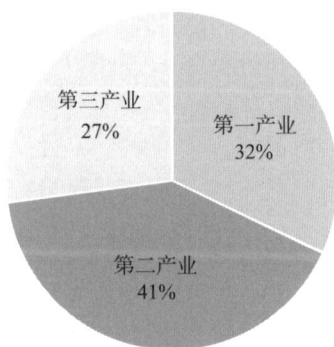

图3-4 小城镇三次产业产值比

---

① 2015年全国三次产业比为9∶40.5∶50.5。

② 数据来源：国家统计局，http://data.stats.gov.cn/easyquery.htm?cn=C01。

近年来，一些小城镇逐渐转向电子、信息产业的配件生产，实际上也是技术研发在国外，国内劳动力进行生产加工，也是劳动密集型的。内地小城镇发展的农产品加工销售，更是属于劳动密集产业。

2015年小城镇与全国三次产业产值比　　　　　　　　　　　表3-3

	小城镇	全国	全国城区
三次产业产值比	32∶41∶27	9∶43∶48	3∶46∶51

数据来源：2015年中国统计年鉴

近年来，随着我国鼓励农业向二产、三产融合发展，一批原有农业镇开始结合"互联网+旅游+"等探索三产融合的发展路径——以农业生产为基础，向农产品加工、销售，乡村旅游、农业综合体等方向拓展，形成了特色农业。

✎ 专栏

小城镇三产融合发展案例——山东省岱崮镇

　　岱崮镇位于山东省临沂市蒙阴县，昼夜温差大，地下水位低，光照充足，无污染，最适合蜜桃种植。截至2015年底，全镇各类经济林面积已达10万亩，其中无公害蜜桃8万亩，年产优质蜜桃2亿公斤，总产值超过2.6亿元。

2004年，岱崮镇被农业部授予"中华蜜桃第一镇"称号。岱崮镇充分利用自身蜜桃产业资源优势，除发展农产品初级加工外，还结合"旅游+"模式，推动蜜桃种植业与旅游、教育、文化、康养等产业的深度融合，发展休闲农业、乡村旅游、创意农业、农耕体验等，实现"一、二、三产融合发展"新模式（图3-5）。

图3-5　岱崮镇蜜桃园

　　旧县镇位于陕西洛川，人称"苹果之乡"。地域范围陕西省洛川县菩堤、黄章、旧县等16个乡镇。旧县镇果园分布，绵延千里，形成了较大的苹果种植产业，成为全国苹果外销的重要生产基地之一。旧县镇2013年被认定为全国"一村一品"示范镇，2014年被认定为全国重点镇。

为做强做优苹果特色产业，旧县镇在洛川县的指导下，建立了信息专业网站"洛川苹果门户网"；成立了电子商务协会"洛川苹果电子商务协会"；引进了淘宝、京东、邮乐购等线上营销模式；还联合旅行社推出了集观光休闲、采摘体验、科普教育为一体的"苹果之都、休闲胜地"系列旅游项目，实现了一、二、三产创新融合发展，探索了一条现代农业引领城镇发展的新模式。

从就业结构来看，小城镇就业人口在三次产业的分布比例为47：30：23（图3-6），农业与非农业部门的就业人口数量各占一半，与全国1997年的水平接近（50：24：26）[①]。相对于县城"3-4-3"和全国"3-3-4"的就业结构，小城镇仍然有大量的人口在从事农业，随着我国农业劳动生产率的进一步提高，未来农业剩余劳动力转移尚有较大空间（表3-4）。

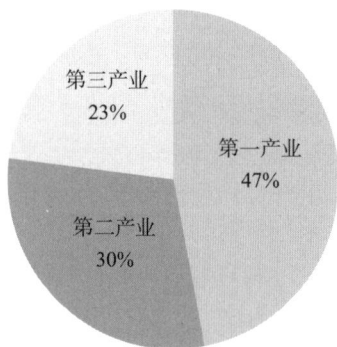

图3-6　小城镇三次产业就业比

2015年小城镇、全国、全国城区就业三次产业人口就业比对比　表3-4

	小城镇	全国	全国城区
三次产业人口就业比	47：30：23	30：30：40	1：50：49

（数据来源：2015年中国统计年鉴）

企业是小城镇最重要的非农业就业部门。非农部门提供的就业岗位中，企业提供的数量最多，平均每镇约671个，占到了非农部分岗位的50%；其次为商铺，岗位约306个，占到了23%，学校（中小学、幼儿园）岗位219个，占16%，镇政府及医院提供的岗位占10%（表3-5）。因此，小城镇的非农业就业部门能否提供充分的岗位，关键在于企业。只有充分发展工商业，引入或创办更多的企业，才能创造更多的就业岗位，吸纳农业部门转移的劳动力，带动人口向镇区集聚，实现就近城镇化。

[①] 数据来源：国家统计局，http://data.stats.gov.cn/search.htm?s=1997%20第一产业%20。

小城镇主要非农就业部门提供就业岗位分布　　　　表3-5

就业部门	占非农业岗位数量的比例
企业	50%
商铺	23%
学校	16%
政府	6%
医院	4%
合计	100%

3.1.3　经济长期低速缓增，新常态下受宏观经济下行影响最小

小城镇的经济多延续小农经济特征，以个体、家庭为基础的小型生产单元普遍，甚至仍是小城镇经济的主导。这使得大部分小城镇的经济长期处于相对稳定的低水平缓慢增长，保持着所谓的"超稳定状态"。

近十年来，小城镇镇域经济基本保持着相对平稳的增长态势，2005～2015年小城镇的GDP年均增长率平均值为11%，低于同期全国14%的水平。其中"十一五"时期（2006～2010年）和"十二五"时期（2011～2015年），GDP年均增长率分别为12%和10%，整体经济增速稍微放缓，但也有将近一半的小城镇两个时期的GDP年均增速未见下降。相比同期的区县经济、地级城市以及全国明显的经济增速下行趋势[1]，小城镇新常态下受宏观经济下行影响相对较小（表3-6）。

2005～2015年小城镇GDP年均增长率与县、市、全国情况对比 表3-6

GDP增长率平均值	"十一五"时期（2006～2010年）GDP年均增长率	"十二五"时期（2011～2015年）GDP年均增长率
小城镇	12%	10%
所属区县	20%	12%
所属地级市	18%	11%
全国	17%	11%

---

[1]　地级市数据来自《中国城市统计年鉴》，全国数据来自国家统计局。

　　2005～2015年间，约1/5的小城镇GDP年均增速在5%以下，经济长期保持平缓发展的状态，这部分小城镇普遍缺乏经济发展动力，主要发挥服务农村的功能，主要位于中西部等欠发达地区。另有约1/5的小城镇GDP年均增速超过15%，8%的小城镇更是以每年超过20%的增长率快速发展，这些小城镇中一部分位于经济发达、城镇密集的地区，在区域经济发展带动下拥有良好的产业发展环境；另一部分位于欠发达区域或乡村地区，但近年因旅游等新兴产业获得了较强的发展动力（图3-7）。

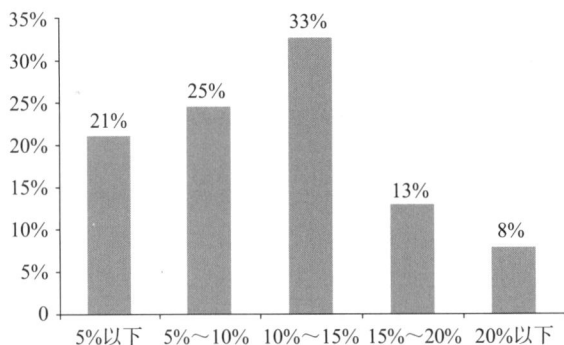

图3-7　2005～2015年小城镇GDP年均增速分布

　　从不同功能小城镇近十年的经济增速来看，整体上，传统的农业镇发展最缓慢，而旅游镇发展势头最好。但无论是哪种功能类型，都有10%～30%的小城镇经济可保持年均15%以上的快速增长（表3-7），这表明工业化并不是小城镇经济发展的唯一路径，即便是依托本地传统的农业资源，也可能通过优化发展模式获得持续的发展动力。

　　不同类型小城镇按2005～2015年GDP年均增长率分的数量分布。

2005～2015年小城镇GDP年均增长率与县、市、全国情况对比　表3-7

GDP年均增长率 ＼ 小城镇类型	商贸型	工业型	农业型	旅游型	全国
平均值	11%	11%	9%	12%	11%
5%以下	10%	29%	30%	7%	21%
5%～10%	30%	18%	20%	36%	25%
10%～15%	50%	24%	35%	29%	33%
15%～20%	0	18%	10%	21%	13%
20%以上	10%	12%	5%	7%	8%

相比经济总量的增长，小城镇的经济发展效率提升更缓慢。2005～2015年间，小城镇人均GDP的年均增长率平均为9%，而全国同期人均GDP年增长率为13%[①]。近2/3小城镇的人均GDP年增速不超过10%，约1/4小城镇的人均GDP年增长率在5%以下，甚至有少量镇人均GDP不增反降。76%的小城镇人均GDP年增长率低于GDP总量年增长率，可见大部分小城镇的经济增长仍是量的增长而并非质的提升（图3-8）。

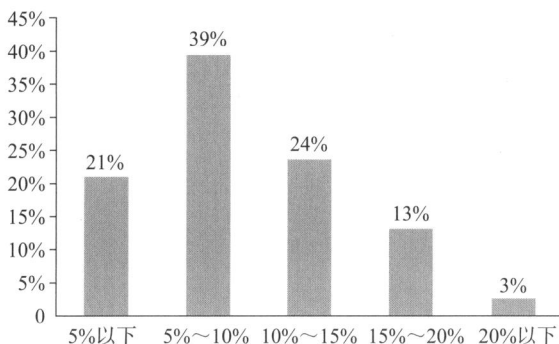

图3-8 2005～2015年小城镇人均GDP年均增速分布

3.1.4 工商业投资主要来自本地

总体来看，小城镇的工商业投资主要来自本地，尤其是本镇，平均约2/3的资金都来自本镇或其所属市县，来自外部的投资较少（表3-8）。

小城镇工商业投资来源结构   表3-8

投资来源	平均投资额比例
本镇	34%
本地城市（所属县市）	30%
大城市	35%
境外（含中国港、澳、台地区）	1%

能吸引到大城市投资或境外投资的小城镇大部分具有特殊的区位或拥有稀有的资源。这类小城镇需要承担部分城市功能，或在区域经济中参与分

[①] 数据来源：根据国家统计局多年人均GDP数据计算。

工，因而可以吸引到大城市投资，甚至外资，例如位于大城市郊区的镇、拥有稀有的自然或人文旅游资源的镇等。能吸引到外资的小城镇凤毛麟角，主要位于珠三角、长三角这类外向型发达地区。

✎ 专栏

外资青睐的小城镇案例——浙江省湖州市洛舍镇

洛舍镇位于浙江湖州市德清县北部，镇域总面积83km²，辖23个行政村，198个村民小组，1个居委会，总人口2.4万人。洛舍镇的产业经济以木材加工和钢琴生产为主导，钢琴生产需采购大量的原木做原料，同时在钢琴制造过程中会产生大量的边角料可由木业消化，两者相辅相成，相互促进。自1984年洛舍镇首家钢琴厂——湖州市钢琴厂成立至今，洛舍镇已成为长三角地区最大的钢琴制造中心，产品销往全国各地及世界多个国家和地区，被誉为"木业重镇、钢琴之乡"。目前，洛舍镇的钢琴制造及配件生产、木业加工企业多达174家，对全镇经济总量的贡献达80%以上（图3-9）。

洛舍镇的产业发展虽仍以本地投资为绝对主导，但也吸引到了相当高比

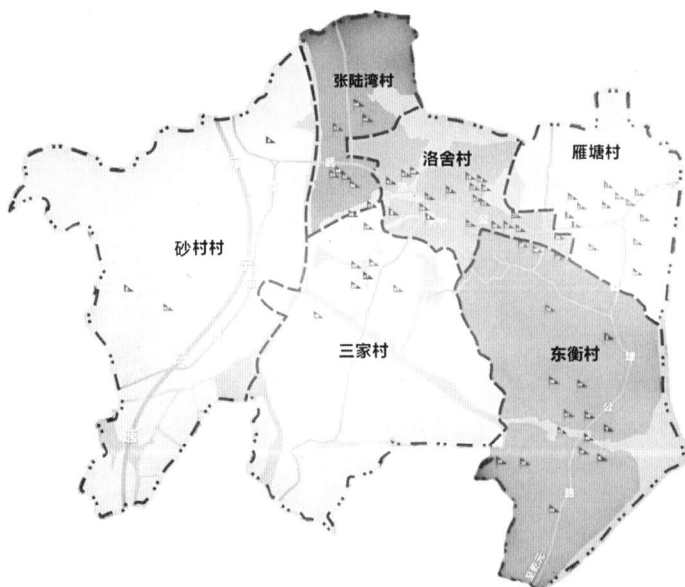

图3-9　洛舍镇钢琴企业分布

例的境外投资，外商投资占全部工商业投资的21%，这一比例远超过全国小城镇外商投资占比1%的平均水平。这不仅仅因为洛舍镇的主导产业是钢琴制造，还大大得益于洛舍镇不断完善的基础设施、营商环境和文化氛围等多元因素（图3-10）。

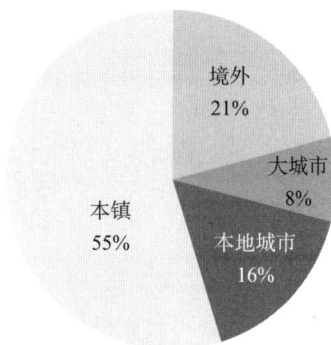

图3-10　洛舍镇工商业项目投资来源

首先，拥有完整的产业链和关键技术是洛舍镇吸引外商投资的关键。洛舍镇既有规模较大的钢琴整机制造企业，也有以生产钢琴外壳及其他相关零部件为主的配套小企业，还有成熟的木业协作企业，产业链相对完整，形成了专业化协作配套体系和一定规模的产业集群。洛舍镇的钢琴产业并不仅仅是代工生产，而是拥有关键技术和自主品牌，全镇现有国家火炬计划重点高新技术企业1家，博士后工作站1个，省级企业技术中心1家，钢琴行业技术中心1家，专业技术人员达600余人，并与中国林业科学研究院、南京林业大学等科研院所结成长期技术开发合作伙伴关系，研发出了具有自主知识产权的钢琴自动演奏系统等。

其次，便捷的对外交通和完善的设施服务是洛舍镇吸引境外投资的重要保障。洛舍镇地处长三角城镇密集区，距浙江省会城市杭州仅60公里，车程在1个小时之内，距上海和宁波也仅200公里，车程在2小时左右。镇内有武洛公路、洛德公路贯穿东西，高速公路横贯南北，保障了洛舍镇便捷的对外交通和资源、商品、技术、人才等的对外交流。洛舍镇近年大力投入基础设施建设和城镇品质提升，2015年市政基础设施建设投入达5091万元，在产业区和镇区均营造出良好的环境。

此外，结合产业发展，洛舍镇积极举办钢琴文化节等活动，进一步提升了产业和小镇的知名度，吸引了世界的目光。自2001年起，洛舍镇通过"政府搭台，企业唱戏"的形式成功举办了多次钢琴文化节，营造出了浓厚的钢琴文化氛围，树立了钢琴小镇品牌，大大提升了洛舍钢琴的世界知名度。

这些因素相互叠加促进，使得洛舍镇的产业不断做大、做强，钢琴产品不仅生产规模不断扩大，国际影响也逐步扩大，成功获得越来越多的外资关注。

3.1.5 财政高度依赖上级补贴，"吃饭财政"普遍

1994年起，我国实行了分税制财政体制改革，主要解决了中央和地方的收入分配关系，但地方各级政府之间的收入如何分配，现行分税制并没有做出明确划分，特别是小城镇在省市县之间的收入分配问题并没有解决。分税制虽然划分了税种，但对小城镇来说，国家规定的国税25%留地方，镇里所剩很少，都到了县、市；地税本属于地方税收，留地方使用，但小城镇把所收的税全部交到县财政之后，返还部分只是按照镇职工工资和基本办公经费的基数，核定一个返还比例，返还到镇的财政资金非常有限。通过省、市、县的层层集中调控，最后划分给小城镇财政的收入基本上只剩下农业"四税"的一部分和工商税收中的一些零散税收，缺乏对小城镇财政起支柱作用的主体税种。特别是在"营改增"之后，部分小城镇的税收分成比例进一步降低。

因此，总体来看，小城镇财政运行面临比较大的困难。小城镇本级的收入不足以满足建设发展需求，甚至无法保障镇管理服务机构日常运转，需要上级财政补贴。小城镇年平均公共财政收入[①]约为7000万元，仅相当于所属县城公共财政收入平均值20亿元的4%。平均可支配财政收入[②]为5000万元，近一半的小城镇的可支配财政收入中60%以上来自上级补贴。小城镇的上级财政补贴一般包括体制补助、城镇建设补助、转移支付补助、专项补助和结算补助等。由于可支配收入常常只够负担地方工资和政府的日常开支，大部分小城镇财政基本属于"吃饭财政"（表3-9）。

按可支配财政收入中上级补贴占比划分小城镇分布　　　表3-9

上级补贴占可支配财政收入比例	小城镇比例
20%以下	25%
20%～40%	14%
40%～60%	13%
60%～80%	10%
80%以上	38%

---

① 公共财政收入：是政府为了供应政府公共活动支出的需要，履行政府的公共管理、公共服务以及国民经济的市场化管理等职能而从企业、家庭等社会目标群体中所获得的一切货币收入的总和，一般包括税收收入和行政事业性收费等非税收入。

② 可支配财政收入：指地方政府在一定时期内所能机动地支配使用的财政资金。

小城镇不具备独立的预算编制权，可支配财政收入又十分有限，直接制约了政府发挥基础设施和公共服务保障能力。虽然小城镇的基础设施、公共服务设施和环境治理等方面的资金使用通常是以专项形式向上级申请"专款专用"，但项目建成后的设施维护与管理通常需要小城镇自己解决资金。这对于还是"吃饭财政"的部分小城镇来说是沉重的压力，一半以上小城镇镇区市政公用设施建设维护管理费用年投入不到100万元，直接导致部分小城镇污水厂等设施"建而未用"，或者道路、管线等设施因"用而不维"破损老化严重。

💬 领导访谈

- 陕西某镇领导：重点示范镇建设五年来，除了基投公司的融资资金外，其余建设资金几乎全靠省市区对重点镇建设的扶持，资金来源单一，仅靠财政资金投入无法满足城镇化基础设施建设快速发展的需求。
- 广西某镇领导：当前政府主要支持的是中心镇或重点镇，对于工业不发达的城镇，主要依靠自筹资金，镇村基本维护资金仍然处于短缺的状态。
- 北京某镇领导：我们镇目前的企业大多是低端制造业，在前些年的时候为本级政府提供了很大比例的税收。但是随着近年来随着"南城计划"、"京津冀一体化"和"非首都功能疏解"等宏观政策的提出，550家企业在2018年之前将被清退，税收将大幅减少。由于地理位置和先天条件等原因，我们很难吸引到一些技术密集型、环境友好的企业，而社会固定资产投入需求在逐年增加，财政缺口将进一步扩大。

✏️ 专栏

小城镇的财政状况案例——北京市长沟镇

通常，我国小城镇的企业少，税源少，加之又没有独立的财权，财政收入十分有限。但也有部分小城镇上级支持较多，发展基础较好，发展动力充足，因而财政整体上运行良好。北京市长沟镇是这类镇的代表之一。

长沟镇位于北京市西南部的房山区，镇域面积38.7km^2，下辖1个社区和18个村委会，2016年人口为2.7万。凭借区位与生态优势，长沟镇自2016年起建设"北京基金小镇"，已列入北京市"十三五"规划重大项目、北京市推进京津冀协同发展重点项目。2015年，长沟镇财政收入总计4305万元；2016年，因"基金小镇"的建设，长沟镇财政收入大幅增长，达6285万元，同比增长46%。

长沟镇的财政收入主要包括税收分成收入和来自上级的各类补助，2015年两者分别占财政收入总额的13%和61%（其余26%为上年结余）。由于上级补助多需专款专用，税收分成实际是决定长沟镇镇级可支配财政收入规模的关键。长沟镇因临近北京，发展受首都辐射带动，拥有较多企业，分布于建材装饰、医药、房地产、食品制造等行业。这些企业是长沟镇财税的重要保障。长沟镇的税收类型主要包括营业税、增值税、企业所得税等，长沟镇在完成各类税收后根据不同税收类型的留成比例获得税收分成收入。2015年，长沟镇税收总额约9696万元，镇级分成金额1866万元，约占19%（表3-10）。

2015年长沟镇各类税收留成比例　　表3-10

	税收类型	中央	北京市	房山区	长沟镇	合计
国税	增值税	75%	12.5%	6.25%	6.25%	100%
	企业所得税	60%	20%	10%	10%	100%
地税	营业税	0	50%	25%	25%	100%
	企业所得税	60%	20%	10%	10%	100%
	资源税	0	0	50%	50%	100%
	城市维护建设税	15%	0	42.5%	42.5%	100%
	房产税	0	0	50%	50%	100%
	印花税	0	0	50%	50%	100%
	土地使用税	0	50%	25%	25%	100%
	土地增值税	0	50%	25%	25%	100%
	车船使用税	0	0	52.5%	47.5%	100%
	耕地占用税	0	0	50%	50%	100%
	教育费附加	0	50%	50%	0	100%

注：中央企业的企业所得税全部纳入中央级，其他企业缴纳所得税按比例分成

长沟镇的财政支出中城乡社区事务支出占比最高，其次是一般公共服务、节能环保、农林水事务等，通常财政收入年终有结余。长沟镇的财政并不属于"吃饭财政"。目前镇级机关和事业单位工作人员共146人，其中公务员编制33人，事业编41人，其他类型人员（政府购买服务人员）72人。按照有关规定，长沟镇公务员与事业编制人员的全部工资和其他类型人员14%的

工资可由上级财政直接拨付，其他人员工资的86%需从镇级财政中支付，此项支出约为200万元/年（图3-11）。

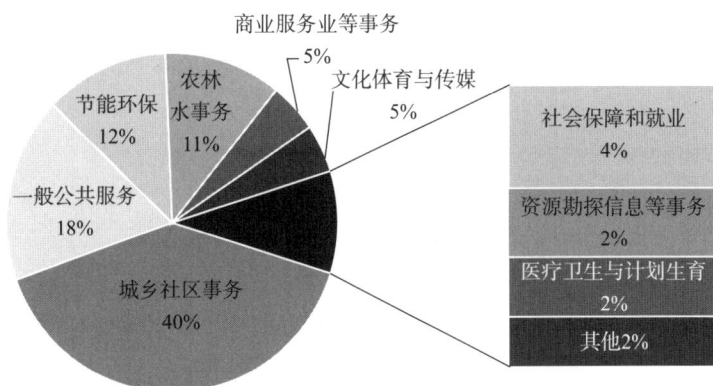

图3-11 2015年长沟镇实际发生的财政支出结构

近年来，在营改增、基金小镇建设的背景下，长沟镇的财政收支出现了一些新特点。其一是"营改增"政策使镇级可分配税收比例进一步减少。"营改增"之后，中央级税收收入比例增加，地方级税收收入比例减少，作为地方税收末端，镇可分成税收进一步减少。2016年"营改增"后，长沟镇这部分税收的留成比例从25%下降至12.5%，年税收分成额直降260多万元。其二是"基金小镇"建设将减少镇级财政收入，同时增加支出。"基金小镇"的财政收入属单独核算，上缴区财政，长沟镇并不能从中分一杯羹。但在保障北京市重点项目建设的背景下，长沟镇的产业发展必须符合高标准生态环保要求，未来以旅游、生态农业等为主，目前不符合条件的工业企业纳税大户将被迁走，这就直接影响了长沟镇的税收收入。同时，为建设"基金小城"和落实北京市环保政策，长沟镇需加大各项基础设施与环境建设方面的投入。2015年长沟投入基础设施的资金达2860.5万元；2015～2016年长沟镇在环境治理上的投入超400万元。收入减少，支出增多，使长沟镇的财政负担有所加重。

3.2 小城镇的企业

3.2.1 小型、民营、多样的特征突出

小城镇的企业规模较小。员工低于20人的企业占比接近50%，低于10

人的企业也达到了30%。按照企业划型标准[①]，44%的小城镇企业属于微型企业，大中型企业仅有3%（图3-12）（表3-11）。

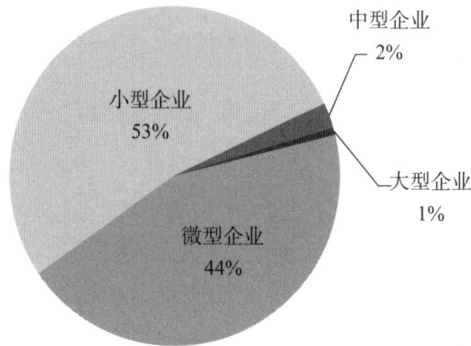

图3-12　按国家规模分类的小城镇企业占比

小城镇不同规模的企业分布　　　　　　　　表3-11

员工数量（人）	企业比例
5人以下（含）	16%
5人～10人（含）	15%
10人～15人（含）	9%
15人～20人（含）	8%
20人～30人（含）	11%
30人～40人（含）	8%
40人～50人（含）	6%
50人～60人（含）	4%
60人～70人（含）	2%
70人以上	21%

从企业规模看行业分布，微型和小型企业分布的行业多样，各行各业均有涉及。大中型企业多从事制造业、采矿业以及电力、热力、燃气、水生产和供应业。小型、微型企业多从事农业、制造业及餐饮和住宿业等（表3-12）。

---

① 《中小企业划型标准规定》，2011。

不同行业内分规模的企业占比   表3-12

	微型企业	小型企业	中型企业	大型企业
农业	26%	20	12	—
制造业	25%	46	55	75
商业服务业	5%	2	—	13
餐饮和住宿业	11%	3	6	—
仓储/批发/零售业	13%	4	—	—
旅游业	4%	4	0	—
采矿	4%	8	9	—
建筑业	4%	5	3	—
电力	3%	5	6	13
房地产开发经营	2%	1	6	—
交通运输业	1%	1	3	—
物流业	1%	1	—	—
物业管理	1%	—	—	—
其他	1%	1	—	—

　　接近80%的小城镇企业为民营企业，国有、集体、三资、联营企业的占比均较低（表3-13）。小城镇的国有企业大多在资源开采、基础设施保障领域，电力、热力、燃气及供水等基础设施类企业占比最高，达到18%。而民营企业则集中分布在农业和制造业，占比超过60%；其余零散地分布在住宿、旅游、仓储批发零售业等（表3-14）。

不同性质企业情况统计   表3-13

企业分类	企业占比
民营企业	80%
国有企业	4%
集体企业	5%
三资企业	5%
联营企业	2%
其他	4%

国有企业与民营企业的行业分布   表3-14

	国有企业	民营企业
农业	—	22%
制造业	8%	37%
商业服务业	10%	4%
餐饮和住宿业	9%	7%
仓储/批发/零售业	11%	8%
旅游业	8%	4%
采矿业	11%	6%
建筑业	5%	4%
电力、热力及水电等供应业	18%	4%
房地产开发经营	—	1%
交通运输业	2%	1%
物流业	—	1%
物业管理	2%	0.3%
其他	16%	1%

　　大多数小城镇的民营企业是当地农民和街道居民为了解决就业和个人家庭生计而投资创办的。由于启动资金有限，这类企业多选择劳动密集型行业，从家庭式小作坊开始，具有规模小、行业集中度高、制造能级低等特点，但他们与农民转移就业的利益、生存发展的追求息息相关，拥有顽强的生命力。他们当中的一部分做大做强，引入了现代管理制度，走上了良性发展道路而成了现代企业。有超过13%的小城镇民营企业规模超过了一百人，主要分布在东部沿海地区。

3.2.2　企业根植于本地

　　小城镇的企业发展高度依赖本地。第一，小城镇企业的就业人员本地化。63%的企业法人户籍为本镇居民（图3-13），从企业用工来看，来自于本镇的超五成，来自本县的接近七成（表3-15）。第二，企业发展依托的资源本地化。企业选择在小城镇发展，最看重的是当地的资源、人脉关系、城镇区位等（图3-14）。第三，小城镇企业的生产加工本地化。小城镇企业生产原料一半以上来自本县、本镇，特别是矿产、农副产品加工、建材加工等企业依托本地资源的特征更为突出（图3-15）。除加工制造业外，部分小

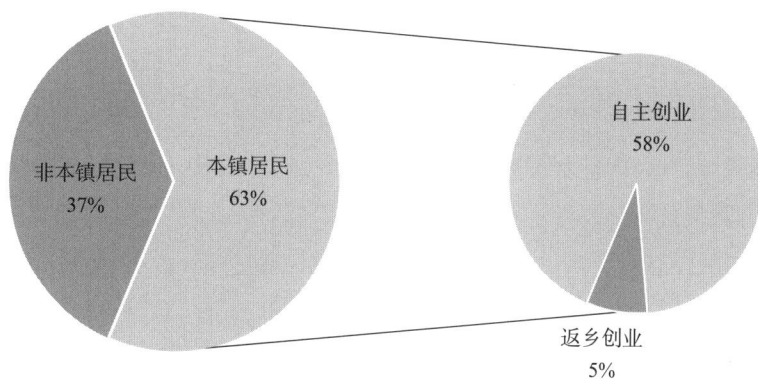

图3-13 小城镇企业法人来源

城镇依托当地特色文化、自然风光大力发展旅游业，带动了本镇餐饮、住宿、特色加工等联动发展，具有较好的就业吸纳效应和联动效应。

企业本镇员工占比情况   表3-15

本镇员工比例	企业占比
20%及以下	6%
20%～30%	8%
30%～40%	16%
40%～50%	24%
50%～60%	31%
60%～70%	8%
70%以上	6%

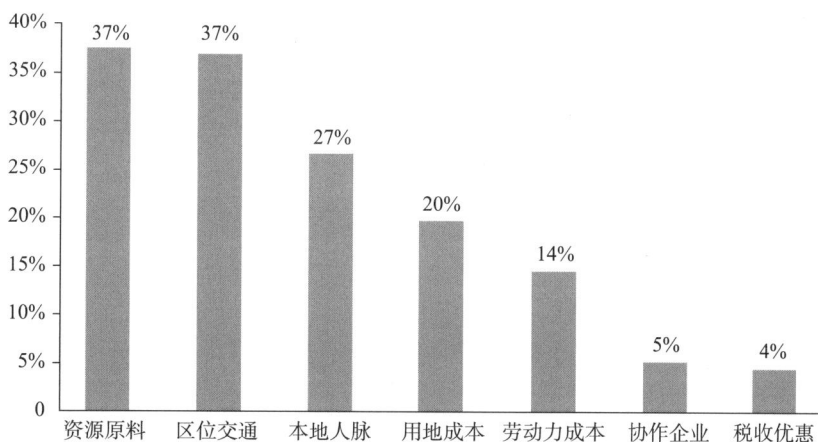

图3-14 小城镇企业成立原因（企业可多选）

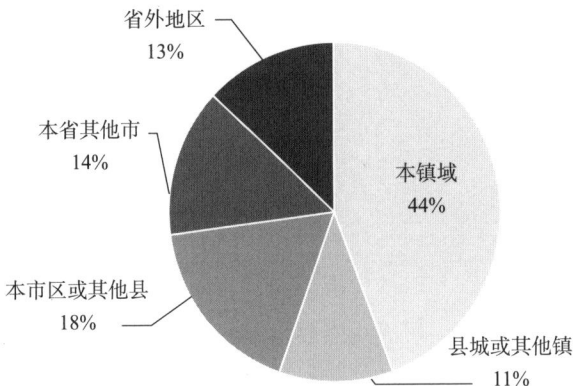

图3-15 小城镇企业生产原料来源地情况

✎ 专栏

因特色资源而发展的小城镇案例

我国的小城镇分布着许多不可移动的发展资源,例如临近大城市或者位于城镇密集地区的特殊区位资源,或者酒业小镇所在当地特有的水源,旅游小镇的特色景观和历史文化资源等,矿业小镇的特殊矿产资源。总结全国各地小城镇建设的经验,可以发现有以下规律:不可移动资源是小城镇独特的发展优势,这些得天独厚的资源是不可移动的,也无法集聚到城市,这些小城镇就是依靠这些资源发展起来的。

1. 山东省万德镇——依托区位优势发展加工制造业

万德镇是山东省济南市长清区下辖的重点镇。作为大城市周边小城镇,靠近大城市的消费市场,交通便利,土地成本低,万德镇充分发挥区位优势,引进较大规模的工业制造企业,形成了以机械加工、门窗制造为主导的产业,形成了加工制造产业集群,规模超过百人的企业超过4家。主导企业年产值达到2亿元,对当地税收贡献2000万元,员工中超六成员工为本镇居民和镇域内村民,带动了镇域经济发展和人口集聚。

2. 安徽省云岭镇——依托特色资源发展矿产品加工业

云岭镇位于安徽省宣城市泾县西北部,距县城23km,是国家新型城镇化试点镇、美丽宜居小镇和历史文化名镇。镇内矿产资源丰富,已探明大理石、方解石、花岗岩、钾长石储量达3亿m^3以上;白云石、石灰石储量达5亿m^3以上,尤以大理石"京川白玉"享誉华东地区。依托矿产资源的优势品种,云岭镇形成了矿产品开采加工产业集中区,带动了镇区扩张和人口集聚。2015年全镇实现工农业总产值28亿元,GDP 16亿元,人均GDP 6万元。

3. 湖南省小城镇依托本地旅游资源发展旅游企业

灰汤镇和边城镇是湖南省较为发达的旅游型小城镇。灰汤镇依托当地的温泉资源，引入多家温泉开发企业，形成以温泉旅游为代表的餐饮、住宿、旅游服务产业链。边城镇则依托地域特色农产品，发展特色农业、休闲旅游，大幅度提高了当地居民收入。两镇的旅游产业实现了与农业、餐饮住宿、交通行业等联动发展。

3.2.3 产品以原材料、初级加工品、生活生产基本服务为主

小城镇企业生产的产品多为依托农业资源、矿产资源的原材料、初级加工品，或者为镇村居民提供的基本生活生产服务。

从企业组合及所处的产业链来看，主要有三种形式。

第一种是与城市的大中企业相配套，城市制造业向小城镇转移扩散或小城镇企业利用本地资源加工生产初级产品，供给产业链上游的大中企业。产品多为原材料和零配件，如建材、五金零件等，或者是本地农副产品，如米面果蔬、肉蛋水产、烟酒糖茶也是小城镇企业最有优势的产品（表3-16）。

第二种是专业化企业群体发展。围绕某种有优势的产品，依市场机制形成区域性的专业化分工、社会化协作、规模化生产，如长三角、珠三角的专业化小城镇产业集群，他们有着很强的扩张力和竞争力，吸纳了农村剩余劳动力。

第三种是公司+农户，多为涉农的公司、批发市场等，从农兴商兴工，吸纳了大量农村剩余劳动力（表3-17）。如山东诸城、寿光等小城镇，数万农户区域化、专业化饲养或种植蔬菜，依托小城镇进行加工与销售。

小城镇制造业企业基本情况 　　　　表3-16

制造类目	主要生产产品	企业占比
非金属矿物制造业	石料、砖、雕塑	15%
农副食品加工类	米面、糖油、香肠等	14%
电气机械和器材制造	电瓷、机床、变电器、电力零件	13%
金属制品	银、铁、镀锌	8%

续表

制造类目	主要生产产品	企业占比
化学原料和化学制品	各类化学助剂	6%
纺织业	棉纱、布辘、纺织品	6%
机械制造	汽车机械部件、钢丝螺丝	6%
食品制造	包子、糖果、蜜饯	5%
服装服饰	刺绣、睡衣、衣服	4%
橡胶和塑料	塑料、橡胶加工、塑胶手套	4%
设备制造	高压锅炉、养殖设备	4%
纸制品	剪纸、纸箱、生活用纸	3%
木材加工	木门、木材	2%
酒、饮料和茶	白酒、果酒	2%
皮毛及鞋业	布鞋、皮具	2%
家具	门、窗	2%
石油加工	石油	0.3%
药	药材	0.3%
印刷制品	印刷制品	0.2%
化纤	化纤	0.12%
烟草	烟草	0.08%
其他制造业	—	3%

小城镇农业企业基本情况　　　　　　　表3-17

农业类目	主要生产产品	企业占比
种植业	粮食	21%
	果蔬	11%
	其他经济作物	8%
林业	苗木	28%
畜牧业	肉蛋禽	16%
渔业	水产	9%
农林牧渔服务业	农药化肥等	8%

3.2.4 大部分盈利状况良好，但近年来利润空间受挤压

整体来看，超过80%的小城镇企业能够实现盈利，亏损的不超于10%。与全国规模以上企业相比，小城镇企业的利润增长率及工业企业的利润率差距并不大。小城镇企业年利润的中位数为20万元，与平均数相差大，不同企业间的利润率分化明显（表3-18、图3-16）。

企业生产经营情况　　　　　　　　　　表3-18

	年利润平均数（亿元）	年利润中位数（万元）	利润增长率	工业企业平均利润率
小城镇企业	0.03	20	7.4%	7.2%
全国规模以上工业企业	68803	—	8.5%	6.0%

（数据来源：国家统计局2015年数据）

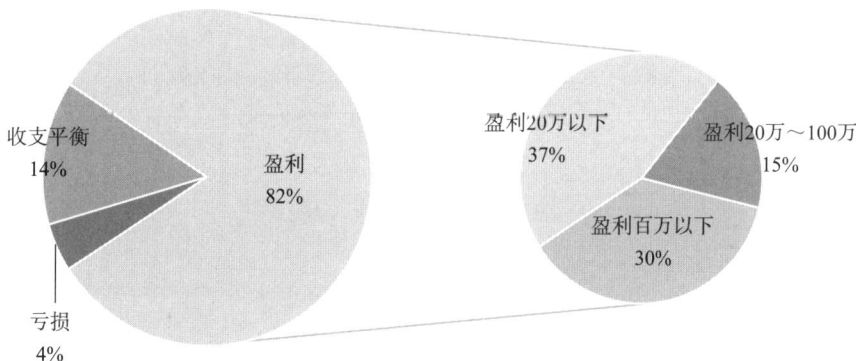

图3-16　小城镇企业盈利情况

进一步分析盈利企业的利润率，显示出部分企业利润率很难增长甚至在下降。超过60%的盈利企业利润率未见增长，46%的盈利企业利润率在下滑（表3-19）。这一现象主要原因是小城镇企业的生产成本在上升。调研发现，即使是在成本方面具有相对优势的小城镇，企业依然面临着成本问题：一方面，居民外迁多、招工难、留人难，企业经营的人力成本不断升高；另一方面，小城镇企业依赖的外部市场需求不足，产品销售减少，收入下降。融资难也是企业面临的一大难题（图3-17）。

2010～2015年利润率变化的企业占比情况表　　　　表3-19

利润率变化分段		企业数量占比
利润率升高	升高5%及以下	28%
	升高5%以上	10%
利润率不变		16%
利润率下降	降低5%及以下	34%
	降低5%以上	12%

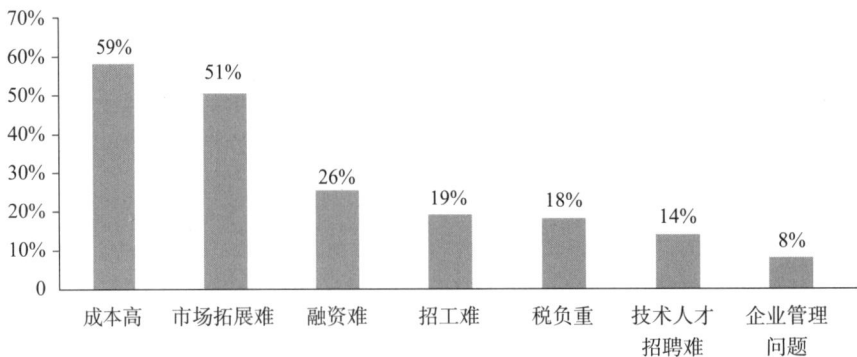

图3-17　有不同发展制约因素的企业比例（可多选）

3.2.5　高新企业、新兴企业在小城镇崭露头角

近年来，伴随着区域经济转型升级与产业转移，一些高新技术、新兴业态的企业开始进入部分有条件的小城镇。目前，这类高新技术企业在小城镇企业中的比例约为9%，具有研发机构的约占11%。涉及领域主要为新能源、新材料、环保科技、电子商务等。

这类小城镇主要位于区域经济发展水平较高的长三角、珠三角及大城市周边地区（图3-18），具有明显的区位优势，相比于城市拥有更好的生态环境，较低的土地成本，城市可以提供大量的人才、技术、资金直接辐射，适合高新技术企业成长（图3-19）。

省会城市
首都
高新技术企业所在镇
其他镇
大城市辐射圈

有高新技术企业的调查小城镇分布情况

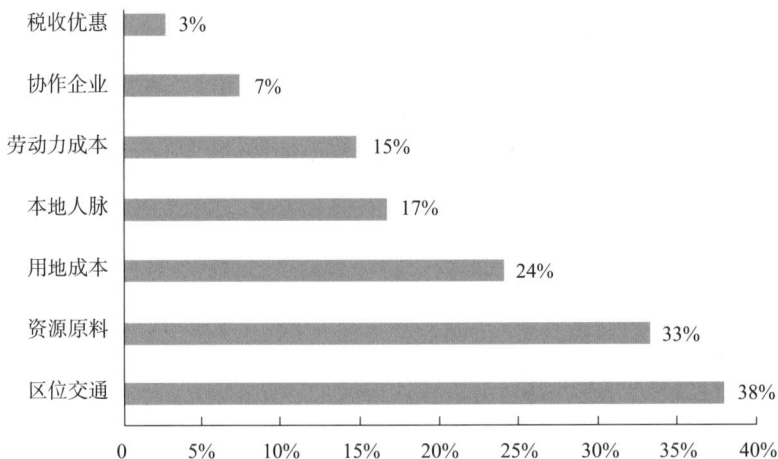

图3-19 吸引高新技术企业在小城镇布局的原因（企业可多选）

> ✎ 专栏
>
> **高新技术企业集聚的小城镇案例——江苏省新桥镇**
>
> 　　新桥镇位于江苏省江阴市，属于国家级重点镇、美丽乡村建设示范镇、美丽宜居镇和县域中心镇，位列中国百强镇前20强，是典型的工业发展型小城镇，更是高新技术企业的集聚地。新桥镇调研企业中有6家高新技术企业，占比超过30%。2015年，新桥镇GDP总量为148亿元，位列此次调研的121个小城镇经济规模之首。
>
> 　　新桥镇产业环境良好，基础设施优良，依托产业园形成了企业集聚和规模效应。政府通过大力推动产业升级，全力做大园区，发展大集团企业而带动地方经济发展。镇政府将企业向园区集中，大幅提升产业发展的规划布局、功能配套、产出效率和资源利用水平，初步形成产业集聚和企业集聚的发展格局。目前，新桥镇已成为全国最大的毛纺面料和职业服装生产基地，拥有江苏阳光、四环生物、凯诺科技3家A股上市公司。此外，拥有阳光、海澜、精亚等国家火炬计划高新技术企业3家，世界名牌1个，中国驰名商标4个，中国名牌4个，企业参与制定国家标准、行业标准6项；成立博士后工作站5家。仅阳光和海澜两大集团就吸纳全镇80%以上的劳动力。

　　随着互联网基础设施的普及，电子商务在小城镇蓬勃发展。部分小城镇将实体产业与互联网融合发展，借助电商平台促进当地产业发展。同时，互联网正在悄然改变着小城镇居民的日常生活。小城镇的互联网经济模式主要分为两种：一是将产品通过电商平台销售，主要是当地特色农产品、手工艺品等；二是依托自身品牌，整合周边资源和产品，打造区域级的特色产品集散中心，形成了一批专业的"淘宝镇、淘宝村"。

3.2.6 返乡创业企业为小城镇增添活力

目前，小城镇企业中返乡创业的比例为5%。返乡创业企业的形式主要是依托本地特色及资源开发、生产有特色的产品。外出返乡创业的人员通过大中城市的务工经历，接触学习了先进的商业模式，对市场更为了解，储备了人才资源以及合作机会，能够更好地结合本地特色和市场，给小城镇带来了新经济活力和就业岗位。

通过访谈发现，本镇居民返乡创业的趋势逐渐增长。主要原因是小城镇的投资运营环境正在改善，而返乡创业受到地方政府多方面的优惠政策支持。小城镇返乡创业企业依赖区域特色资源开发。返乡创业企业由外出务工人员返乡创立，因此较多地分布在广西省、甘肃省、贵州省等人口外流省份。返乡人员创立企业涉及特色农业种植、林业制造、工艺品制造、生活用品制造等多种行业。农业、工业制造的返乡创业企业较多，技术创新、生态旅游等新型产业的返乡创业企业较少（表3-20）。总结来说，现阶段小城镇的返乡创业企业行业分布散，且具有依赖本地特色资源、技术含量不高、启动资金少等特点，与本地自主创业企业的区分度不大。

全国返乡创业企业省份及行业分布　　　　　　　表3-20

省份	调查的返乡创业企业数量（家）	企业行业分布
广西	10	农场、纸业、蚕业、皮具等
甘肃	9	药业、果蔬、工艺品、农业科技等
贵州	8	家具、茶叶、门业、工艺品等
山东	7	木业、电器、生物科技等
安徽	5	矿业、建材、创新材料
青海	4	餐饮、生态开发、农业饲料
四川	3	果蔬、门窗、生态农业
湖北	3	建材、机械、旅游
江西	3	电器设备
湖南	2	环保科技、塑胶

✎ 专栏

返乡创业企业带动小城镇发展案例——甘肃省小城镇

　　甘肃省返乡创业企业对调研镇的劳动就业、居民收入、产业发展、地方税收等方面作出了突出贡献。2015年，甘肃省调查小城镇平均每镇有2家返乡创业企业，其中年利润超过百万的企业占37%；这些返乡创业企业的平均利润率达20%，每个企业平均年税收贡献约30万元。

　　甘肃省调查镇的返乡创业企业大多由返乡大学生、农民工创办，集中成立于2012年之后，包括蔬果类合作社、农业科技公司、药业公司、工艺品制造企业等，主要利用甘肃本省本镇的药业资源和特色农产品进行相关生产，有效促进了当地特色农业、药业、手工业的发展。

3.3　小城镇的商业

3.3.1　商铺三百家，类型上百种

　　商贸自古以来就是小城镇的基本功能。除了居民住宅以外，商铺在小城镇最为常见。40%的小城镇拥有超过300家商铺，有的小城镇甚至超过了1000家商铺（表3-21）。平均每个小城镇拥有的商铺为311家，平均每百人拥有的商铺5.5家，人均商业建筑面积9.4m^2（表3-22）。商铺的数量与人口规模高度相关，商铺的数量随着人口规模的增加而扩大，但人均的商铺数量、商业建筑面积则随着人口规模的增加有所下降（图3-20）。

不同商铺数量的小城镇分布　　　　　　　　　　　　　表3-21

商铺数量分布（家）	调研镇比例	商铺数量分布（家）	调研镇比例
0～50	3%	301～500	24%
51～100	8%	501～1000	12%
101～200	26%	1000以上	3%
201～300	24%	总计	100%

按人口规模统计的人均商铺数量、人均商业建筑面积　　　表3-22

镇区常住人口规模	每百人拥有商铺数量（家）	人均商业建筑面积（m^2）
1万人以下	6.5	12.0
1万人以上	3.1	3.5
平均值	5.5	9.4

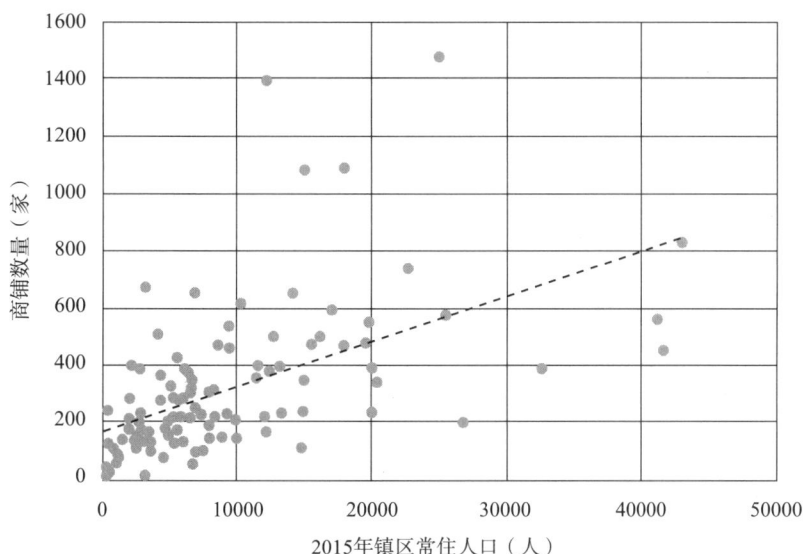

图3-20 小城镇商铺数量与人口规模的关系

　　小城镇商铺业态类型丰富，"麻雀虽小，五脏俱全"。数量较多的为日常生活专类零售店，平均每镇55家；其次较多的是家居建材店、餐饮店、小超市、小百货、食品店等（表3-23）。多元的业态不仅满足镇村居民的多元需求，也增添了小城镇的商业活力。

小城镇各类商铺平均数量与比例　　　　　　　　　　表3-23

商铺类型	每镇平均商铺数量（家）	占商铺数量比例
日常生活专类零售店（如水站）	55	18%
家居建材商店	44	14%
餐饮店	39	13%
小型综合店（小超市、小百货）	36	12%
其他传统商业服务（如理发店）	34	11%
食品店	31	10%
品质生活专类零售（如母婴店）	24	8%
其他现代商业服务（如房产中介）	12	4%
农资店	9	3%
公用服务（电信等）	8	3%
旅馆酒店	7	2%
康体娱乐	7	2%
大型综合店（大超市、大商场）	4	1%
集贸市场	1	0.3%
其他专业市场	<1	0

　　从商业店铺经营面积的绝对数量来看，日常生活类、家居建材类、餐饮类、小型综合类、传统服务类、品质生活类、食品类店铺的经营面积较大；现代高端商业服务、公用服务、宾馆酒店、农资、康体娱乐店铺经营面积较小（由于旅馆酒店的经营性质特殊性，其经营面积较大）；大型商业、集贸市场、专业市场虽然单个面积大，但总经营面积较小。小城镇的各类业态中，生活服务型店铺不仅数量多，经营面积也占绝对优势（图3-21～图3-23）。

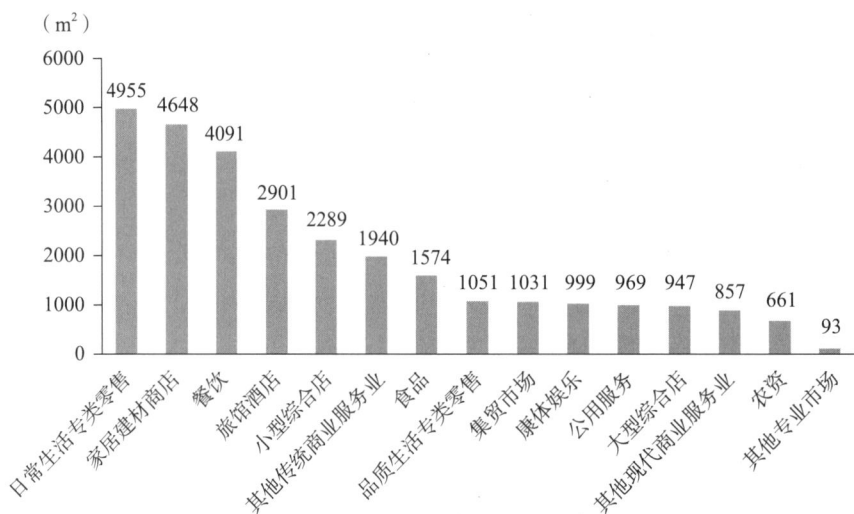

图3-21　小城镇不同类型商业店铺的平均营业面积

图3-22　黑龙江省某镇药店

图3-23　吉林省某镇理发店

3.3.2 沿街底商最常见，定期集市不可缺

95%的商铺是沿主要街道布置的一层、二层住宅底商，多为个人经营或家庭经营的"夫妻店"，每个商铺平均用工1.2人。店主既是老板也是店员，只需再雇佣1～2人，即可保证日常经营，这种经营模式能够减少租金，节约成本。因多在住宅底层开店，商铺不仅具有商业功能，同时也是居民和村民休闲、交往的场所。除了提供商品交易的空间之外，也为居民提供生活服务。居民茶余饭后会在沿街商铺前下棋聊天，儿童可在店前玩耍（图3-24～图3-26）。

💬 居民访谈

- 河南某镇居民：嗯，这小铺我们家开的，我们一家人就住在楼上。我一般不怎么回来，主要是我媳妇在打理。
- 湖北某镇居民：家里开了这个修车店，就住在店前面的房子里，平时经常去县城进货。

除沿街固定商铺以外，无固定场所，但定期开展的传统集市是小城镇商业的重要组成部分。58%的小城镇拥有定期集市，年均定期集市次数为93次，平均2.5日一集。根据集市周期可将小城镇集市类型分为无集市、十日集、五日集、四日集、三日集和间日集。42%的小城镇举行集市的频率在五日以下，表明集市作为传统的商业组成部分，仍然在小城镇发挥着重要作用，一方面承担了物资集散的功能，将城乡市场有机地联系起来；另

图3-24 云南省某镇的二层商住混合商铺

图3-25 辽宁某镇居民在店铺屋檐下乘凉聊天

图3-26 天津某镇青少年儿童在店铺门口嬉戏

图3-27 甘肃省某镇集市

一方面给镇村居民提供了谋生、交往、休闲、文化的活力平台（表3-24、图3-27）。

不同集市周期的小城镇比例   表3-24

	无集市	十日集	五日集	四日集	三日集	间日集
小城镇比例	43%	16%	14%	10%	8%	9%

💬 居民访谈

- 江西某镇农民通过集市售卖自家农产品：清早去地里收点菜，上午拿到集市上去卖，可以补贴一点家用。
- 贵州某镇居民将苗绣卖给国外游客：苗绣的产品供不应求，国外游客尤为喜欢，在云南丽江经常有游客大众购买。
- 陕西某镇居民通过集市养家糊口：我是从山西过来的，蒸馍在这一带水平最高了，镇上现在就我一家馍铺。我跟老婆每天四点钟开始和面，一直忙到晚上八九点关门，一个月能落七八千块。有集市的时候也拿去集市上卖一卖，也能得点钱。出来十五六年在这边都习惯了，孩子也都在这边，算是扎根了。

80%的小城镇大型超市或购物中心数量在3家以下，其中，25%的小城镇没有大型超市或购物中心。主要是由于小城镇人口规模小，居民收入和消费水平较低，大型超市或购物中心基本很难进入小城镇（表3-25、图3-28）。

有不同数量商业中心的小城镇比例

表3-25

大型超市与商业中心数量（家）	百分比
无	25%
1	14%
2～3	40%
4～5	12%
6～10	7%
10以上	3%

图3-28　小城镇连锁超市

✎ 专栏

小城镇市场环境与连锁超市发展

1. 小城镇的消费环境需要与连锁品牌对接

从小城镇的消费环境来讲，小城镇的居民收入虽然一直呈现上升趋势，但是消费大多集中于生活必需品，对品牌的需求不强。一些小城镇居民商品质量意识不强，往往追求价廉物美，甚至有的消费者更注重便宜，不管商品质量，导致无厂家、无日期、无保质期的"三无"产品很有市场。郑毅敏（2007）教授研究发现，连锁超市向小城镇发展的初期，很能吸引小城镇居民的光顾，但是当新鲜感过去后，大部分居民还是会回到传统的购买渠道去购买商品。此外，随着网络购物的兴起，居民直接在网上购买品牌商品，使得大型连锁店进入小城镇的困难加大。

2. 小城镇的基础设施建设需要与连锁品牌配套

从小城镇的基础设施建设来讲，小城镇作为农村与城市之间的中间地带，是连接城市和农村的载体，在市场经济中发挥着重要的作用，小城镇连锁超市的发展需要货源不断地运进输出，对道路和布局有一定的要求，需要有配套的基础设施支持。在我国的一些小城镇，基础设施不完善、物流成本高造成投资环境不理想，使连锁超市企业望而却步。此外，目前我国小城镇的布局普遍偏小，而且商业区域比较集中，这在一定程度上也限制了大型连锁超市在小城镇的发展。

3.3.3　日常必需店为主，也有品质生活店

小城镇商业主要是为居民提供生活必需品和日常服务。日常生活类、家居建材类、小型综合类、餐饮类、传统服务类、食品类、农资等日常生活服务型店铺占比达到80%以上，文体娱乐类店铺（如影剧院、茶馆等）较少，

占比不足10%（表3-26、图3-29～图3-31）。主要原因是大多数小城镇的居民收入水平较县城和城市低，消费水平有限。

不同类型商铺在小城镇的分布普及率 表3-26

分布普及率	店铺类型数（类）	店铺类型
>80%	25	杂货店、餐饮、五金、美容美发、药店、服装鞋帽、建材、农资、电信网店、米粮店、家具灯具、机车修理、蛋糕店、百货店、蔬菜水果、自行车行、电子产品、旅馆、金融网点、装饰材料、小家电、快递、电器修理、茶烟酒、诊所
60%～80%	10	母婴用品及玩具、文具、彩票、汽车配件、复印、殡葬、网吧、大家电、养生足浴、食品
40%～60%	16	裁缝、影楼、渔具、婚庆、糖果炒货、教育培训、集贸市场、礼品、珠宝、干洗、书籍音像、纯净水、洗浴、眼镜、KTV、废品回收
20%～40%	10	特产、液化气、广告、弹棉花、花卉、电商、农技、箱包皮革、房产中介、汽车
10%～20%	6	古玩、星级酒店、化妆品、烟花爆竹、汽车美容、日化
<10%	51	影剧院、保险、工艺品、茶馆、当铺、家政、香烛等

图3-29 小城镇母婴店

图3-30 小城镇集贸市场

图3-31 小城镇百货商店

随着居民生活水平的提高,品质生活类商业开始进入小城镇。例如干洗店、KTV、影剧院、养生保健等在小城镇出现,并呈增长趋势(表3-27)。金融网点、投资咨询等现代商业服务业也有布点。

品质生活类商业业态镇平均值　　　　　　　　表3-27

品质生活类商业店铺	每镇平均数量(家)
母婴用品店零售店	3
礼品装饰店	1
养生保健足疗店	4
干洗店	1
星级酒店	<1
KTV歌厅	<1
影剧院	<1
洗浴中心	1

大部分小城镇的品质生活类店铺在30家以内。只有6%的小城镇没有此类店铺,另外约6%的小城镇拥有的品质生活类店铺数量超过30家(表3-28)。这一现象主要是因为近年来部分居民的收入水平提高,消费需求多样化,小城镇基础设施不断完善,支撑了居民消费升级。

小城镇品质生活类店铺数量分布　　　　　　　表3-28

数量分布(家)	小城镇比例
无	6%
1~10	49%
11~20	28%
21~30	11%
31~40	4%
40以上	2%
总计	100%

总体来看,小城镇品质生活类店铺的数量与常住人口规模和居民收入水平呈正相关关系(图3-32、图3-33)。

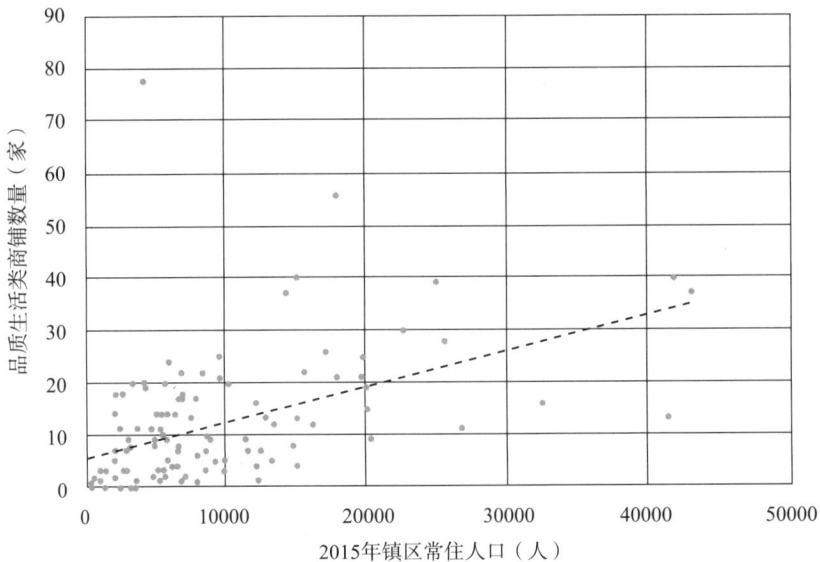

图3-32　品质生活类商铺数量与镇区人口规模的关系

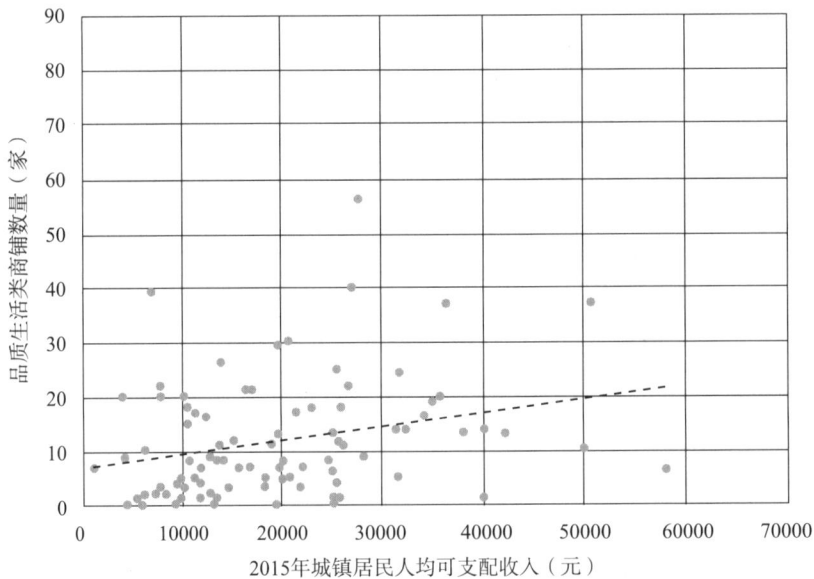

图3-33　品质生活类商铺数量与城镇居民可支配收入的关系

　　品质生活类店铺超过30家的小城镇人口规模都在1万人以上，能够满足店铺布局的人口门槛要求。从城镇类型来看，品质生活类店铺数量较多的小城镇大多是商贸镇、工业镇，这类小城镇经济发展较好，居民收入与消费水平相对较高。

3.3.4　电子商务发展迅速

随着互联网及农村信息化的基础设施大力建设，电子商务在小城镇迅速发展，带动了手机电脑零售店、电商服务站、快递服务点进入小城镇（图3-34～图3-36）。三成小城镇有1～3家电商服务站，84%的小城镇有快递点，近1/5的小城镇快递点数量超过3家（表3-29）。小城镇物流业发展迅速。平均每日快递收件量达520件，发件量187件。近三成的小城镇的日快递收、发件量达到了100件以上（图3-37）。

图3-34　小城镇手机专卖店

图3-35　小城镇电子商务服务站

图3-36　小城镇快递点

有不同数量手机电脑零售店、电商服务站、快递点的小城镇比例

表3-29

	手机电脑零售店	电商服务站	快递点
无	14%	68%	16%
1~3家	22%	27%	57%
4~6家	22%	4%	20%
7~10家	22%	0	6%
10家以上	20%	0	1%

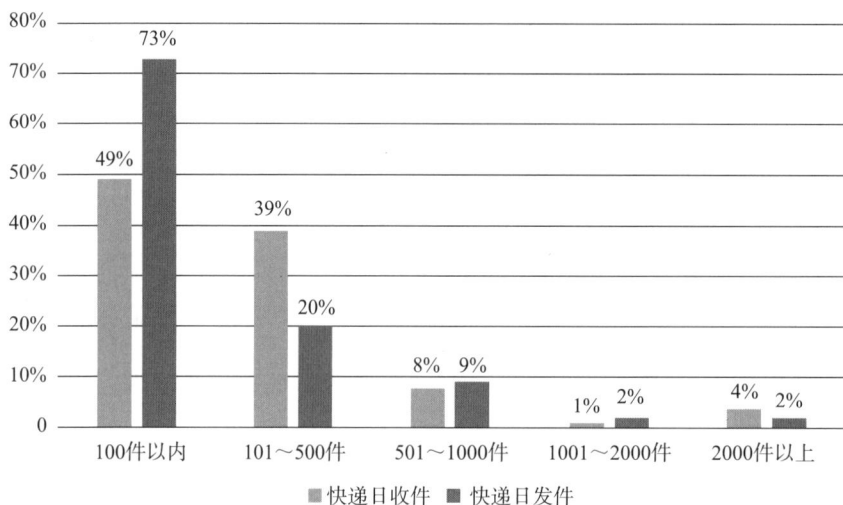

图3-37　有不同快递日发件、收件量的小城镇比例

✎ 专栏

互联网发展对小城镇商业的促进作用

　　互联网经济是以互联网为中间平台，将消费者与生产者进行联系而形成的一种新型经济发展模式。在当前的技术变革时代互联网经济发展速度十分迅猛，极大改变了小城镇的商业格局，使得居民的消费方式与消费观念都出现了明显的变化。

　　随着互联网的兴起，网络也渗透入小城镇居民的生活中。大部分居民拥有能上网的智能手机，可以方便地从网店上购买商品，部分居民自己开起了网店，通过互联网出售产品。根据调查，小城镇居民中有近5%在网络上出售过商品，多为日用品、农产品、当地特产等。在网上出售商品的居民中，近七成是盈利的，并且80%以上的居民认为网络交易更加方便（图3-38）。

网店收益情况

31%

69%

■ 赚钱
□ 不赚钱

网络经营是否方便

17%

83%

■ 方便
□ 不方便

图3-38 小城镇网店经营情况

　　在实地访谈中，居民认为开网店不需要投资店面，再加上现在快递服务很普及，省时省力。同时居民也表示，网络商业更加便利、成本低，但存在学习成本，他们希望能够学习网络技术，开设网店。例如，山东省某镇居民表示互联网为自己带来了新的就业机会："俺不会上网，孩子会上。不知道怎么弄的，也能在网上开账号卖卖桃儿，发个快递，都是孩子们弄的。"青海居民也认为通过培训可以获得更多相关就业机会："准备弄呢，现在还没开始，县里给我发了个网店试点培训，以后要给我们培训呢，不过我现在还不知道怎么弄，以后看看弄。"

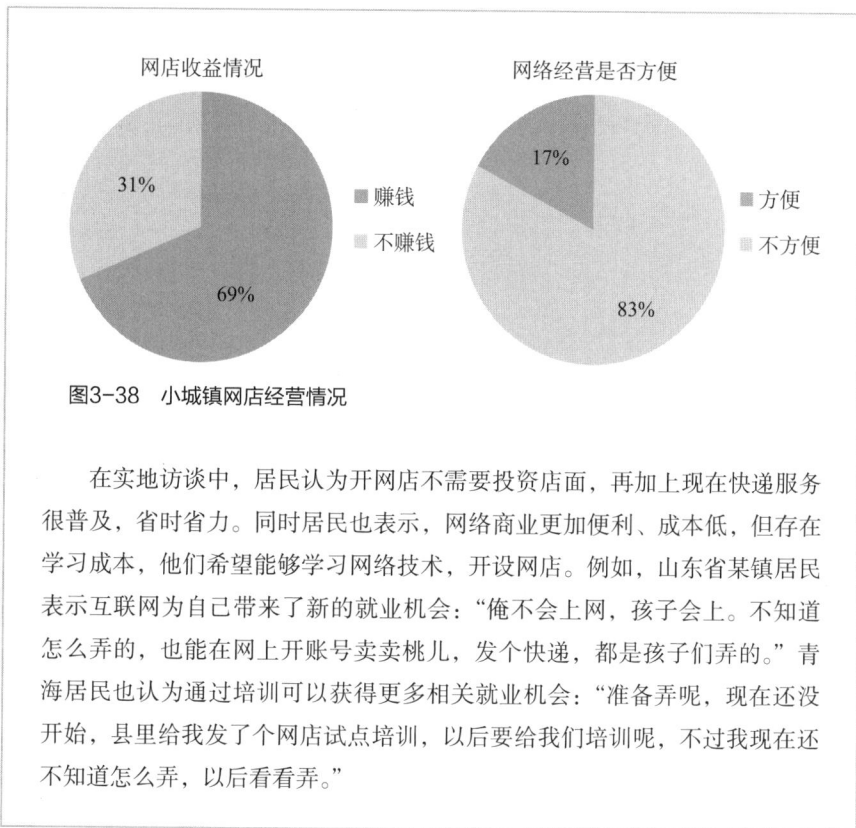

3.3.5　店铺平均月利润超1万元，店主收入在镇上较高

　　小城镇的商铺是镇区部分家庭获取相对稳定收入的重要来源，店主在镇上属收入相对较高。除金融网点、房产中介、大型百货等特殊业态外，小城镇的普通小商铺月均营业额为9万元，平均月利润约1.5万元。几乎没有店铺处于亏损运转，所有店铺中2/3的能获取不同程度的利润，1/3的店铺不亏不赚，能够"保本"。这不仅因为小城镇的店铺主要保障居民基本生活，产品销售基本不受宏观经济影响，还因为小城镇商铺经营成本极低，居民开店的房租为零或者仅需约1元/平方米·天的低租金。

　　考虑到小城镇大部分店铺是个体、家庭经营的小店，店铺与住宅不仅空间上混合，在财务核算上收入支出也难以精确核算。在计算成本时，家庭成员的工资也往往被忽略；在计算收入时，家庭从日常店铺中的财物开支往往也未被考虑。以外出农民工同等收入水平计算，一个拥有一间普通"夫妻店"的小城镇家庭，扣除一对夫妻每人每月3000元的工资，仍可获得将近

1万元的纯利润，这在我国大部分农村地区是十分可观的收入。

商铺的利润与经营的业态有很大关系。表3-30所示为利润率最高的十类业态与年利润率最低的十类业态，利润率较高的业态有影楼、影剧院等，这类商铺要么营业规模较大、服务范围较广，要么属于小城镇新兴的品质生活类业态，年利润率可达50%以上；年利润率较低的业态包括烟酒杂货、便利超市、蔬菜水果店、农资等，这类店铺多提供较为基础的日常生活类服务，平均利润率在30%以下。

小城镇商铺的盈利状态及类别情况　　　　　　表3-30

年利润率最低的十类业态		年利润率最高的十类业态	
类别	年利润率中位数	类别	年利润率中位数
装饰材料店	14%	棉絮加工店	61%
集贸市场	22%	影剧院	56%
烟酒杂货、便利超市	24%	影楼	56%
小型家电零售店	24%	餐饮店、快餐店	52%
汽车配件店	28%	殡葬服务	50%
复印打印、影印店	28%	宾馆、旅馆、客栈	50%
米粮店	29%	理发店、美发店	50%
五金店	29%	洗浴中心	50%
电子产品（手机电脑等）零售店	30%	诊所、牙医	50%
特产店	30%	干洗店	50%

- 居民写实：小城镇商业规模小，多为小本经营，雇佣工人不多。
- 河南居民：现在开店啊，挣不着啥钱，没啥人买东西，所以不敢雇人，就我们两口子。
- 辽宁居民：我现在和女儿一起住，开了个饭馆，前些年天水谷（一个温泉度假中心）火的时候收益不错，这两年那边开了个宝地（另一个规模更大的温泉度假中心），生意就不行了，来不了几个人。

3.3.6　主要服务镇区居民和周边村民

小城镇的商业店铺八成服务于本镇城乡居民。其中，仅服务镇区的商铺占近五成，主要服务镇内村庄的商铺约占三成（图3-39）。可见小城镇商铺主要是满足本地居民的基本生活需求。

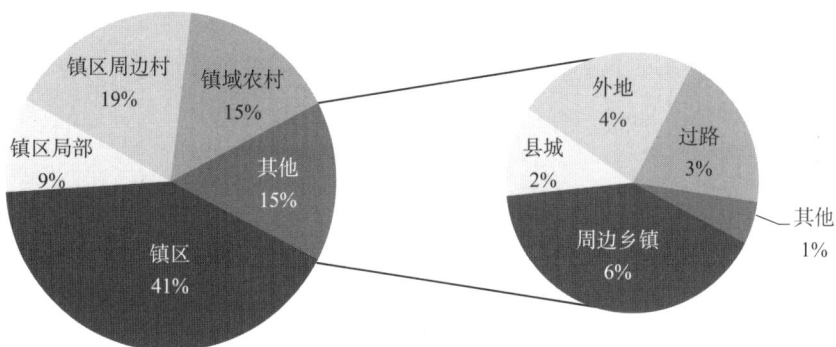

图3-39　按服务范围分的小城镇商铺比例

不同类型的商铺服务的范围有所不同。服务半径最小的商铺，仅服务镇区甚至只是镇区局部，其提供的商品或服务更适宜就近消费：一类是出售使用频率高的日常商品，如米粮店、蔬菜水果店、文具店等；另一类是提供满足小城镇居民新需求的现代服务，如教育培训机构、干洗店、足疗店等（表3-31）。

主要服务镇区的典型店铺类型及按服务范围划分店铺比例　表3-31

服务范围	米粮	蔬菜水果	盆栽花卉	文具文体零售	教育培训	干洗	养生足疗保健
镇区	49%	54%	49%	55%	52%	55%	51%
镇区局部	8%	7%	13%	9%	7%	10%	8%
镇区周边村	17%	18%	19%	15%	17%	14%	19%
镇域	17%	14%	8%	16%	14%	14%	11%
周边乡镇	7%	3%	6%	3%	4%	4%	4%
县城	0	0	0	0	3%	0	1%
外地	1%	1%	2%	1%	0	0	3%
过路	1%	3%	2%	2%	1%	1%	3%
其他	0	0	2%	1%	3%	1%	1%

小城镇镇区直接服务于三农的业态，服务范围主要为镇域农村，这类店铺中的典型为农资销售店、农业技术服务站等。有相当一部分液化气、五金店也主要服务于镇域农村，这些商铺提供的商品可能更符合当地村民的生活方式，而镇区居民需求较少。此外，小城镇的一些商铺可以满足农民提高生活品质的需求，但不能满足镇区居民需求，后者更愿意去上级城市消费，典型的如小型家电、电子产品、箱包皮革等（表3-32）。

主要服务镇域农村的典型店铺类型及按服务范围划分店铺比例　表3-32

客户来源	农资销售	农业技术服务	液化气	五金	小型家电零售	电子产品零售	箱包皮革
镇区	29%	31%	35%	44%	43%	40%	42%
镇区局部	11%	9%	7%	8%	9%	8%	13%
镇区周边村	21%	27%	21%	22%	20%	22%	23%
镇域	24%	22%	16%	17%	19%	18%	15%
周边乡镇	8%	8%	11%	5%	6%	7%	7%
县城	2%	2%	1%	0	1%	1%	0
外地	2%	0	6%	2%	1%	3%	0
过路	2%	2%	4%	2%	1%	2%	2%
其他	0	0	0	0	0	0	42%

近年来，电子商务的蓬勃发展，进一步扩大了小城镇商贸物流双向流通的范围。小城镇的产品可以通过电子商务平台走遍全国甚至全球，而全球的商品也可以畅通地进入小城镇和农村。从相关商业或服务设施的服务范围来看，一部分农村地区已通过小城镇便捷享受网络、金融、电商、快递等互联网时代的服务（表3-33）。

按服务范围划分电商、快递及服务网点的比例　　　表3-33

服务范围	电商服务站	快递服务站	邮政网点	电信网点	金融网点
镇区	37%	47%	36%	41%	41%
镇区局部	7%	9%	9%	11%	9%
镇区周边村	20%	18%	20%	19%	19%
镇域	17%	16%	20%	20%	20%

续表

服务范围	电商服务站	快递服务站	邮政网点	电信网点	金融网点
周边乡镇	7%	5%	8%	7%	8%
县城	5%	3%	3%	1%	1%
外地	8%	2%	3%	1%	1%
过路	0	1%	1%	1%	2%
其他	0	0	0	0	0

  体现了小城镇对外服务功能的商铺主要为与旅游、接待相关的商服设施，如星级酒店、旅馆客栈、餐饮店、特产店等，这些商铺多分布在有旅游功能或过境交通的小城镇，可见旅游、物流、商贸是部分小城镇能够吸引到外地消费的有效途径（表3-34）。

主要服务镇外的典型店铺类型及按服务范围划分店铺比例　表3-34

服务范围	星级酒店	旅馆客栈	特产店	餐饮快餐店	古董文玩店
镇区	23%	21%	28%	36%	38%
镇区局部	3%	3%	8%	7%	7%
镇区周边村	7%	9%	11%	15%	17%
镇域农村	0	6%	7%	12%	10%
周边乡镇	3%	9%	7%	6%	10%
县城	10%	11%	7%	4%	0
外地	30%	22%	16%	9%	7%
过路	17%	18%	15%	11%	3%
其他	7%	0	1%	0	7%

💬 居民访谈

- 青海某镇居民：买衣服还是喜欢到县城去，样子多一点，好看一些，镇里的选择余地还是比较少，买菜生活用品可以在镇上买。
- 广西某镇居民：电器、家具这些都可以在镇上买，很方便。
- 四川某镇小店主：现在生意真的不太好做，消费者太少，生意形式单一，现在去市里很是方便，购物地不局限在镇上，不知道以后做什么……

3.4 小结

小城镇的经济发展水平个体差异显著。八成以上小城镇经济总量仅相当于所属县域经济的7%，七成以上小城镇的人均GDP在同期全国人均水平之下，人均收入略高于农村但远低于城市，经济发达镇与欠发达镇之间的差距达百倍以上。

小城镇的经济是相对平稳的。长期以来，大部分小城镇保持着内需型经济，相对封闭、稳定且受宏观经济影响较小，呈现出"超稳定"态势。近年来，相比新常态下区县、地级市以及全国的经济增速显著下行趋势，大批小城镇仍然保持着相对平稳、缓慢的经济增长态势。

小城镇的经济结构是初级的。小城镇的三产产业结构比为32：41：27，相似于我国改革开放初期水平，主要职能是服务三农、提供初级工业品和日常生产生活服务。这种初级产业结构为周边农民提供了大量的就业岗位，"镇上赚钱、回村居住"成为越来越多农民的选择。

小城镇的企业大多处于产业链的底端，但却是国民经济中不可缺少的重要环节。小城镇是初级加工业的主要原材料供应地，也是初级工业产品的主要制造地，小城镇企业超过50%的制造业、农业和采矿业等产品销往本县以外的地区。同时，小城镇又是大批初级产品的消费市场，本地居民的日常消费基本都在镇内解决。可以说，作为初级产品生产地和消费地的小城镇，在完成自我循环的同时，也确保了国家、地区产业链的完整性，促进了城乡协调发展。

多数小城镇支撑经济的是传统商业。小城镇是农村物资集散和交易中心，是镇域最具经济活力和最能集聚人气的中心。以"夫妻店"和传统集市为主要载体的小城镇商业，主要起到了联系城乡商品交换的重要作用。商铺以售卖生活必需品和提供日常服务为主，满足了本地居民特别是农民的日常需求，农民80%的购物通过小城镇的商铺解决。随着居民生活水平的提高，干洗店、KTV、影剧院等品质生活类商业开始进入小城镇，使小城镇生活越来越现代，与城市的差距越来越小。

近年来，随着交通设施完善、现代通信技术发展、互联网经济兴起，小城镇经济从半封闭循环状态逐步走向更加开放的运营模式，高技术企业、新兴企业崭露头角，回乡创业人群逐年增加。小城镇企业将在提供初加工产品的基础上，发展新技术和新业态；商业将继续在我国零售商业体系中发挥重要的桥梁作用，并呈现出传统的商铺、集市与电商等新型业态共生的新模式。

通过对小城镇企业的详细调查分析，揭示了小城镇企业的生存现状和发展环境。小城镇的企业是小城镇发展工业和现代服务业的中流砥柱，是提供就业的重要部门，企业活力在很大程度上决定了小城镇的经济发展水平与城镇活力。优化小城镇企业发展环境，可以促进更多本地创业与就业，也可以吸引更多外来工商业投资。

通过对小城镇商业的详细调查分析，展示了小城镇的百种商铺的业态，揭示了小城镇商业的基本功能与服务对象。小城镇商业的现代化水平直接影响农民的生活质量。提升小城镇的公共服务特别是商业的品质和服务，可以让农民生活地更便捷、更有获得感，这是实现公共服务均等化最直接、最有效的途径。

调查分析结果启示我们，小城镇经济在我国经济中有特殊地位，虽然处于产业链的底端，但却是国民经济中不可或缺的环节，低端产业仍然有着发展土壤，是实现经济转型升级的重要基础，起到了"稳定器"的作用。

调查分析结果启示我们，大部分小城镇的经济是内需型经济，能够提供一大批内需型、低门槛的就业岗位。这意味着一大批农民不用背井离乡、远离父母子女，也能实现非农就业，提高收入，实现家庭团圆、社会和谐。这一特性是城市不可替代的，我们必须给予足够的重视，改变现行的集中式产业布局规划理念和方式，引导更多适宜的产业向小城镇布局，让小城镇有更好的经济、有更多的就业岗位。

调查分析结果启示我们，我国小城镇产业发展十分薄弱，大部分小城镇缺乏产业。我们必须扭转重城轻镇的习惯思维，修正现行的以县城为一点集中式的规划理念和产业布局做法，让小城镇有产业、有就业，让具有独特优势的小城镇生活圈更加完整和健全。

调查分析结果启示我们，在全国近两万个镇中，能发展起来的小城镇是少数的。让所有的小城镇都有一定的区域功能、都发展到一定的现代化水平，至少从短期看来是不现实的。未来大部分小城镇仍将是农村中心，继续扮演服务三农的重要角色，为农村提供更加完善和便捷的公共服务。而另一部分具有特色产业、特色资源的小城镇将在区域经济格局中发挥更加重要的作用，成为县域乃至市域的"经济新星"。

4 | 小城镇的空间是什么样的空间

空间意象　　　　　设施配置

生活空间　　　　　小结

土地利用

4.1 空间意象

4.1.1 选址布局灵活，贴近山水田园

与城市相比，小城镇的选址与布局更灵活自由，与自然环境融合得更紧密，通常呈现与自然山水格局相融合，与田园林野互为依托的特征。调查小城镇中，55%的小城镇位于山地丘陵地区，多选址于相对平坦的河谷、盆地，布局形式因地制宜、灵活多变，有的呈块状，有的呈带状，有的呈分散组团；部分小镇用地紧缺时利用了缓坡地带，随地势起伏蔓延，呈现出错落有致的天际线景观。其余45%位于地势平坦的平原、高原地区，大多数选择在原有较大村庄的基础上扩展，布局相对紧凑，镇区与农田、村庄自然过渡，融入了周边的田园景观中（图4-1～图4-4）。

图4-1 湖南某镇的外部环境

小城镇选址与水的关系极为密切。近六成小城镇是沿水而建，依水而兴的。主要原因是便于居民生产生活用水、满足其亲水需求，以及利用水道运输通航等。总体来看，镇与水的空间关系分为3种类型：临近较大河流的小城镇，一般选择沿河流单侧建镇；临近较小河流的小城镇，则选择夹河建镇，依水兴市，即江南水乡"小桥、

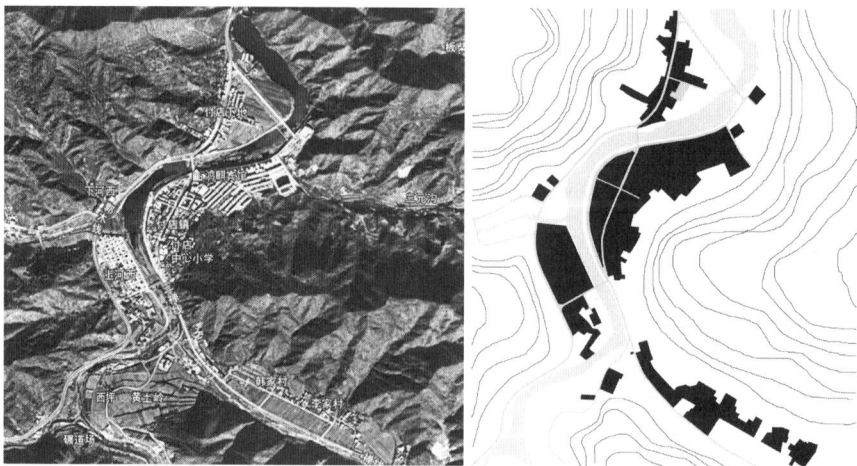

图4-2 沿河谷布局的山地小城镇：河南付店镇

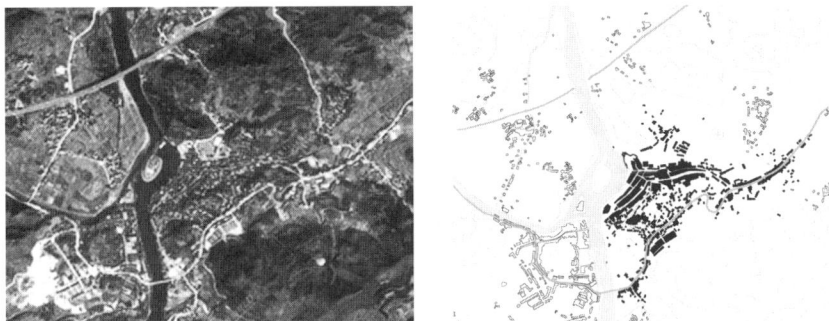

图4-3 随地形起伏的丘陵小城镇：湖南边城镇

图4-4 依托村庄的平原小城镇：河北羊平镇

流水、人家"的景象；沿海或滨湖的小城镇，为最大限度利用岸线资源，通常选择三面环水的岬角地带建镇，这类小城镇在历史上多为地区性的交通枢纽（图4-5～图4-8）。

小城镇与乡村田野的关系密切，甚至在空间上都互相融合，没有明显的割裂感。从外围农村进入大部分小城镇的镇区，通常呈渐变的自然过渡，没有明显的边界和门户地标。仅少量有旅游发展等需求的小城镇，会在镇区边缘的门户位置设置门楼、牌坊、石碑或其他形式的标识（图4-9、图4-10）。

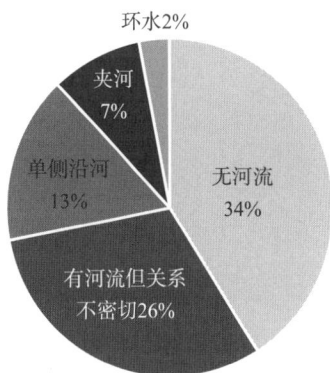

图4-5 小城镇布局与河流的关系

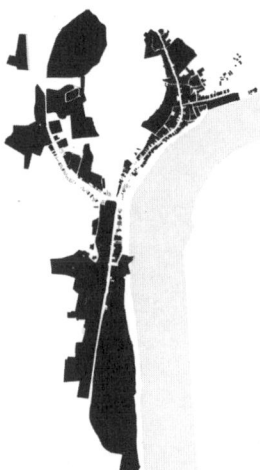

图4-6 单侧滨水布局小城镇：广西庙头镇

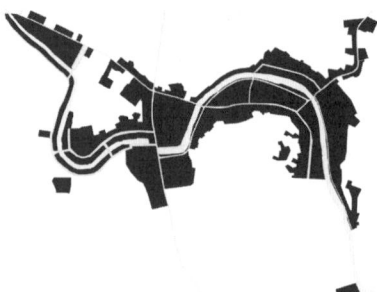

图4-7 夹河布局小城镇：河南董家河镇

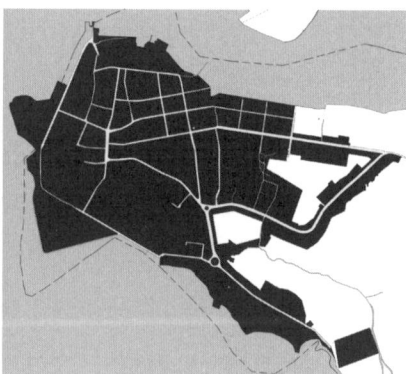

图4-8 三面环水小城镇：广东沙扒镇

　　小城镇的选址与布局很大程度上体现了中华文明中"天人合一"的重要思想。这种顺应自然、贴近自然的选址与布局，使得小城镇在气候、资源、景观等方面，具有城市不可比拟的优势，具备了建设生态城镇、绿色城镇

图4-9　镇区与村庄自然过渡

图4-10　小城镇的门户节点

和海绵城镇的天然基础。例如，小城镇大气环境质量优良天数平均比率为84%，62%的小城镇大气质量优良天数比例达90%以上，空气质量明显优于地级以上城市[①]。

4.1.2　沿河沿路居多，常见带状发展

小城镇形态与道路、河流关系密切，七成小城镇的空间布局主要受道路影响，1/3小城镇明显受河流影响。其中，山地丘陵地区的小城镇受河流的影响最为显著（图4-11、图4-12）。

在线性的道路、河流的影响下，近半数小城镇呈带状发展，且多分布于用地局促的山地丘陵地区和经济欠发达的西部地区。沿河、沿路布局的小城镇分别占带状小城镇的27%和73%。由于道路交通和沿路经济的直接影响，沿公路一侧或两侧建一两排建筑的小城镇较为常见，这种情况被形象地称

① 数据来源：中华人民共和国环境保护部，《环境保护部发布2015年全国城市空气质量状况》，载http://www.zhb.gov.cn/gkml/hbb/qt/201602/t20160204_329886.htm。

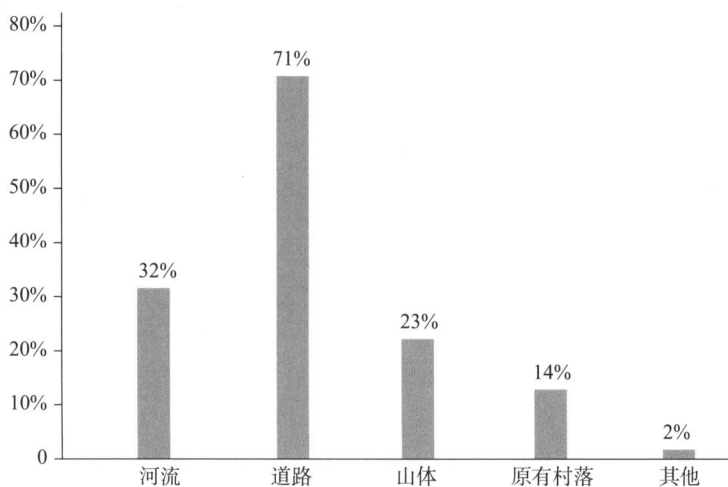

图4-11 小城镇镇区形态影响因素

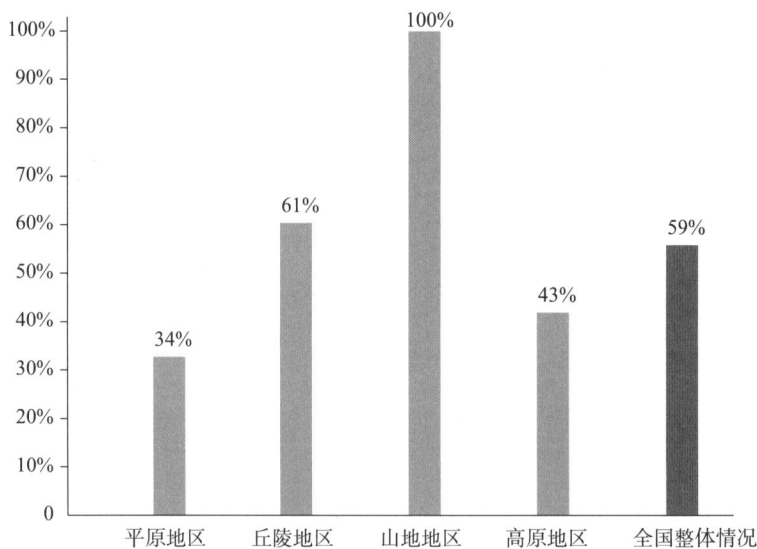

图4-12 不同地貌区沿河小城镇的比例

为"一层皮"。随着大部分河流运输功能的弱化,一些原本沿河选址的小城镇在形态上越来越倚重道路的影响,如山东万德镇,尽管地处河谷,但因河流几乎无通航功能,对镇区形态影响较小,镇区主要沿道路布局(图4-13、图4-14)。

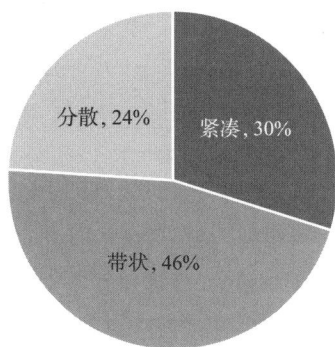

图4-13 小城镇镇区形态情况

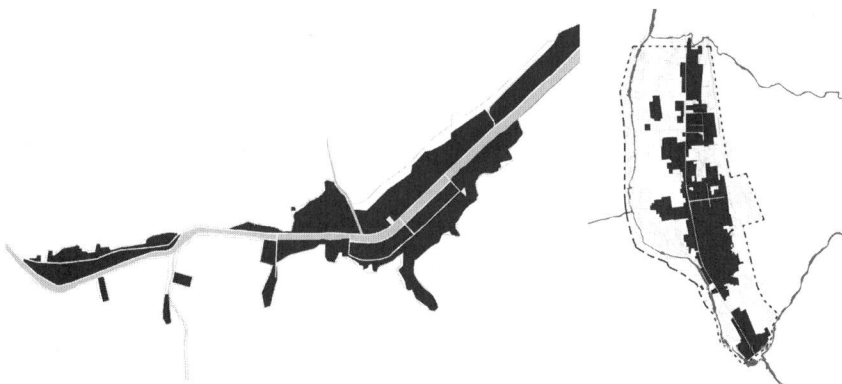

图4-14 受河流、道路影响的带状形态小城镇（左：山西省马兰镇；右：山东省万德镇）

✎ 专栏

小城镇与过境交通

交通方式的变迁对小城镇布局的影响是显著而深远的。在陆路交通逐渐取代水路交通的过程中，不少小城镇的空间发展也逐渐由沿河转向沿路。例如湖南龙潭镇，最初的镇区沿溆浦河发展，随着公路交通的兴起，其镇中心逐步由沿河转向西部的沿路。所有"路"中，过境道路对小城镇的影响最突出。

小城镇的过境道路是指起讫点不在小城镇范围内，但通过小城镇镇区的公路，常见的包括县道、省道、国道等，主要承担着通行职能。许多规模较小的小城镇，镇区内最主要的道路就是过境公路，过境客货车辆可在小城镇停歇补给。正因如此，直接利用过境道路，甚至以过境道路为中心建设镇区，成为一些小城镇自发发展的结果。人们常说的"一层皮"就是指这种现象。

　　小城镇空间与过境公路的关系一直处于两难选择中，一方面过境道路带来了出行便捷性和沿路经济利益，甚至直接决定着一些节点镇、驿站镇的兴衰；另一方面过境道路上交通量大，过境交通与镇区生活交通混行，镇区居民的安全存在隐患，在噪音、飞尘普遍的过境道路周边也难以营造宜居的环境，当镇区要进一步发展时过境道路甚至会成为空间发展的屏障。

　　现实中，小城镇与对外交通的关系常常处于变化之中。规模较小的小城镇通常沿过境公路发展，公路形成了小城镇的主要生活空间；但随着城镇规模的扩大，过境交通与城镇生活的矛盾日益明显，过境交通可能考虑改线，原有公路镇区段成为城镇道路；改线后的过境交通或改由镇区边缘通过，或改由镇区外围通过，并通过引线与镇区联系。

　　据此可将小城镇与过境交通的关系分为三种类型：贯穿式，过境交通构成城镇发展轴线；侧穿式，过境交通从小城镇边缘穿越；引线式，过境交通不穿过镇区但通过道路引线与之相连。本次调研的小城镇中，与过境交通关系为贯穿式、侧穿式和引线式的比例约为70：26：4（图4-15）。

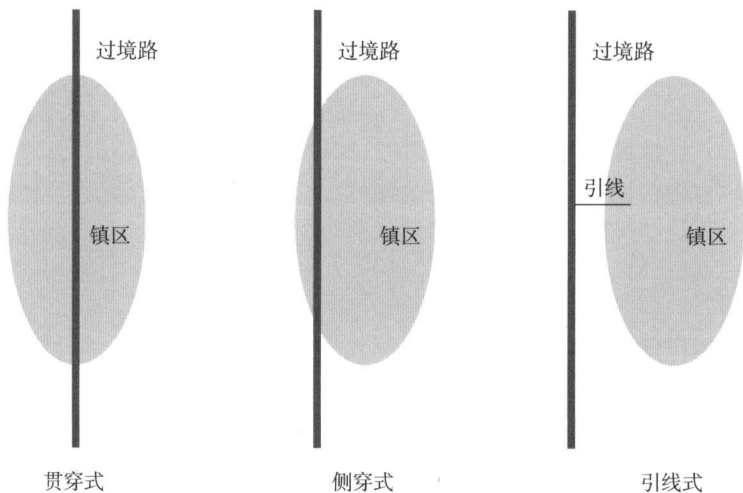

图4-15　小城镇与过境道路的三种关系

　　紧凑形态小城镇多分布于平原地区和东部地区。55%的紧凑形态小城镇依托村庄或古城、古镇自然形成，如山西贾令镇；45%的紧凑形态小城镇是规划干预的产物，如上海市金泽镇，古镇区为沿河带状形态，但经过规划建设演变为具有方格路网的紧凑形态（图4-16）。

图4-16 依托村庄或规划干预形成的紧凑形态的小城镇（左：山西贾令镇；右：上海金泽镇）

分散形态小城镇按成因可以分为自然型和村庄型。17%的分散形态小城镇为自然型，多为受地形限制而呈现分散布局的山地丘陵城镇，如湖北昭君镇；83%为平原丘陵地区的村庄型，镇区公共功能或产业功能分散布局在相互邻近的多个村庄内，由此形成了多个村庄群体和公共设施组成的分散式镇区，如福建仙夹镇（图4-17）。

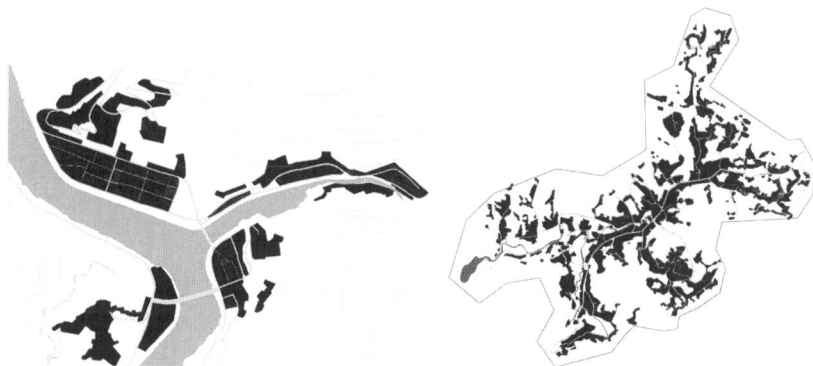

图4-17 自然形成的分散形态城镇（左：湖北昭君镇；右：福建省仙夹镇）

4.1.3 路网"非正规"，不规则背街小巷多

小城镇的道路大部分是在历史进程中自发形成的，鲜有规划设计，因此，在城市普遍运用的道路方格网并未在小城镇普及。相比城市完善的"主次支"道路系统，大多数小城镇没有复杂等级和系统特征的道路网，主要道路只有一两条，更发达的是像毛细血管一样不规则的背街小巷。这些背街小巷直接连接到家家户户，是干道的重要延伸，多以便捷、省力的原则建设而成，并顺应地形的走向与起伏进行布局。这种特征在古镇、小城镇的老街区

中表现得更为突出。

　　小城镇的路网骨架最常见的是一条或两条主路加若干街巷的形式，根据具体情况呈现"一字形"及其衍生的"鱼骨形"、"十字街"、"丁字形"等多种形态，共约占全部小城镇的六成。三成小城镇因建设新镇区等原因具有小规模方格路网。此外，还有一成小城镇的街巷因复杂的地形影响呈现出复杂不规则的形态（图4-18）。

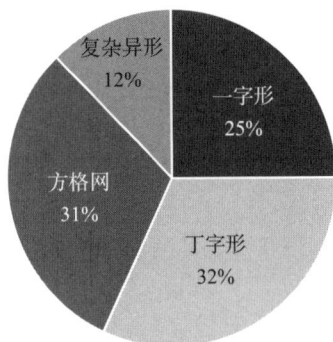

图4-18 按主干路网形态划分的小城镇数量构成

　　一字形、鱼骨形路网的小城镇通常只有一条主街，多为过境道路。其余街巷围绕主街延伸，形成鱼骨状的空间形态。这类小城镇一般规模较小，功能相对简单，主要职责是服务"三农"；镇区多沿主街带状发展，主街两侧仅有一至两层建筑，居民日常生产生活都集中于主街及其两侧的空间（图4-19）。

　　十字街、丁字形路网小城镇一般有两三条主街，形态以十字街、丁字形为主，根据实际需要又发展成土字、井字等格局。相比一字形、鱼骨形小城镇，这类小城镇有了更多发展空间，镇区形态也呈现出多样化，如宽带状、团状、指状等。对于这之中一些发展较快的小城镇来说，其镇区形态可能正处于从带状向紧凑形态过渡的阶段（图4-20）。

　　具有小规模方格路网的小城镇，明显有了更多的规划干预和统筹建设，这类小城镇通常规模较大，社会经济发展达到了一定水平，相当一部分在老镇区外建设了新镇区或产业园区（图4-21）。

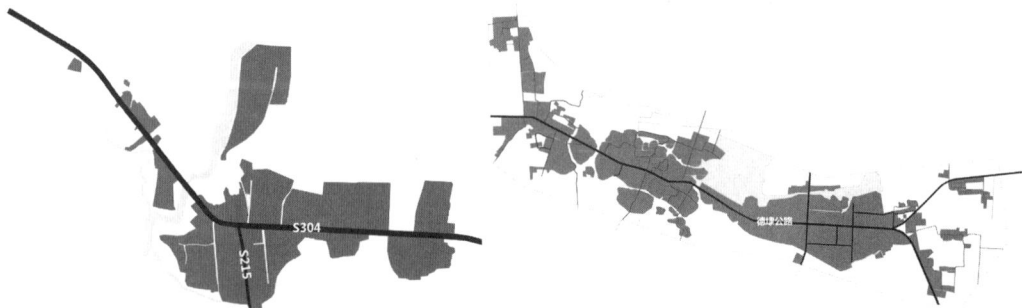

图4-19 一字形路网城镇（左：海南长征镇；右：浙江洛舍镇）

图4-20   十字街、丁字形路网城镇（左：丁字形，河北牛驼镇；中：十字形，江西上埠镇；右：井字形，天津黄花店镇）

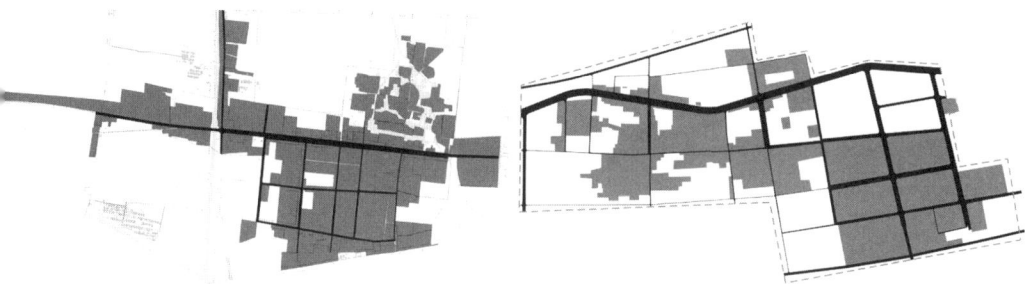

图4-21   方格路网城镇（左：江苏碾庄镇；右：陕西西吴镇）

拥有复杂不规则路网的小城镇，道路曲折，不规则交叉口较多，通常位于水网密集或者地形起伏较大的地区。这类小城镇的格局与自然基底充分融合，慢行交通为主，较好地保留了当地历史印记，街巷空间也更有生活氛围和趣味性，常见于保存较完整的古镇（图4-22）。

4.1.4   尺度小巧，建筑低矮，风貌多元

小城镇镇区低层小尺度的空间特征显著，大部分规模较小、尺度精巧。这种特征使得小城镇可以轻松适应自然地貌，融入周边田园景观中。

从平面上看，镇区建设用地规模平均为1.8km²，约相当于所属县城规模的1/7。90%的小城镇建成区规模在3km²内，各类建筑与场地的规模与尺度也相应较小。在这种小巧的空间尺度下，一般人以5km/h的正常步行速度，20分钟内几乎可达镇区内所有地点，日常的上学、上班、购物等出行，选择步行、骑自行车或电动车无疑是最经济方便的方式（图4-23）。

图4-22 复杂不规则路网城镇（左：湖北问安镇；右：海南冯坡镇）

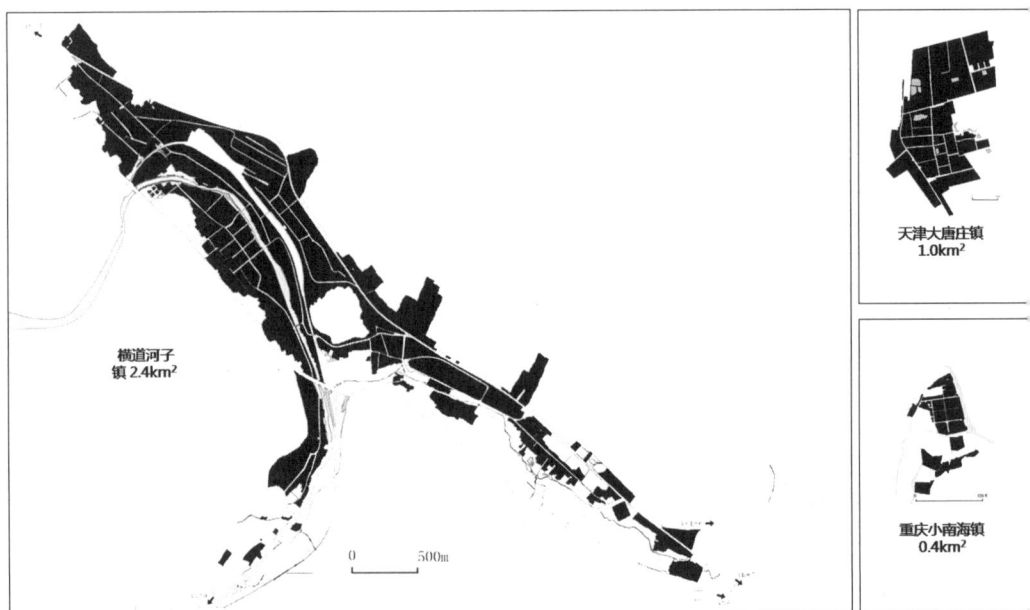

图4-23 同比例尺下不同用地规模小城镇比较（重庆市小南海镇0.4km²；天津市大唐庄镇1.0km²；黑龙江省横道河子镇2.4km²）

从立面上看，小城镇建筑低矮，平房和2～3层的低层楼房占比达70%以上。93%的小城镇镇区主要为平房和低层建筑，仅有少量位于城市近郊的小城镇建筑以多层、高层建筑为主。同时，一个小城镇的建筑层数与高度通常比较平均，除建设于山坡或多层台地的小城镇外，几乎不会形成多变起伏的天际线（图4-24）。

图4-24 小城镇楼层建筑风貌（左：低层，青海隆宝镇；中：多层，江西上埠镇；右：高层，浙江平桥镇）

由于基础设施建设滞后，城镇管理欠佳，大部分小城镇存在"房乱建、车乱停、线乱拉"，以及基础设施老旧等问题。85%的调查小城镇存在路面破损问题，86%的小城镇停车无序，约1/3的小城镇沿街建筑立面、架空电线杂乱（图4-25）。

图4-25 江西某镇街区风貌

小城镇的建筑风貌受地方文化影响较大，加之现代城市文明的冲击，呈现出十分多元的特征。部分小城镇因为缺乏文化自信或忽视文化内涵，出现了盲目照搬城市，或者求洋仿古等问题，导致风貌杂乱或特色丧失（图4-26）。

图4-26 小城镇多样的建筑风貌（左上传统式：福建鉴江；右上现代式：甘肃什川；左下仿古式：上海廊下；右下仿欧式：福建西滨）

4.1.5 城镇中心常为主街、集市，地标多为山水、古建

小城镇的公共中心通常为主街或集市，是全镇最有人气的地方。这些主街和集市一般位于镇区的几何中心或交通最便利处，部分穿镇而过的公路的镇区段也承担着小城镇公共中心的功能。所有小城镇至少有一条主街，这条主街不仅是商业街，也是居民日常交易、交往和休闲的场所。

我国大部分小城镇兴于集市，因此传统小城镇的整体布局大多呈现出围绕集市，或者沿着由集市演变成的商业街布局的特征。"赶集"是小城镇和农村居民日常生活中不可或缺的重要活动，也是我国传统文化的延续。目前仍有六成小城镇依然保留了定期集市，每到集日，小镇就格外热闹。这些集市通常无固定摊位，定期在主街两侧或指定区域举行（图4-27）。

图4-27 小城镇热闹的商业中心（左：甘肃省皂郊镇；右：湖南龙潭镇）

小城镇虽小，但都有核心地标，常见的包括山水、古树、古建筑等。位于丘陵山地区域的小城镇，镇区内或周边通常有自然山体及在山上人工建设的风水塔或寺庙等，这些地物成为小镇的地标。水网密集地区的小城镇的核心地标通常与水有关，可能是河流，如江南水乡的"市河"，也可能是河上的桥梁、河边的渡口。有历史积淀的小城镇的镇区内，通常保留有戏台、寺庙、书院、祠堂等历史建筑或场所，自然成为当地承载了历史印记的地标。此外，古树、雕塑及周边空地形成的公共空间，容易成为居民茶余饭后休憩、交流的场所，也是小城镇的常见地标（图4-28～图4-33）。

4.1.6 历史文化资源丰富珍贵

我国小城镇普遍拥有悠久的历史，而且未受大规模开发建设影响，留存

图4-28 小城镇的自然山水地标（左：湖南龙潭镇鹰形山；右：上海金泽镇市河）

图4-29 浙江某镇古树地标

图4-30 历史文化地标之古桥（上：上海金泽镇；下：福建四堡镇）

图4-31 浙江某镇历史文化地标之古戏台

图4-32 湖南某镇历史文化地标之宗祠、书院

图4-33　现代纪念性地标（左：江苏碾庄镇南门；右：四川孝泉镇雕塑）

了较丰富的历史文化资源，是中华文明宝贵的基因库。约六成小城镇拥有县
级以上文保单位，五成以上小城镇有历史建筑，五成以上小城镇拥有经国
家或地方相关部门认定过的非物质文化遗产，超1/3小城镇保留有传统街区；
几乎每个小城镇都有自己独特的风俗、美食等文化，六成以上小城镇还会定
期举行特色民俗文化活动（图4-34、图4-35）。

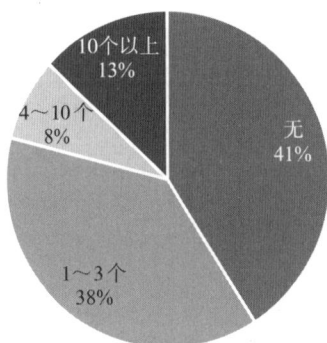

图4-34　按县级以上文保单位数量
分的小城镇比例

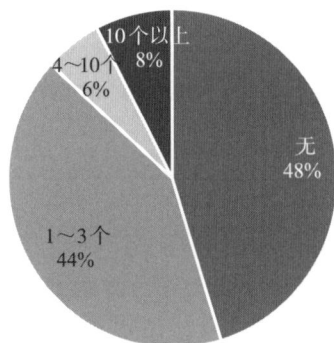

图4-35　按县级以上非物质文化遗
产数量分的小城镇比例

　　小城镇的传统街区和历史建筑极少被整体拆除，六成以上历史建筑保护
较好，近八成传统街区有人居住。目前，虽然部分小城镇因经费缺乏、人口
流失等原因导致老房子无人维护、老街区逐步衰败等问题，但不可否认的
是，小城镇还保存着大量被活化的历史空间和依然发挥功能的历史建筑。这
些历史遗存是小城镇的文化底蕴，也是这些小城镇赖以生存和发展的重要资
源（图4-36、表4-1、表4-2）。

图4-36 小城镇的传统民居和历史街区（左上：湖南火马冲镇；右上：浙江赤岸镇；左下：浙江溪口镇；右下：福建鉴江镇）

小城镇传统街区现状　　　　　　　　　　　　表4-1

	保护较好，有人居住	保护较好，旅游开发	缺乏保护，有人居住	缺乏保护，无人居住	曾有已拆	无传统街区
小城镇比例	15%	2%	12%	3%	4%	65%

小城镇历史建筑保护状况　　　　　　　　　　表4-2

	保护较好，仍在使用	保护较好，旅游开发	缺乏保护，已经废弃	曾有已拆	无历史建筑
小城镇比例	28%	11%	17%	5%	39%

　　非物质文化遗产、民俗文化等是彰显小城镇特色的重要软载体。64%的小城镇定期举行特色民俗文化活动，最常见的活动是节日集会、集体歌舞以及祭奠活动等。受现代文化冲击较少的民族地区、山区、中西部地区小城镇民族民俗节庆活动得到了更好的传承，如西南少数民族的社火、祭祀、三月三，蒙古族的那达慕，回族的开斋节等。发达地区的历史型小城镇更加注重非物质文化保护，传承方式更加多元。借助旅游发展、文化传播等途径，一些小城镇的陶艺、织染等传统手工艺获得了更好的展示和更大的市场，有的甚至成为声名远播的小镇名片（图4-37）。

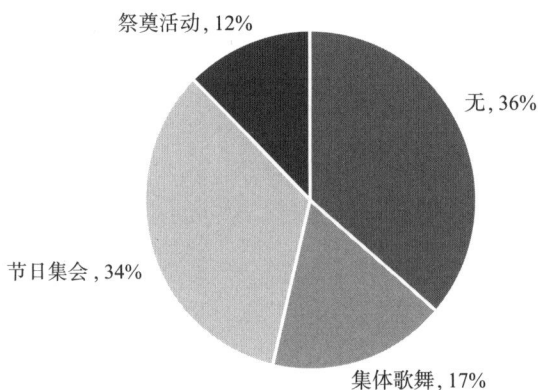

图4-37　小城镇传统文化活动类型

4.2　生活空间

4.2.1　街坊式居住空间占八成以上，小区式住宅少而散

不同于城市中通常由居住小区"一统天下"，小城镇的居住形式多为"街坊"，街坊式住宅占比达82%，小区式住宅仅为18%。大量居民仍然保留了"独门独户"、"前院后场"的居住习惯，营造了与城市迥然不同的居住空间（图4-38）。

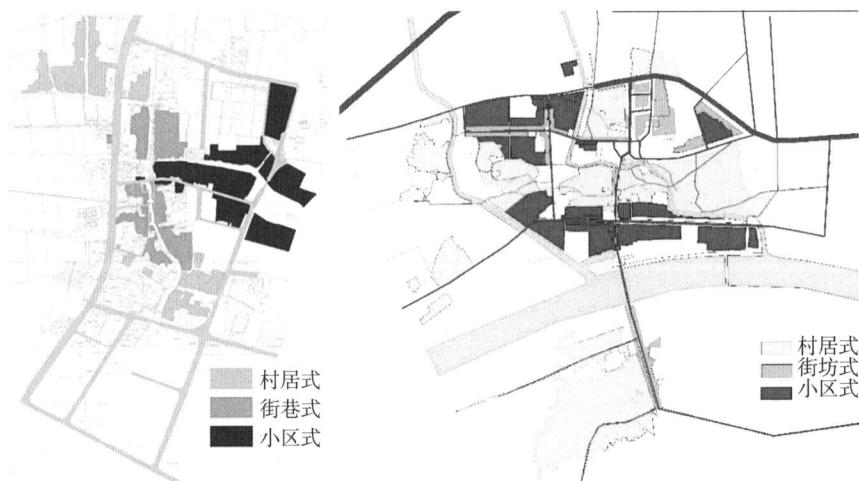

图4-38　小城镇不同类型居住空间的分布（左：上海金泽镇；右：浙江平桥镇）

街坊式住宅通常以道路街巷为骨架进行组织，可分为村居式和街巷式两种。村居式住宅约占街坊式住宅的九成，多见于北方地区和新中国成立后设置的小城镇，突出特点是住宅内通常有院落，住宅之间也留有一定空间，住户之间相对独立。街巷式住宅约占一成，常见于传统古镇，通常住宅连片，内部有发达的街巷，并将其作为居民休闲交往的半公共空间。两种形式的街坊式居住，都使大量住宅内部保有院落，为庭院绿化提供了充裕空间。街坊式居住通常没有物业管理，住宅外部的公共空间管理直接由居委会、村委会或镇相关部门负责，居民一般需维护自家门前的公共环境（图4-39）。

图4-39 小城镇的院落

受城市开发模式介入和现代居住文化影响，小区式住宅逐渐出现在部分小城镇新开发的街区内。区别于城市中的小区成规模连片分布，小区内部可形成完整的生活圈，小城镇的小区式住宅普遍没有连片形成规模较大的居住区，多为零散布局，也未建设齐全的小区商业、居民服务、绿地等配套设施，而是直接利用镇区设施与服务。新建小区内住宅建筑多为多层板楼，少量发达地区镇建设了高层塔楼（图4-40、图4-41）。

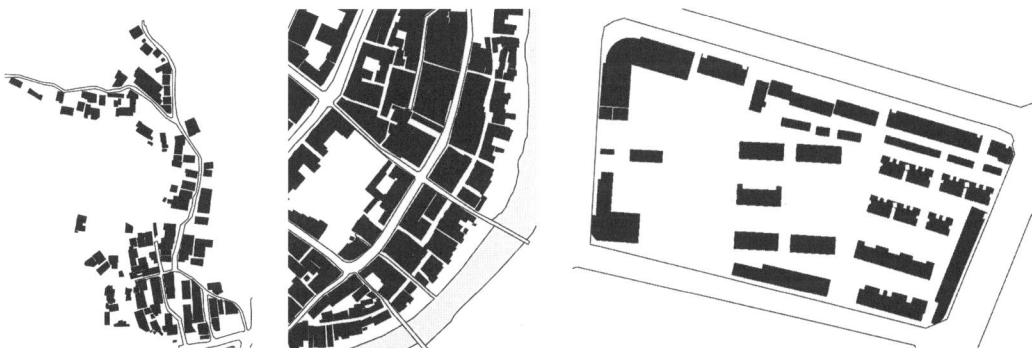

图4-40 小城镇不同居住空间肌理（左：村居式，湖南龙潭镇；中：街巷式，湖南龙潭镇；右：小区式，上海廊下镇）

图4-41　小城镇不同居住空间印象（左：村居式；中：街巷式；右：小区式）

4.2.2　居住用地占比过半，自建住房占八成以上

居住是小城镇的基本职能，居住用地的平均比例达到51%，半数小城镇的居住用地比例超过50%。居住用地比例与镇区人口规模和地理环境有一定关系，整体来看，居住用地比例随小城镇镇区人口规模上升而下降；北方小城镇的居住用地比例普遍高于南方小城镇（表4-3、表4-4）。

不同常住人口规模小城镇居住用地比例平均值　　　　　表4-3

常住人口规模	<5千人	5千~1万人	1万~2万人	2万人以上	总体
居住用地比例平均值	51%	52%	48%	44%	51%

不同地区小城镇居住用地比例平均值　　　　　表4-4

地区	北方	南方	西北内陆	青藏高原	总体
居住用地比例平均值	55%	46%	42%	49%	51%

居住用地比例大于70%的小城镇，多是在原有村庄基础上建成的，一般是乡村地区的服务中心，基本上无工业和现代服务业功能。居住用地比例低于35%的小城镇多位于南方或边疆，一般为工业发达镇或旅游小镇（图4-42、图4-43）。

小城镇自建房用地占居住用地的比例平均高达84%，半数以上小城镇自建房占地比例超过94%，即使在镇区国有土地上，自建房比例平均也达到2/3。造成这种现象的主要原因是小城镇大多依托村庄发展起来，虽然用地范围不断扩展，但很多居民仍然是村集体经济组织成员，镇区的土地仍以集体土地为主，居民住宅用地多为农村宅基地。

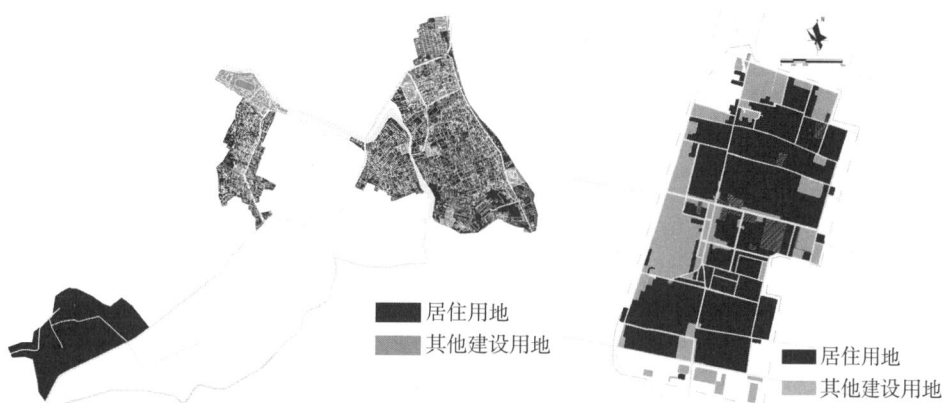

图4-42 高居住用地比例城镇案例（左：福建鉴江镇82%；右：山西闫庄镇90%）

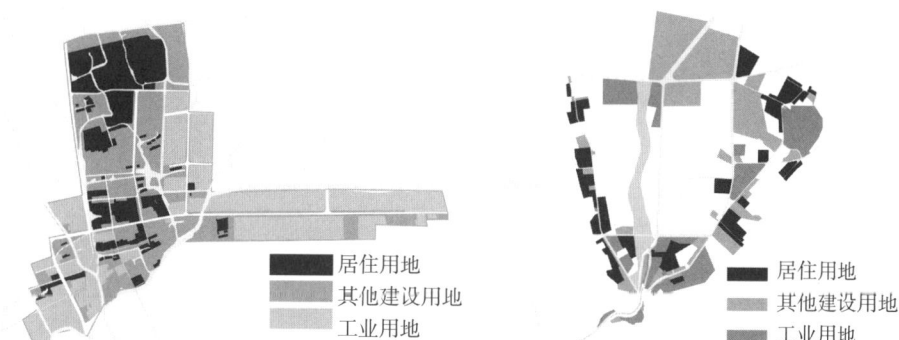

图4-43 低居住用地比例城镇案例（左：上海廊下镇23%；右：陕西汤峪镇24%）

4.2.3 商铺大多沿街分布，"上居下店"十分普遍

家庭式、小型化店铺是小城镇商业运营的主要模式，小城镇95%以上数量的商业店铺为沿街店铺，通常为"上居下店"的形式。小城镇的商住混合用地占全部有商业功能用地[①]的78%。这一现象的主要原因是商铺多为镇上居民自主经营，无店面租金，可较容易地根据镇村居民需求变化调整经营内容。这种经营方式既便捷地满足了镇区居民和周边村民的日常购物需求，又维持和保障了相当一部分小镇家庭的收入，具有较强的灵活性和持续性（图4-44）。

小城镇商铺的布局形态因镇区规模、发展阶段不同，主要呈现出三种类型。第一种是单线沿路布局，主要特征是沿过境道路或镇区主街形成线形商业街，多见于人口较少的小城镇，尤其是依托过境路发展的带状小城镇；

---

① 包括纯商业用地和商住用地等。

图4-44 专业店铺（左：福建西滨镇）和商住店铺（右：云南杨广镇）

第二种是多线沿街布局，主要特征是沿镇区两三条交叉的主要街道形成商业街，多见于有一定人口规模，镇区向多个方向发展的小城镇；第三种是网络块状布局，主要特征是形成集中成片的商业街区，不仅多条商业街交叉成网，还出现大型商场、超市等商业地块，这种布局多见于人口规模较大的小城镇，镇区常住人口在1万人以上，主要位于大城市郊区或东部沿海经济发达、城镇密集的地区。呈现这三种商铺布局形态的小城镇比例分别约为36%、41%和23%（图4-45～图4-48）。

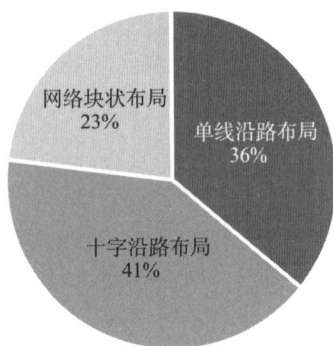

图4-45 呈不同商铺布局形态的小城镇比例

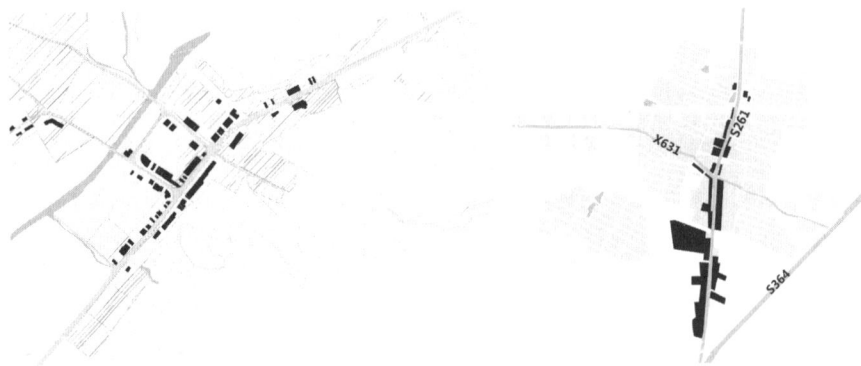

图4-46 沿过境道路布局的商业街（左：安徽云岭镇；右：河北刘台庄镇）

图4-47　沿两三条镇区主街布局的商业街（左：广东山塘镇；右：四川成佳镇）

图4-48　小城镇块状商业空间（左：北京北七家镇；右：辽宁牛庄镇）

✎ 专栏

小城镇的商业地块

　　所有小城镇均有沿街商业，但仅23%有商业地块。

　　其中12%的小城镇商业地块为集贸市场，多分布于北方地区和南方山区，如新疆克孜勒镇、广东山塘镇；5%的小城镇的商业地块为旅馆酒店或休闲娱乐设施，主要为休闲旅游城镇，如辽宁东梁镇、陕西汤峪镇；6%的小城镇商业地块为专业市场和大型商场，主要为沿海大都市郊区城镇和商贸型城镇，如北京北七家镇、河北牛驼镇、辽宁牛庄镇等。

新疆克孜勒镇：南疆地区典型的农业服务型小城镇，林果业为当地增收致富的支柱型产业，二三产业均围绕农业开展。镇区沿乡道呈带状分布，东南部为生活区和城镇中心，西北部为农副产品加工园区，中部为集市区，主要为每周一定期举行的"万人大巴扎"提供场地。

辽宁东梁镇：属于资源型小城镇，自20世纪80年代开始发掘煤炭资源。但由于近年产能过剩和煤矿整治，其煤矿企业大多停产。2011年，该镇发掘出地热温泉，并为此专门进行规划，打造依托温泉资源的新型旅游城市，规划面积达60万平方米。截至目前，温泉城开发面积已达到18万平方米，其中温泉旅游项目发展良好，但受近年经济下行压力的影响，温泉城开发暂时处于停滞状态。

北京北七家镇：位于北京近郊，承接了较多的城市产业职能转移，专业市场发达。镇区商业占比较大的为建材五金市场、家电市场和大型综合商场，其余零散业态主要为小区沿街底商。

4.2.4　街道尺度宜人，生活气息浓郁

街巷是小城镇的主要生活空间，大多数街道承担了更多的生活功能。居民住宅多围绕街巷建设，购物、休闲、交往多在街巷内进行，形成了人与人之间易于交流的空间。一些历史古镇的街巷空间多由宅基地之间的空地拼接而成，街巷复杂曲折，周边住宅布局灵活、风貌协调，形成了更具生活性、趣味性和文化底蕴的老街。

对比城市的高楼大厦、宽马路、大广场等大尺度的冷漠空间，小城镇的街道空间尺度更为宜人。45%的小城镇主街宽度不超过15米，76%的小城镇主街宽度在25米以下。依托周边低层、多层建筑，形成1：0.8～1：1.2适宜的高宽比。一些传统老街区的街道更窄，与周边的平房、低层建筑共同组成了以慢行交通为主的街巷空间，漫步其中可充分体验到和谐、宜居的生活氛围（图4-49～图4-51）。

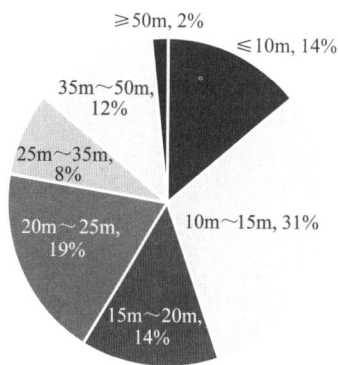

图4-49　小城镇主要道路宽度

图4-50　发达的古镇街巷

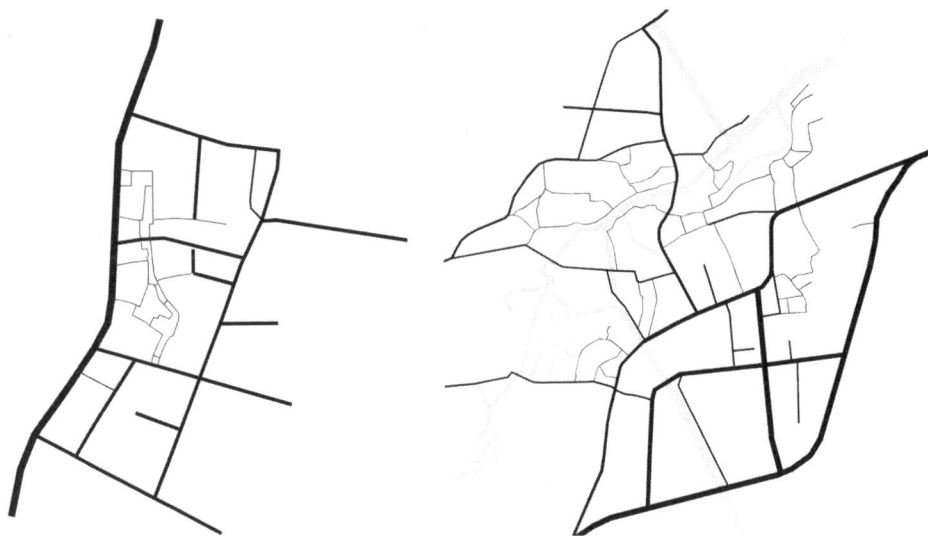

图4-51　小城镇道路和街巷系统（左：上海金泽镇；右：江苏湖父镇）

4.2.5　一块板道路为主，人车混行普遍

　　大部分小城镇道路断面形式为一块板，人车混行较为普遍。车行道通常是行人、小汽车、拖拉机、农用车以及畜力车混行的空间，交叉口一般没有信号灯控制，主要靠行人、车辆自动避让和自主维护道路通行。在日常情况下，道路可基本保持顺畅，但遇到节假日或者赶集等活动时，这些道路通行效率就捉襟见肘，经常出现车乱停、道乱占的情况。一些经济较为发达、人口规模较大的小城镇中这些问题更为普遍，主要原因是未针对快速增长的车行交通预留停车空间，信号灯、路灯等道路交通设施不完善，缺少有效的管理手段等（图4-52、图4-53）。

图4-52　小城镇的一块板道路

图4-53　交通混行的小城镇道路

4.2.6 大型公园广场少，街头巷尾休闲空间丰富

小城镇内规整、成规模的休闲空间较少，每镇平均绿地占地为3.1%，半数小城镇的绿地广场用地比例不足2%，20%的小城镇没有绿地和广场。绿地广场比例在10%以上的小城镇仅占6%，且多数为旅游型小城镇或位于山区的小城镇。在拥有绿地广场的小城镇中，61%小城镇的绿地广场处于边缘和半边缘地区，并不能很好地贴近居民生活（图4-54）。

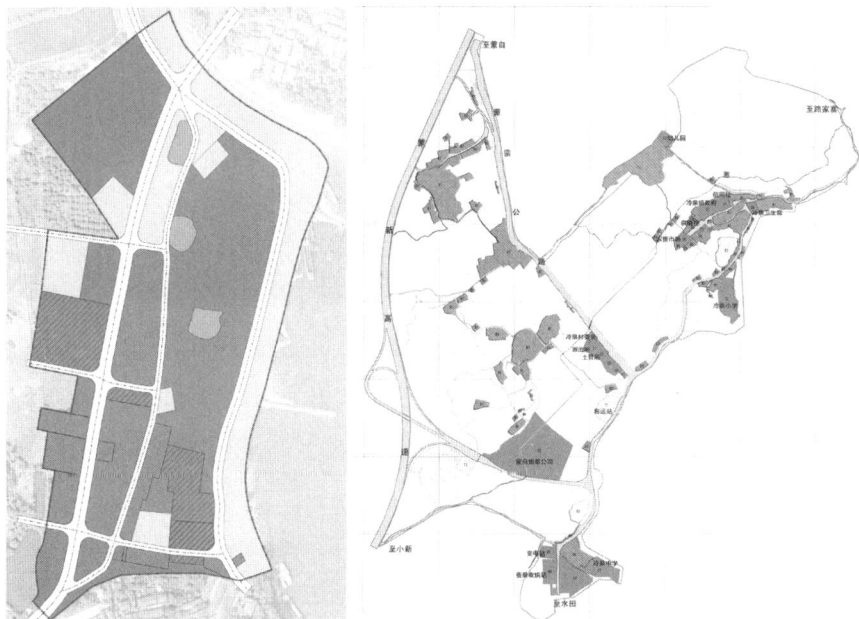

图4-54 高绿地比例的小城镇（左：广东某镇）和极少绿地的小城镇（右：云南某镇）

小城镇镇区内成片绿地少的原因主要在于小城镇镇区外部的绿色空间在很大程度上可满足居民需求。大部分小城镇规模较小，且地处山水田园中，居民在生产生活中可便捷到达周边河湖、山林等环境优良的生态区域，65%的小城镇居民表示对其自然生态环境感到满意，这使得在镇区内布置一块大规模的绿地并不实用。此外，在院落式住宅较多的小城镇，居民普遍注重庭院绿化，这使得小城镇虽然公共绿地较少，但绿化空间并不稀缺。

受传统生活习惯影响，街头巷尾、古树桥头、山边河边等非规整场地构成了小城镇重要的休闲空间，这些零散、灵活、贴近居民生活的小空间承担着居民交流、交易、文化、娱乐等多元功能，下棋、打牌、聊天、晒太阳、散步等日常休闲活动在这些空间里十分常见（图4-55）。

图4-55 小城镇的非规整休闲空间

4.3 土地利用

4.3.1 满足基本生活职能为主，生活与生产用地比例约为8∶1

小城镇土地利用以基本生活职能为主，居住、商业、公共服务、道路等满足基本生活需求的用地占镇区建设用地比例平均高达82%；工业仓储类生产用地平均约占12%；绿地广场、基础设施用地平均占比最低，均为3%，这与小城镇基础设施投入普遍不足有直接关系（表4-5）。

小城镇建设用地功能结构　　　　　　　　　　　　表4-5

用地类型	占建设用地比例的平均值	占建设用地比例的中位数	占建设用地比例的变异系数
居住用地R	52%	50%	0.3
商业服务用地B	8%	7%	0.7
公共服务用地A	9%	8%	0.6
工业仓储用地MW	12%	12%	1.0
公用设施用地U	3%	1%	1.7
绿地广场用地G	3%	3%	1.2
道路与其他用地TD	13%	10%	0.7

小城镇工业仓储用地占比普遍较低，一半左右的小城镇工业仓储用地比例不足10%，一成小城镇完全没有工业仓储用地。即使是以工业为主导产业的小城镇，工业用地占建设用地比例也不高，主要原因是小城镇大量工业用地混杂在居住用地中，或者是采取了上住下厂、前店后厂的方式，这种情况

在乡镇工业发达的江浙地区比较常见。工业仓储用地占比30%以上的小城镇占10%，多为沿海发达地区工业镇和内陆资源型城镇。这些小城镇往往集中布局工业仓储用地，沿海发达地区小城镇常见工业园区形式，内陆资源型小城镇常见大型企业厂区形式（图4-56～图4-58）。

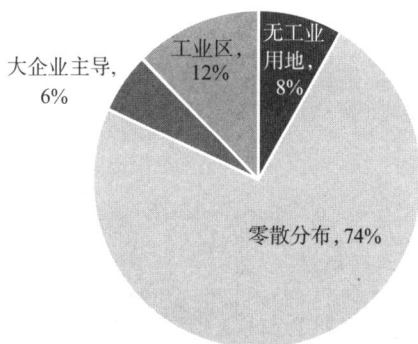

图4-56　拥有不同工业用地形式的小城镇分布

图4-57　小城镇工业布局典型案例（左：黑龙江横道河子镇工业用地分散布局；中：浙江赤岸镇工业用地集中布局（工业区模式）；右：云南花山镇工业用地集中布局（大企业主导））

图4-58　不同产业空间风貌（左：吉林某镇小企业；中：浙江某镇工业区；右：山西某镇大企业）

4.3.2　镇区以村庄为基础，集体土地占六成以上

小城镇多建立在一个或几个大村庄的基础上，保留了较多的农村印记。尽管近年加快了"村改居"的步伐，但镇区内仍有行政村的小城镇比例高达64%，近三成的小城镇镇区全部由行政村构成。

小城镇镇区建设用地中集体用地占比高，平均为62%，一半以上小城镇镇区建设用地中集体土地占比超过70%。集体土地在北方小城镇镇区中的比例更高，达到72%，南方小城镇集体土地的比例相对低一些，但也达到了56%（图4-59、图4-60）。

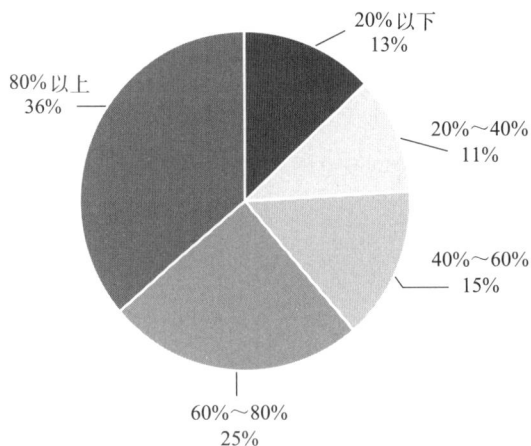

图4-59　按集体用地占比分的小城镇比例

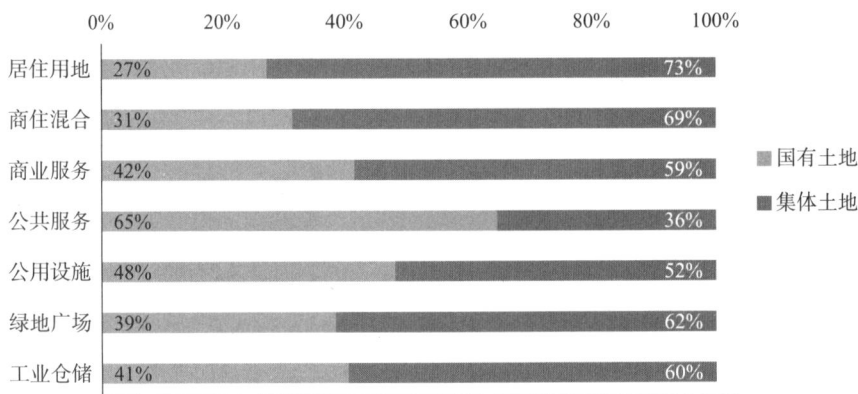

图4-60　小城镇不同类型建设用地的权属构成平均值

✎ 专栏

以集体用地为主的小城镇土地利用：以江苏省碾庄镇为例

　　江苏省碾庄镇是以五金机械制造加工为主导产业的工业型小城镇，经济水平发展相对较高，但镇区在土地利用上受村庄的影响依然十分明显，建设用地中集体用地占比过半。

　　碾庄镇区范围涉及碾庄村、新街居委会的全部，部分外围建设用地延伸到周边的彭庄村，拟建工业区用地涉及彭庄、大宋、王集等周边村庄。从镇区建设用地分布看，约1/3的建设用地位于新街居委会，约1/2位于碾庄村，其余约1/6位于彭庄村，集体和国有用地交错混杂，并无明显分区。新街居委会建制在原"陵园村"的基础上，虽已实行城镇社区化管理，但建设用地中至今仍有一半以上为集体土地（图4-61、图4-62）。

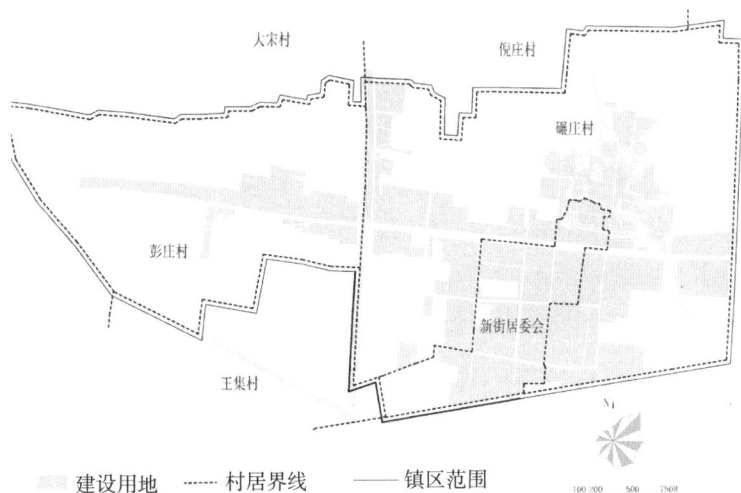

图4-61 碾庄镇镇区内的村庄与居委会

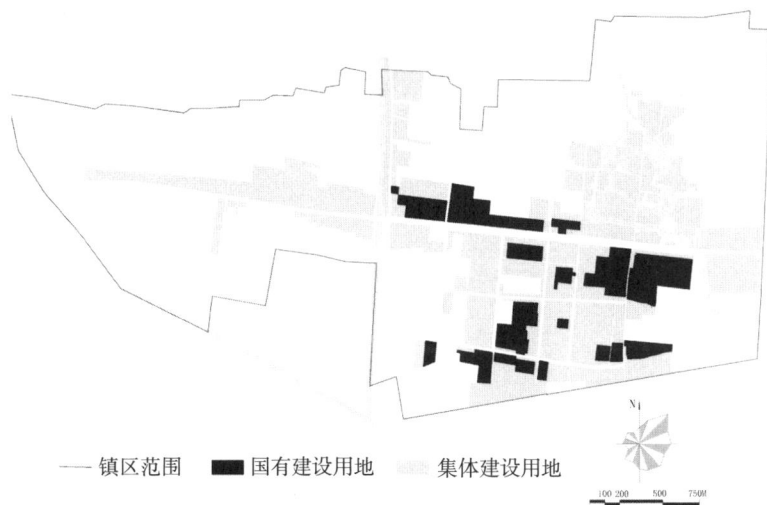

图4-62 碾庄镇镇区建设用地的权属

4.3.3 建设用地与非建设用地相互渗透，边角地、插花地、夹心地较多

小城镇建成区中，建设用地平均约占73%，非建设用地约占22%，其余为水域。与城市用地统规统建、边界清晰、用地规整不同，小城镇镇区传承了村庄灵活自由的特点，空间形态相对松散，建设用地与非建设用地相互渗透，"边角地"、"夹心地"、"插花地"等形态不规则的小散地块多。

部分小城镇的镇区建设用地布局松散，建成区由若干片区组成，各片区之间为大片的农用地、林地、水域等生态空间或农业空间，建设用地和非建设用地犬牙交错，融合渗透，这类小城镇约占调查小城镇的24%。

在建设用地紧凑布局的小城镇中，"边角地"、"夹心地"、"插花地"也普遍存在。这些不规则用地中，最常见的是农用地，归属于住在镇区的居民，用于从事蔬菜种植等小型农业生产；闲置空地也较常见，如关闭的老粮站、停产的小企业在拆迁后用地闲置，这些地块常被临近的居民占用来摆摊、放货、堆垃圾，或者临时停车等（图4-63、图4-64）。

图4-63　某镇镇区内的一块夹心菜地

图4-64　在边角地下棋打牌的小镇老人

📝 专栏

典型案例——复州城镇

复州城镇是辽宁的历史古镇，虽然有明显的连续建成区，但镇区形态十分复杂。复州城镇镇区的行政区划包括古城所在的四个居委会和周边的镇海、大窑、大河三个村庄，建成区面积约726公顷，建设用地面积仅438公顷，建设用地与非建设用地比例约为6：4，非建设用地中除4%的水域外，其

余多数为农林用地。

　　复州城镇镇区靠近边缘的村庄和工业用地多以飞地形式存在，镇区内部建设用地与非建设用地犬牙交错，使得镇区边界复杂，在镇区边缘造成了较多"插花地"；集中建成区内部也存在很多未开发利用的"夹心地"和"边角地"。这种情况的出现与复州城镇的发展过程息息相关。复州城镇是在古城的基础上，逐步将周边村庄纳入镇区，由于建设以自建为主，局部并未形成连续建成区，而是呈现出"主体连续建成区+周边飞地"的"星座状"格局（图4-65）。

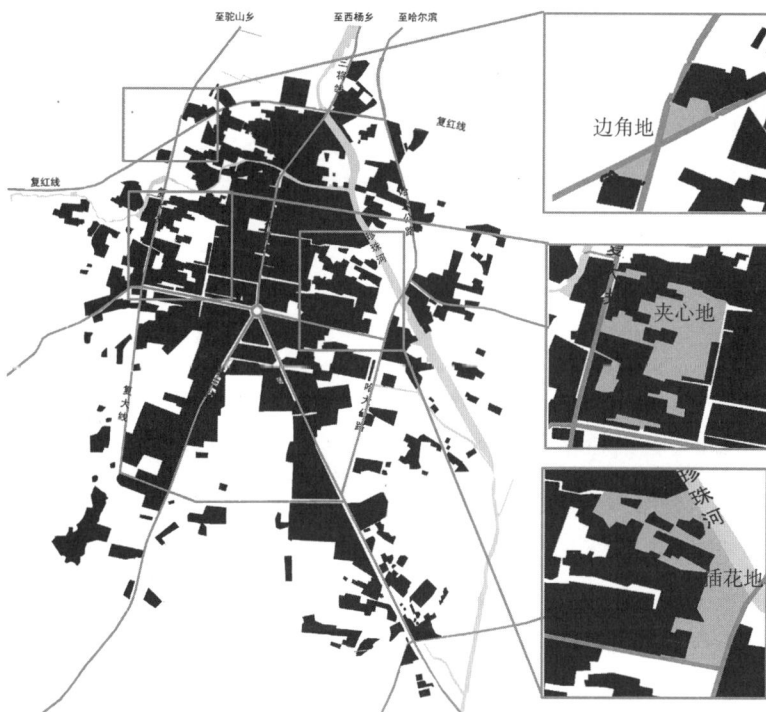

图4-65　复州城镇"星座状"的建成区

4.3.4　土地混合利用程度高，功能分区不明显

　　小城镇居民的主要出行方式为步行，各种出行以就近满足需求为主，日常活动均在20分钟居民生活圈以内，土地混合利用程度较高，没有明显的功能分区。

小城镇的生产、生活、商业功能高度混合，商铺、小工厂常混杂在居住区之中，"上居下店"或"前住后厂"的多功能住宅更是十分普遍，具有相对集中的工业园区或大型商场区的小城镇是少数。小城镇的街道通常承担复合功能，除满足基础的通行外，还要容纳日常购物、赶集、休闲娱乐、居民社交等各种活动。居民根据实际需求充分利用街道空间，使之成为小镇实际的公共生活中心（图4-66、图4-67）。

图4-66　山东某镇的上住下店建筑

图4-67　海南某镇街道兼有交通、停车、摆摊、集市等功能

4.3.5　建设强度低，人均建设用地面积为城市2.4倍

小城镇的建设强度普遍较低，表现为低容积率和低建筑层数，其平均数分别为0.73和2.4层。小城镇的建筑八成以上是1层平房和2～3层的低层建筑，3～6层的多层建筑已经比较少见，而6层以上的高层建筑几乎只出现在大城市郊区镇或经济十分发达的镇。从人均指标来看，小城镇的人均建设用地面积为271平方米，相当于2015年全国城市人均建设用地面积112平方米[①]的2.4倍，2/3的小城镇人均建设用地面积超过了我国现行《镇规划标准》中规定的150平方米/人的上限指标（图4-68）。

小城镇的建设模式按建筑层数（低层、多层、高层）和建设密度（低密度、高密度）的不同组合可分为多种类型。小城镇的建设以"低层低密度"、"低层高密度"、"多层低密度"和"多层高密度"四种为主，其中前三种类型的小城镇占比相当，各占26%，多层高密度的小城镇相对较少，占22%。低层低密度的小城镇多位于地广人稀的东北、边疆地区以及内地偏僻山区，

---

① 数据来源：住房和城乡建设部，《中国城乡建设统计年鉴2015》，中国统计出版社。

建筑以低层庭院为主，分布稀疏；低层高密度的小城镇，主要分布于华北、西北，尤以河北、山东最为典型，建筑密度高、低层院落式住宅为主；多层低密度模式的小城镇，主要分布于长江中下游和华南地区，在气候、经济发展水平等因素影响下，3~6层多层建筑增多，但建筑分散，密度较低；多层高密度的小城镇开发强度较高，镇区常住人口通常在1万人以上，多位于沿海发达地区或大城市近郊（图4-69、表4-6）。

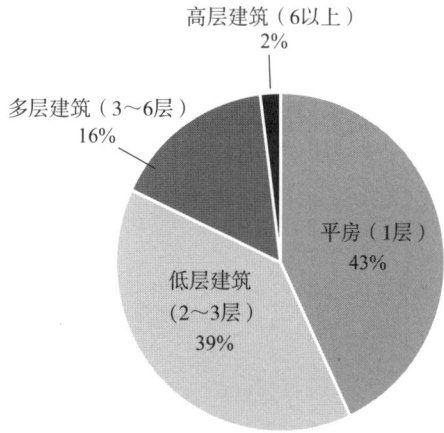

图4-68 小城镇建筑层数分布

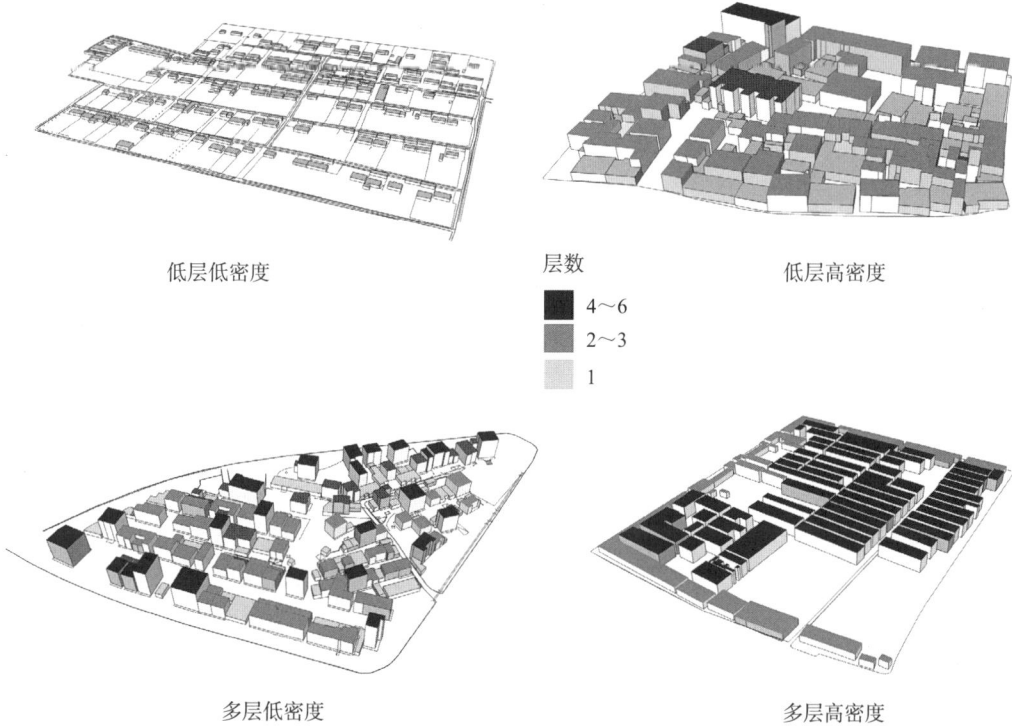

层数
4~6
2~3
1

低层低密度

低层高密度

多层低密度

多层高密度

图4-69 不同开发强度的小城镇抽象图

不同建设强度的小城镇相关指标对比　　　　　　　表4-6

	低层低密度	低层高密度	多层低密度	多层高密度	总体
镇数量占比	26%	26%	26%	22%	100%
平均层数（层）	1.7	1.6	3.3	3.2	2.4
平均建筑密度	13.1%	43.8%	14.7%	44.3%	31.5%
平均容积率	0.3	0.7	0.5	1.4	0.7
平均人口规模（万人）	0.6	0.8	1.0	1.1	0.9

4.4 设施配置

4.4.1 教育医疗硬件齐全，服务水平有待提高

小城镇的基础教育、医疗卫生等公共服务设施配置种类较齐全，基本能满足镇村居民的需求。幼儿园、小学、初中等基础教育设施和乡镇医院、社区医疗点等基础医疗设施的普及率较高，都达到90%以上，平均每个镇有3所幼儿园、3所小学、1所初中及4处医疗设施。这些设施的建设不仅有国家和地方标准进行指导规范，通常还被列入国家或地方专项，例如"全国中小学安全校舍工程"，因此硬件条件普遍较好，一些小城镇的中小学校舍常被公认为是全镇建得最安全、最漂亮的建筑。拥有高中、职业学校、私立学校的小城镇占比极少，主要为大城市郊区镇或发达地区的小城镇（表4-7）。

小城镇教育及医疗设施配置　　　　　　　　表4-7

公共服务设施		普及率	每镇平均数量（个）	镇均用地面积（ha）	镇均建筑面积（m²）
教育设施	高中	13%	0.1	86	4528
	初中	91%	1	4362	11641
	小学	98%	3	4691	11148
	幼儿园	91%	3	667	3967
	职校	4%	0.04	166	1525
	私立学校	9%	0.4	90	351
医疗设施	医院/卫生院/诊所	99%	4	1348	6196

相比于硬件条件，小城镇教育和医疗服务的软件明显是短板，主要表现为人才较少，专业技术力量不足。软件短板大大制约了小城镇基本公共教育

和医疗服务能力的提升。

教育方面，小城镇的义务教育教师数量和素质相对较好，学前教育与城市差距巨大。从相对数量来看，小城镇的高中、初中、小学和幼儿园的平均师生比分别为1：13、1：10、1：13和1：14，略好于2015年全国平均水平。根据教育部的相关标准[①]，小城镇的高中、初中和小学教师数量配置目前比较合理，基本可达到县城甚至是城市标准，但幼儿园的师生比明显低于国家标准，幼师极其稀缺。仅有10%的小城镇幼儿园师生比达到1：7的最低国家标准，在问题严重的镇，1个幼师平均要照看几十个幼儿，师生比例极不协调。从质量上来看，小城镇所有教师中拥有本科及以上学历的占50%，有中级职称的占39%，有高级及以上职称的占11%。高中、初中、小学、幼儿园高素质教师占比整体上依次递减（表4-8、图4-70）。

小城镇居民对子女教育的重视程度并不低，为了让子女从小接受更好的教育，镇区已有分别10%和25%的家庭将孩子送去县城甚至城市上小学和初中，调查中也有不少小城镇居民直接表达了他们对"好老师"的渴求。可见小城镇的师资力量与居民的期望仍有一定差距。

小城镇学校师生比情况　　　　　　　　　　表4-8

类别	小城镇	2015年全国平均	国家标准	
			县城	城市
高中	1：13	1：14	1：13	1：12.5
初中	1：10	1：12	1：16	1：13.5
小学	1：13	1：17	1：21	1：19
幼儿园	1：14	1：18	1：5—1：7	

医疗方面，小城镇的基本医疗服务能力与城市差距显著。小城镇平均每千人医护人员数仅为1.8人，与2015年全国城市每千人医护人员数的3.7人相差一倍有余。小城镇缺医护人员，更缺高水平的医护人员。本科及以上学历医师的比例仅为23%，有中级以上职称的医师比例仅为16%。小城镇每千人拥有的医疗机构床位数平均为2.6床，而2015年全国城市同指标的均值为8.3

---

① 《国务院办公厅转发中央编办、教育部、财政部关于制定中小学教职工编制标准意见的通知》（国办发〔2001〕74号）；教育部关于印发《幼儿园教职工配备标准（暂行）》的通知（教师〔2013〕1号）。

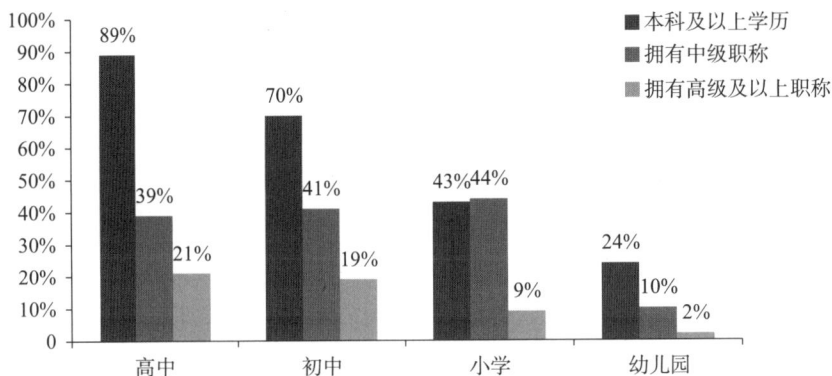

图4-70 高中、初中、小学、幼儿园高素质教师占比

床，约为小城镇的3倍。[①]从医护人员和床位数指标来看，医疗水平较高的小城镇基本位于大城市郊区或东部沿海发达地区，与经济发展水平高度相关（图4-71、图4-72）。

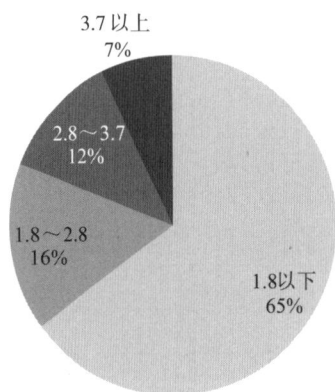

图4-71 按千人医护人员数分的小城镇比例

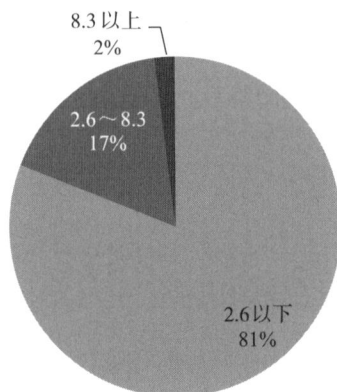

图4-72 按千人医疗机构床位数分的小城镇比例

4.4.2 大众文化休闲设施普及，但满足特定人群需求的设施服务缺乏

总体来看，小城镇专设的休闲空间较少，种类较单一，难以满足镇村居民日益增加的多元休闲文化需求。

小城镇的公园广场和镇文化中心这类大众文化休闲设施的普及率相对较高，达70%上下，而满足老年人及儿童等特定人群需求的场所、体育、传统文化等主题类文化设施普及率较低，不到50%（表4-9）。

---

① 数据来源：《中国统计年鉴2016》，中国统计出版社。

小城镇文化娱乐设施状况   表4-9

设施类型	普及率	数量均值（个）	用地均值（ha）
公园广场	68.6%	2	4.4
镇文化中心	71.9%	1	0.5
老年活动中心	43.8%	0.6	0.5
儿童活动场所	20.7%	0.4	0.6
体育活动场所	36.2%	1	0.8
传统文化场所	37.0%	1	0.4

公园和广场是最受小城镇居民喜爱的文化活动场所，呈现普及率高、数量多和利用率高等特点。六成以上的小城镇建有公园或广场，平均每镇可达2个。小城镇公园广场主要承担跳广场舞、散步健走等常见休闲功能，其中83%的小城镇公园广场已用于广场舞。部分小城镇的公园和广场会定期放映电影、表演戏剧、举办文化晚会，发挥了文化教育的功能。公园和广场的利用率都极高，98%的小城镇公园广场每天都被居民使用。

相比公园和广场，镇级文化活动中心承载的活动类型更多样，主要包括图书阅览、棋牌、球类等健身运动、广场舞等，提供这些功能的小城镇文化活动中心占比分别为36%、33%、24%和18%，部分小城镇文化活动中心还会举办文艺演出和各种展览，极大地丰富了居民的精神文化生活。文化活动中心的利用率也较高，按日和按周利用的设施占比分别为76%和17%，也有少量小城镇文化中心的利用方式为每月承担一两次大型文艺活动（图4-73、图4-74）。

图4-73 湖北某镇广场

图4-74 湖北某镇文化活动中心

44%的小城镇有针对老年人休闲娱乐和体育锻炼需求的老年活动场所。小城镇的老年活动场所中70%设棋牌室，34%提供各种球类活动和健身场地，20%会组织书画等文化学习活动。虽然并不普及，但小城镇已建老年活动中心的利用率较高，73%的活动中心每天都会得到利用，18%的活动中心每周开放一至两次。总体而言，小城镇老年活动中心的普及率较低，老人的消遣和娱乐活动多在家内或利用街头巷尾等非正规休闲空间进行。随着小城镇人口老龄化形势愈加严峻，除了根据居民极高的居家养老意愿大力发展居家养老服务外，合理配置适合老年人的、安全便捷的、可达性高的、形式多样的特定休闲设施与场所也应作为小城镇未来设施服务建设的重点之一（图4-75）。

图4-75 小城镇的老年活动中心

不同于城市中有数量众多的儿童专属空间和亲子空间，小城镇鲜有供儿童玩耍的空间，仅21%的小城镇有专门的儿童活动场所。小城镇的儿童活动场所主要提供儿童娱乐游戏和教育学习两大类功能，这两类功能的设施普及率分别为91%和30%。71%的小城镇儿童活动场所每天都会开放利用。儿童活动场所最主要的问题仍是普及率极低且数量极少。小城镇针对儿童设置的活动场所少，无法满足儿童和年轻父母的需求，考虑到小城镇的人口吸引力，也应将儿童活动场地作为设施服务建设的另一个重点。

小城镇的专题类文化设施也较少，体育活动场所主要提供球类运动和大众健身功能，传统文化场所一般承担地方戏剧展演功能，两者的普及率分别为36%和37%，平均每镇1个。体育活动场所的利用率通常较高，85%的小城镇体育活动场所每天都会有居民利用，进行体育锻炼；传统文化场所的利用率则普遍较低，一般根据特殊活动的时间来安排场地使用。

4.4.3 环卫给水通信基本普及，污水处理短板突出

小城镇的基础设施与市政服务近年有明显提升，最突出的表现一是几乎所有镇都建立了日常保洁机制并进行了垃圾收集与处理；二是小城镇的通信网络设施普及率较高，2/3的小城镇拥有了网络。相比于普及率较高、地区差异较小的环卫、给水和通信设施来看，污水、燃气和供热的普及率较低，且存在明显地区差异。东部地区有67%的小城镇对污水进行了处理，有31%的小城镇拥有管道燃气，相较其他地区而言，普及率更高。提供集中供热的小城镇均位于北方，冬季天气寒冷的东北地区更是有67%的小城镇有集中供热（表4-10）。经济社会发展更发达的东部地区，基础设施建设和维护管理投入更多，明显各类设施水平更高。

小城镇公用设施服务普及率　　　　表4-10

| | 给水 | 污水 | 燃气 | 供热 | 环卫 | | | 通信 | |
					日常保洁	垃圾处理	公共厕所	有线电视	网络
均值	88%	52%	22%	13%	97%	97%	83%	85%	65%
东部	86%	67%	31%	15%	95%	100%	85%	86%	67%
中部	87%	46%	19%	4%	96%	100%	85%	89%	68%
西部	89%	48%	32%	9%	100%	91%	82%	78%	61%
东北	88%	42%	8%	67%	92%	100%	83%	97%	66%

污水处理是小城镇基础设施建设的短板。仍有近半小城镇没有进行污水处理，而有污水处理的小城镇大多仅服务于镇区，服务半径较小。在所有进行污水处理的小城镇中，72%是在镇内拥有污水处理厂，8%的小城镇需依靠县市设施处理污水，10%通过其他方式进行污水处理。近一半设于小城镇镇内的污水厂只服务于镇区，约1/4服务半径可扩充至周边农村，仅有8%的小城镇污水厂能够服务全镇域。小城镇生活废水和工业废水的平均处理率分别为79%和94%，污水处理能效欠佳（图4-76）。

小城镇的垃圾处理率较高，镇内处理厂或转运站服务范围相对较广。90%以上的小城镇完成了垃圾收集与处理，其中，将近一半的小城镇将垃圾转运到县城或城市后对其进行处理，27%的小城镇建有自己的垃圾处理厂，还有23%的小城镇通过填埋或焚烧处理垃圾。24%的镇内垃圾转运站或处理厂可服务于镇区及周边农村，37%的服务于全镇域，环卫服务范围也有待进一步扩大（图4-77）。

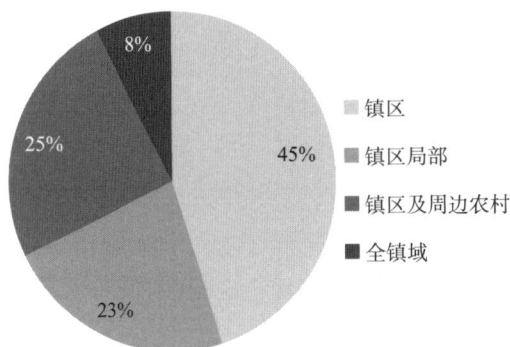

图4-76 小城镇污水处理厂服务范围

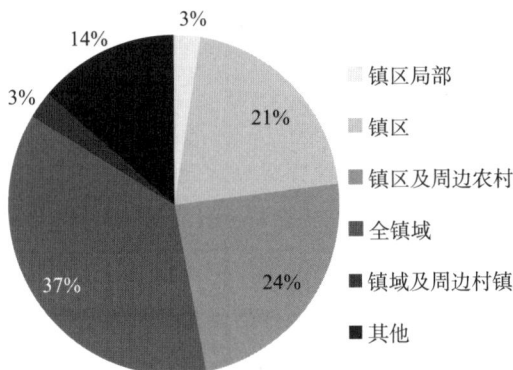

图4-77 小城镇垃圾收集处理服务范围

北方小城镇集中供热的服务范围比较有限，一半以上的小城镇都只能提供镇区局部供热，将近四成的小城镇供热可覆盖全镇区。

此外，未来进一步加强小城镇网络，在有条件的小城镇进行管道燃气设施建设，都将更有利于居民过上现代化的生活。

4.4.4 旅游服务能力提升滞后，仅两成有星级宾馆

随着全民休闲时代来临，近年来"乡村游"、"生态游"、"古镇游"都逐渐成为热点，大量小城镇凭借自身的生态优势、文化优势迅速发展旅游业。55%的小城镇已开始发展旅游业，年游客数量超千人次，每镇年均游客量为58万人次。然而，面对日益增长的旅游需求，小城镇的旅游服务能力提升却严重滞后。

小城镇的旅游接待能力严重不足，13%的小城镇还没有任何宾馆酒店等住宿设施，约六成小城镇宾馆数量不超过4家，仅12%的小城镇有三星级以上宾馆。其中，年游客数量超千人次的小城镇中，23%的小城镇还没有任何住宿接待设施，仅17%有三星级以上宾馆酒店；这类镇中39%的镇接待设施床位数与日均游客量的比值不超过10%，即最多能留宿不到一成的游客。大部分小城镇的住宿设施目前主要服务于本地，一半以上客户来自本县，近九成来自本省。小城镇的餐饮设施也较少能服务旅游，其客源一半以上来自本镇，八成以上来自本县。可见，虽然小城镇旅游业迅速兴起，但大部分镇目前难以吸引或满足游客的吃住消费（图4-78～图4-80）。

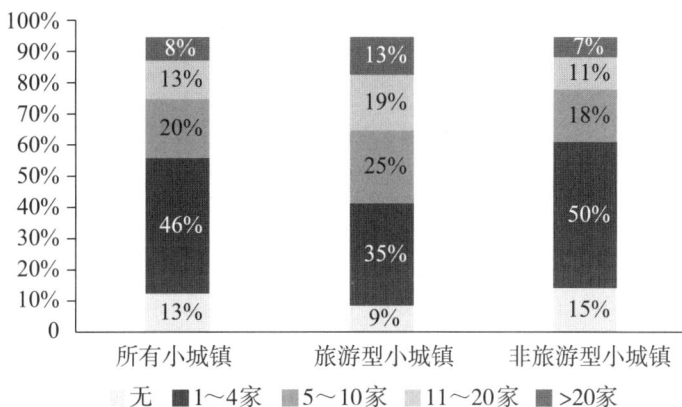

图4-78 按宾馆酒店数量分的小城镇比例

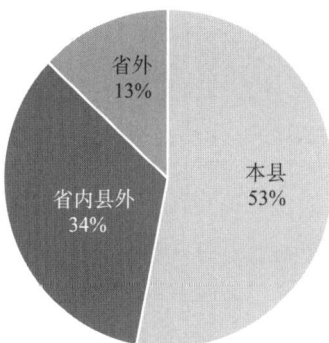

图4-79 小城镇宾馆酒店客户来源

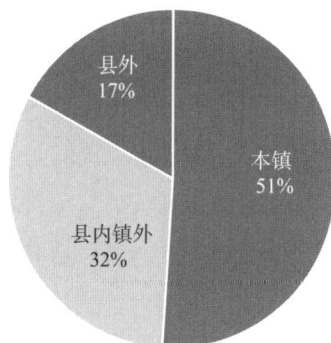

图4-80 小城镇餐饮设施客户来源

　　小城镇的游客服务更是短板。仅26%的小城镇有游客服务中心，年游客数量超千人次的小城镇中55%还没有游客服务中心。小城镇的游客服务中心功能大多比较简单，主要提供旅游信息咨询等基础服务，纪念品、寄存等功能普及率相对较低。小城镇镇区公厕数量平均不到7个，中位数为3个，17%的小城镇镇区完全没有公厕；年游客数量超千人次的小城镇镇区公厕数量平均值为7个，中位数为4个，情况没有显著变好（图4-81）。

　　游客接待和游客服务功能欠缺，导致大部分小城镇的旅游体验欠佳，这直接导致小城镇通常难以留住游客消费和留宿，更难以吸引"回头客"。有的小城镇虽有知名的景区景点，但除了门票收入，难以从旅游业获得更大或更可持续的发展动力。

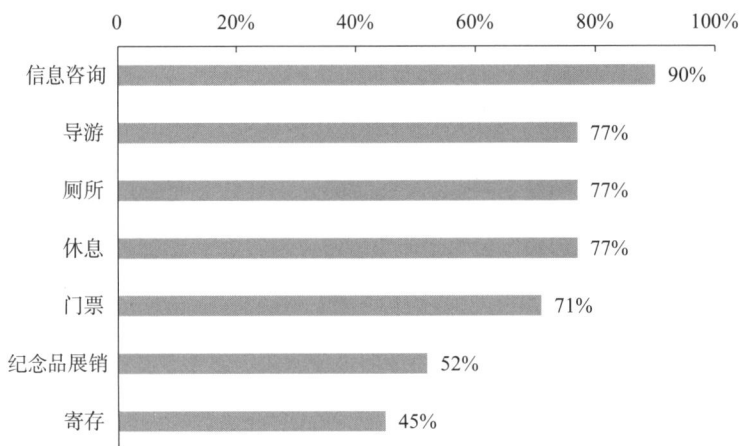

图4-81　小城镇游客中心功能普及率

4.5　小结

　　小城镇的整体格局是"自由生长"的。区别于城市"四平八稳"的布局，小城镇多依托山水、道路、村庄等向外生长，自发形成了与周边山水田园融合发展的形态。虽然整体格局看起来是不规则的，但这恰恰是具有独特价值的，充分体现出小城镇"看得见山、望得见水、记得住乡愁"的先天优势。

　　小城镇的整体印象是有魅力的。小城镇建筑体量小，尺度宜人，平均容积率仅为0.7，建筑层数仅为2.4。空间上的宽松带来了身心的放松，身处小城镇能够令人心旷神怡，鲜有城市中钢筋水泥带给人的压迫感和焦虑感。

　　小城镇的路网是"非正规"的。相比城市完善的主次支道路系统，小城镇没有复杂的、分等级的和成系统的道路网，通常只有一至两条主干路，更发达的是像毛细血管一样的"不规则背街小巷"，将家家户户联系起来。

　　小城镇的土地利用是相当混合的。与城市用地统规统建、边界清晰不同，小城镇的建设用地与非建设用地相互渗透，形成了镇边、河边、道边和房前屋后等数量众多的边角地、插花地、夹心地，这类土地不十分规整，但往往物尽其用，成为居民种菜、买卖、停车、休闲等的场所，形成了小城镇独特的空间利用形式。小城镇镇区大多没有明显的功能分区，土地混合利用程度较高，最为显著的是上店下住的商住空间和复合使用的道路空间，凸显了便捷可达、灵活多样性的空间特点，体现出以满足居民需求为导向的土地利用方式。

小城镇的建设用地主要是用来"住"的。镇区居住用地普遍占一半以上，基本都是居民自己的宅基地。80%以上的住房为居民自建，多是独院式、街坊式。这种开放式街区和传统的居住方式，延续了居民原有的邻里关系，是小城镇的文化和价值所在。

小城镇的地标是丰富多彩的。大多数小城镇都有一段历史，都有地域特色文化和精神。优美的自然山水、丰富的历史遗存、热闹的商业街巷都是小城镇的特色地标，居民对这些地标有着高度的认可和深厚的精神寄托。很多公共空间自然地围绕这些地标展开，形成了一大批聚集人气的主街、集市、公园、小广场等地标式公共空间。

小城镇的空间问题也是突出的。小城镇自由生长过程中面临一系列问题和亟待解决的课题，人均建设用地较高，集体土地占比高，传统风貌丧失、规划管理薄弱、基础设施和公共服务功能不完善等。

通过调查分析生动地呈现了小城镇的空间特色，例如自然生长格局、非正规空间、混合用地、自建的宽敞住房和地标式公共空间等。

通过调查分析生动地揭示了小城镇独特而有魅力的空间格局和形成机制。这种独特性是小城镇的生命源泉和内生动力，小镇的格局、尺度和建筑，比大城市更能体现中国特色、中国传统，是小城镇未来发展的资源与优势。我们必须保持和彰显小城镇的空间特色，用正确的理念指导小城镇规划建设，不盲目拆老街区、不盲目盖高楼、不盲目搬袭外来文化。

调查分析结果启示我们，我国小城镇建设的成功案例和成熟模式并不多，要扭转这一局面必须下大力气、下细致功夫解决一些难题。要研究小城镇适宜的技术规范、措施和标准，建立符合实际的规划建设理念和方法体系。要在全国开展试点示范，探索新理念、新方法、新模式，打造一批更有魅力、更有活力和更加宜居的小城镇。要在今后建设中，防止推倒重建、照搬照抄城市等问题。总之，要把小城镇建设好，让每个镇都有特色，让国家建设更有中国特色。

附录 典型镇详细调查报告

天津市静海区双塘镇调查报告

1. 基本情况

双塘镇位于天津市西南部、静海区中部，处于静海新城、团泊新城和天津子牙循环经济产业区所形成的三角形区域的中心位置，距天津市中心城区45km，周边与陈官屯镇、子牙镇、大丰堆镇等城镇相邻。双塘镇辖东双塘、西双塘、杨家园等10个行政村，镇域常住人口1.3万人，总面积41km²。其中镇区建成区总面积240hm²，建设用地面积189.05hm²。

截至2015年，双塘镇GDP总值为17.1亿元。城镇功能类型为工业发展型，镇内现有企业150余家，形成了以金属丝绳、钢线钢缆、汽车配件、皮毛制作、包装材料、防静电地板、乳品、冬菜为主的8大行业。

双塘镇的西双塘村在小城镇建设过程中发展较为突出，并针对村中发展现状探索出独特的发展路径。主要做法包括：加强企业发展，通过工业致富，充足城镇发展资金；从农户的角度出发，充分发挥土地效益，促进农民增收，推进集体经济发展；发展农业休闲旅游业，推动大农业的发展，引来城镇发展所需的人流、技术和资金。1990年以来西双塘村在开发建设过程中实行集体公有制经济，村内土地集中耕种，村民日常生活实行供给制，每月按工作劳动及土地比例分红，并对60岁以上的老人发放福利补助。从1994年起西双塘村对村内住房进行新建与环境改造，使村民脱离土坯房，迁入花园式别墅新居，并加强基础设施建设，提高居民生活质量。

2. 人口特征

镇区人口流入，镇域人口老龄化现象严重。2015年镇域60岁以上户籍人口占20.5%，老龄化趋势严重。双塘镇常住人口年龄在18～59岁之间的人群大部分工作地位于县城、镇区、农村，通过就近打工、务农来维持生计。年龄在18岁以下的青少年基本在镇区生活居住或在村里读书。年龄在60岁以上的老人，活动范围较小，基本常年在家居住，很少外出。

由于双塘镇实行集体供给制度，镇域内村民存在迁入至镇区的现象，2015年镇区户籍和常住人口分别为5103人、5992人。

3. 居民生活

镇区居民收入、消费水平较高。镇区居民的整体生活水平较高，西双塘村居民日常生活实行集体供给制，适龄工作者每月收入根据"人三地三劳四"的比例分配，居民幸福感较强。

镇区居民月收入在5000~8000元之间（表1），工作地集中在镇区及县城，以务农及打工为主；家庭的月消费集中在1500~2500元之间（表2），主要消费支出为食物方面，另外在居住、子女上学方面也占有很大比重（图1）。

居民日常出行及购物以镇区为主，生活满意度较高。出行目的集中于上下班、购物及赶集、外出就餐（图2）。出行交通方式的选择方面，上下班

2015年双塘镇镇区居民月可支配收入占比　　表1

	1000元以下	1000元~2000元	2000元~3000元	3000元~5000元	5000元~8000元	8000元以上
占比	6%	4%	11%	17%	36%	26%

2015年双塘镇镇区居民月花销占比　　表2

	500元以下	500元~1000元	1000元~1500元	1500元~2500元	2500元~4000元	4000元以上
占比	3%	11%	15%	39%	18%	14%

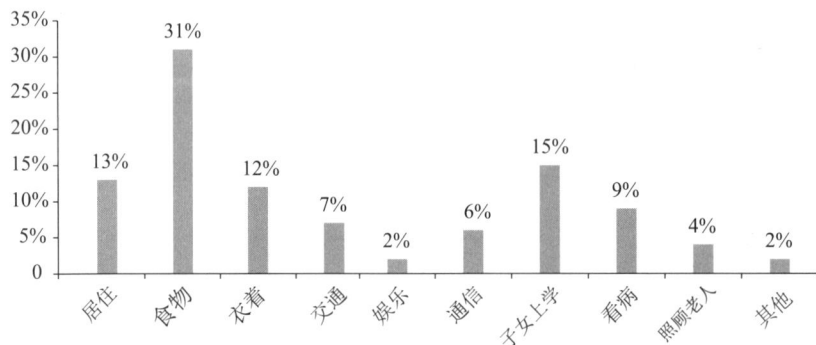

图1　2015年双塘镇镇区居民月支出占比

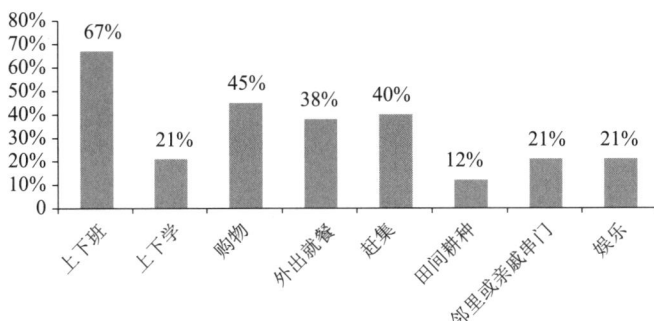

图2　双塘镇镇区居民出行目的比例

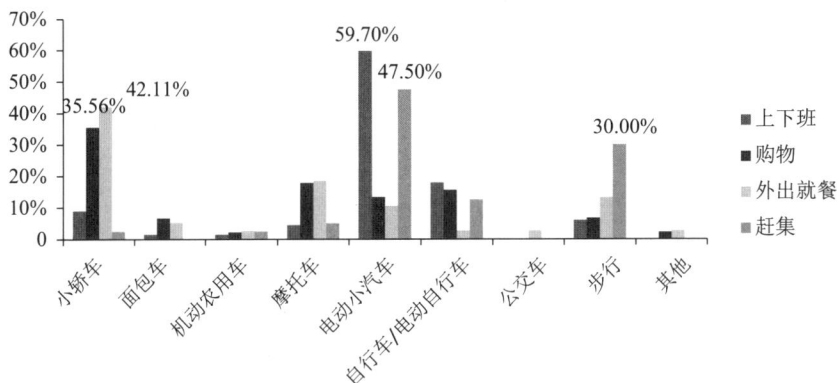

图3　镇区居民出行选择交通方式比例

以电动小汽车为主，购物及外出就餐多为开车前往，赶集以电动小汽车和步行为主（图3）。居民对于镇区的居住生活环境较为满意，但希望孩子未来在大城市发展。

教育、医疗地点选择以镇区为主。镇区共有小学2所、幼儿园3所，学校基本能满足上学需求，小学及以下学生多在本镇区上学，随着年龄增长，镇区教育质量较低，初中、高中在县城和市区上学比例增加（表3）。双塘镇卫生院能够满足居民买药和感冒发烧等小病的需求，看大病则更多选择在县医院或市医院。

双塘镇镇区家庭适龄成员就学地点　表3

上学地点	镇	县城	周边乡镇	市区或省城
幼儿园	96.1%	2.6%	1.3%	0
小学	96.2%	1.3%	2.6%	0
初中	93.7%	3.2%	3.2%	0
高中	3.3%	85%	8.3%	3.3%

4. 经济产业

小城镇发展特点鲜明，发展模式较成熟。小城镇经济发展的特点其一是集体公有制制度，以大邱庄镇、双塘镇为集体公有制的代表；其二是一镇一品，全区各城镇农业、工业、服务业呈现精细专业化发展趋势。

双塘镇经济与产业发展的优势在于土地集中管理制度，集全村之力发展工业和服务业，实现一产向二产、二产向三产的转型提升，目前旅游、地产相关产业发展迅速，未来规划发展养老养生、旅游服务、休闲农业等产业（表4）。

双塘镇社会固定资产投资、工业资产投资额　　表4

社会固定资产投资 （万元）	工业固定资产投资 （万元）	县城社会固定资产投资 （万元）	镇社会固定资产投资比 （万元）
163923	87800	6012300	2.7%

双塘镇以旅游产业发展为特点，拥有3A级景区一处。但存在旅游策划不足的问题，除啤酒节、灯展节外，旅游活动较少，专业养老服务机构培育不足，滨湖景区建设不足。镇上无PPP项目，旅游收入较高，每年旅游收入6亿元以上，接近总产值的90%。

双塘镇经济产业特色发展模式在于实行土地集中管理、村庄公司化管理的集团发展方式。主要包括集体农庄、中小企业、服务业大公司组成的一二三产融合的集合生产模式，食品配给、住房分配、完全就业、专业分工的集体富裕模式，老党员监督委员会、老干部咨询委员会、村委会、村民代表大会组成的集群治理模式，以及村庄、镇区、景区相协调的集聚空间模式。

双塘镇经济产业发展存在的主要问题是缺少人才，包括管理人才和专业技术人才和建设用地指标。该镇希望未来引进和培养人才，增加建设用地指标。

5. 空间特征

双塘镇的空间类型为集聚形式，镇区形态为紧凑单体型，经济发展依托西双塘村的开发建设，发展得有声有色。由于历史演变等原因，镇区形态主要为传统村落的布局形式，水域形态也对建设形态产生一定影响。

总体规划修编中确定的镇区结构为"两心、两轴、三区"。"两心"为位于镇区北部西兴路的行政管理中心和位于镇区南部南运河西岸的旅游综合服务中心；"两轴"为沿西兴路的商业服务发展轴和沿南运河的文化旅游综合发展轴；"三区"则根据道路骨架，在镇区范围内形成三个主要居住片区（表5）。

双塘镇镇区建设用地分类　　　　　　　　　　表5

甲地性质	用地面积（公顷）	占建设用地面积比例
居住用地（R）	120	63.5%
商住混合用地（R+B）	2.05	1.1%
商业服务业设施用地（B）	22.2	11.7%
公共管理与公共服务用地（A）	18.3	9.7%
公用设施用地（U）	1.4	0.7%
绿地广场用地（G）	0	0
工业仓储用地（M+W）	9.4	5%
交通设施用地（S）	15.7	8.3%

镇区用地以居住用地为主，占建设用地比例为63.5%，各个居住组团由道路、水系分割，分为村民还迁区和住宅开发区两种类型。

公共管理与公共服务设施用地主要集中于东西向主街的两侧，为镇村政府办公驻地，沿街分布初中、小学教育设施，医疗设施以卫生院为主；少量工业用地位于东双塘村，以生产冬菜、汽车零部件加工、三元奶制品加工为主。镇区商业服务业设施用地占建设用地比例为11.7%，集中于西双塘村北侧；商住混合用地占建设用地比例为1.1%，位于东双塘村与董莫院村内。

镇区规划集中公共绿地，位于镇区南侧，由生态采摘园、动物园、水上乐园等不同功能组成；绿化系统为线性生态网络，主要以街道两侧绿化为主，以此串联各个组团。镇区通过多元的空间变化与景观小品设置吸引城区甚至市区的游客，公共建筑、标志性建筑的存在使镇区建筑形式独特且富于变化。

双塘镇商业区沿街两侧分布，主要景区有东五台寺、仿古购物一条街、荷花塘、凤凰台文化广场、风情书画一条街、维拉庄园、生态园，主要建筑包括购物中心、专业性商场、特色饮食业等。

双塘镇共有商铺数量149家，其中沿街商铺130家，拥有大型超市和商场3家，商业总建筑面积9900m²。业态商业布局中旅馆酒店面积最大，且布局集中；其次是康体娱乐与餐饮，分别占总面积的14%与12%；日常生活专类零售与品质生活专类零售面积较小且数量少。

由于西双塘村实行集体供给制度，居民日常生活所需物品很少自行购买，镇区内西双塘村商业设施主要配套村内生态旅游。而东双塘村与董莫院商业设施主要为其他传统商业服务业，以满足日常居民生活所需。

6. 设施水平

（1）教育及医疗设施

镇区有小学3所，占地面积2hm²，建筑面积7510m²，教师40人，学生606人；卫生院1所，占地面积1hm²，建筑面积400m²，共有医护人员5位，病床10张；公园1处，占地面积27hm²；镇文化活动中心1处，占地面积1hm²，使用面积1400m²。

（2）道路交通

镇区内道路红线宽度集中于5～15m之间，西侧有县道静双路穿镇区；各类市政基础设施管网布局不够合理且无系统性，处理厂、处理站等公用设施设置分散且数量较少。

（3）基础设施

镇区有水厂1处，服务全镇域，并且有污水处理厂处理镇内污水，生活废水处理率为50%；镇内无集中供热；有线电视普及率达100%；垃圾处理方式为镇垃圾处理厂处理，生活垃圾收集率100%。

（4）娱乐康体设施

镇区内共有宾馆酒店3家，建筑面积50613m²；餐饮设施数量28个，建筑面积100097m²，没有旅游服务中心及文保单位。

（5）能源使用现状

镇区年总用电量206万度，人均用电量1.2度每人每天；年总用水量50万吨，人均用水量50升每人每天。

双塘镇镇区为居民以及周边村民提供教育、医疗、商业等公共服务设施，镇区通过集市的集聚人口促进消费，拉动城镇的经济发展，同时带动周边村民的经济收入。通过建设发展教育医疗等公共服务，双塘镇为居民及周边村民解决生活必需物品及需求。

7. 小结

西双塘村的集体公有制发展模式对于双塘镇甚至全国的新农村建设都是先进典型代表，其发展优势在于土地集中管理制度，集全村之力发展工业和服务业，实现一产向二产、二产向三产的转型提升，目前旅游、地产等产业发展迅速，未来规划发展养老养生、旅游服务、休闲农业等产业。

小城镇的主要目的是吸纳周边农村地区人口，带动居民共同致富。西双塘村全村村民完全就业，人均工资3000元左右，贫富差距不大，住房、日常生活物资由村集体供给，居民对生活状况满意度高。

双塘镇经济产业特色发展模式在于实行土地集中管理、村庄公司化管理的集团发展方式。主要包括集体农庄、中小企业、服务业大公司组成的一二三产融合的集合生产模式，食品配给、住房分配、完全就业、专业分工的集体富裕模式，老党员监督委员会、老干部咨询委员会、村委会、村民代表大会组成的集群治理模式，以及村庄、镇区、景区相协调的集聚空间模式。

双塘镇发展问题主要体现在缺少人才和建设用地指标，包括管理人才和专业技术人才。同时双塘镇以旅游产业发展为特点，存在旅游策划不足的问题，例如除啤酒节、灯展节外，旅游活动较少，同时专业养老服务机构培育不足，表现在滨湖景区建设不足。并且镇区建设的体制存在问题，镇区建设按照镇总体规划进行，由县政府城市规划管理部门批准，主要由县国土局监管，而具体城镇建设执法由镇人民政府执行，这本身是违法行为，需要国家对执法主体作出明确规定。镇规划在编制内容上忽视当地特色，有不按照规范编制的情况。

内蒙古自治区鄂尔多斯市伊金霍洛旗札萨克镇调查报告

1. 基本情况

札萨克镇行政隶属鄂尔多斯市伊金霍洛旗，位于伊金霍洛旗西南，地处晋、陕、蒙交界的黄金三角地段，交通条件便利，210国道、包茂高速公路、省道府深线、兰嘎一级公路和包西铁路、新恩铁路贯穿全镇。全镇下辖26个行政村，3个居委会，总人口19112人，现有耕地90570亩，人均耕地面积3.89亩。镇区距旗府所在地42km，距鄂尔多斯市约55km。

札萨克镇属于工业发展型的县域副中心镇，产业经济发展以工业为主导，农牧业为重点，三产发展为突破，立足煤炭、天然气、盐和石油等四大资源打造工业强镇，建设生态畜牧业大镇，围绕旅游和运输两个重点提升三产比重。札萨克镇原系札萨克旗王爷府驻地，也是国民党绥境蒙政会、鄂尔多斯市盟府、伊金霍洛旗府所在地，新中国成立后曾为札萨克旗和盟府所在地，历史文化底蕴深厚。

2. 人口特征

第二产业就业人口比例低，镇域人口为净流出，镇区人口占比较大，镇域人口老龄化现象较严重。札萨克镇镇区人口包括新街农村和札萨克两个社区居民，从业人员以服务业为主，从事农业生产的就业人口比例低。2015年札萨克镇镇区户籍和常住人口分别为11000人和12819人，镇区常住人口占镇域常住人口的比例为67%；札萨克镇户籍人口中18岁、18岁～59岁、60岁以上人口比例为21.87：61.01：17.12，老龄化程度较为严重。

3. 居民生活

镇区居民收入、消费水平高。札萨克镇区居民收入水平较高，82.1%的家庭月可支配收入在3000元以上，其中51.7%的家庭月可支配收入在5000元

2015年札萨克镇镇区居民月可支配收入

表1

月可支配现金收入	比例
1000元以下	3.6%
1000元～2000元	4.5%
2000元～3000元	9.8%
3000元～5000元	30.4%
5000元～8000元	26.7%
8000元以上	25.0%

2015年札萨克镇镇区居民月花销

表2

月花销	比例
500元以下	0
500元～1000元	4.0%
1000元～1500元	5.4%
1500元～2500元	14.3%
2500元～4000元	39.3%
4000元以上	37.0%

以上，25%的家庭收入在8000元以上（表1）。月花销集中在2500元以上的占76.3%，其中月消费4000元以上的占到37%（表2）。家庭消费以食物花销占比最高（27.03%），其次是居住（15.25%），交通和子女上学分别占到12%左右，整体消费水平较高（图1）。

出行目的和出行方式多样化。主要出行目的有购物、邻里或亲戚串门、上下班、外出就餐、务农等，娱乐出行比例也达到13.4%（图2）。上班、外出就餐、娱乐等活动的主要出行方式是小轿车，由于镇区内各类商铺比较齐全，购物多在镇区内进行，因此日常购物以步行为主，务农出行则有小轿车、自行车、步行等多种方式（表3）。

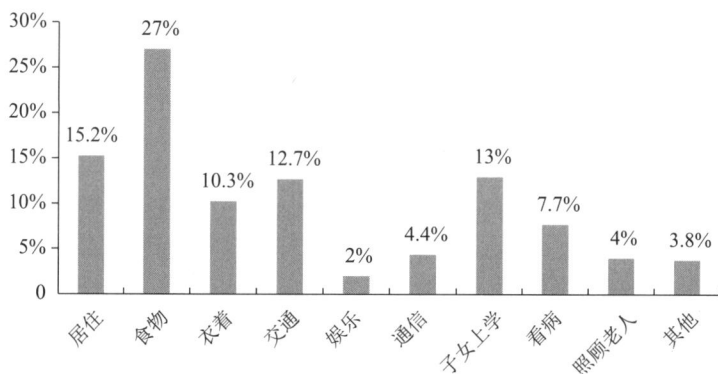

图1　2015年札萨克镇镇区居民月支出占比

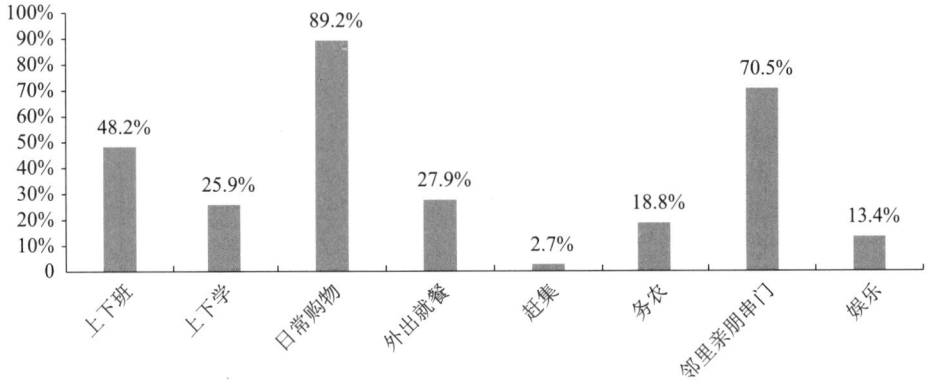

图2 札萨克镇镇区居民不同出行目的比例

交通方式	上下班	上下学	日常购物	外出就餐	赶集	务农	邻里亲朋串门	娱乐
小轿车	44.5%	27.6%	14.0%	51.6%	66.8%	23.8%	16.5%	66.7%
面包车	0	0	0	0	0	0	0	0
机动农用车	0	0	0	0	0	4.8%	0	0
卡车/大货车	3.6%	0	0	0	0	4.2%	0	0
摩托车	3.7%	0	1.0%	3.2%	0	4.8%	0	0
电动小汽车	0	0	0	0	0	0	0	0
自行车/电动	18.5%	27.6%	19.0%	6.5%	0	29.0%	0	0
自行车	0	0	0	0	0	0	0	0
公交车	0	3.4%	0	0	0	0	0	0
校车	0	3.4%	0	0	0	0	0	0
步行	27.8%	34.5%	63%	38.7%	33.2%	23.8%	82.3%	33.3%
其他	1.9%	3.4%	3.0%	0	0	9.6%	1.2%	0

札萨克镇镇区调研样本居民出行方式（以有该类出行需要为基数）　表3

教育、医疗地点选择以镇区为主。中心镇区设初中1所、小学2所、幼儿园2所。镇区学校能满足基本上学需求，小学及以下学生多在本镇区上学，随着年龄增长，初中、高中在县城和市区上学比例增加（表4）。札萨克镇卫生院能够满足居民买药和感冒发烧等小病的需求，看大病则更多选择在县医院或市医院。

	幼儿园	小学	初中	高中
本镇	92.9%	92.8%	50.1%	6.5%
周边乡镇	0	0	2.7%	0
县城	7.1%	7.2%	34.2%	70.8%
市区	0	0	13.3%	22.7%
省城	0	0	0	0
其他	0	0	0	0

札萨克镇镇区在读学生的上学地点分布　　表4

4. 经济产业

经济总量较大，二、三产业占比较高。2015年底，全镇地区生产总值达到15.31亿元，2010年以来年均递增9%。农民人均可支配收入达到14500元，比2010年增加3500元，年均递增6.4%。2015年札萨克镇的固定资产投资为35亿元，其中30亿元为工业固定资产投资，60%来源于鄂尔多斯市（伊泰集团），其余40%来源于本镇。札萨克镇经济产业结构比为1.1：59.8：39.1，2015年工业总产值达到91879万元。镇内矿产资源富集，煤炭储量丰富，气田、盐田、石油储量十分可观，因此企业主要依托矿产资源，吸引伊泰等大型煤炭企业及神华新街能源公司等进驻。

5. 空间特征

札萨克镇镇区建设用地面积共355.1hm^2，其中集体建设用地面积占比为29.34%，国有建设用地面积占比为70.7%，主要原因是新区的大部分土地已经被征收为国有土地。镇区用地以居住和道路交通用地为主，分别占35.7%和38.4%，公共服务用地占10.8%（表5）。

札萨克镇镇区为组团群体，建成区由新、旧城区构成，新城区是典型的片区式组团结构，旧城区是典型的街坊式结构。镇区商业分布于新区和旧区的道路两侧，以临街商铺为主，由于商铺供应充足，月租金仅约为9元每平方米。

镇区主要临街商铺数量为522家，经营范围涉及15大类53种小类，以餐饮、服装鞋帽、烟酒杂货等便利店、五金店、宾馆和客栈等为主，广告、房

札萨克镇区建设用地分类 表5

用地性质	用地面积（hm²）	占建设用地比例
居住用地（R）	126.8	35.7%
商住用地（R+B）	2.0	0.6%
商业服务（B）	17.6	4.9%
公共服务（A）	38.3	10.8%
公用设施（U）	11.0	3.1%
绿地广场（G）	15.5	4.4%
工业仓储（M+W）	7.6	2.1%
道路交通（S）	136.4	38.4%
城镇建设用地	355.1	100%

产中介等现代服务业发展也比较好，能较好地满足镇区居民日常生活需求。此外，金融网点、电信网点等公用网点分布在街道中，方便居民生活。镇区康体娱乐网点包括养生保健、网吧、洗浴中心各1家，镇区建有3处公园广场，有1所可用于居民阅览、棋牌等活动的镇级文化活动中心、1处适合篮球和门球等活动的体育场所、1处专门的儿童活动场所。

住宅建筑以多层为主，另有部分高层（建设用地中多层建筑用地占50%，高层建筑用地占15%）。新城区住宅以6层砖混为主，还有部分9～11层的小高层，与札萨克镇"高起点规划、高标准建设"的规划原则相一致，规划建设的15个小区目前已经有8个入住或基本建成，但由于建设速度快于人口增长速度，出现部分空置现象。札萨克镇是内蒙古所调研的四个镇中唯一有商品住宅的小镇，商品住宅均价为3100元每平方米。

6. 设施水平

交通方便，基础设施和公共服务设施完善。

（1）道路交通

镇区内部路网发达，对外交通便利，距离大城市、县城、高速路口、国道、机场的车程均在1小时之内，距离最近的火车站车程在2小时之内，镇域内农村进镇区及镇区居民到县城均有公交车可以乘坐，镇内农民进镇区使用的主要交通工具为小汽车和公交车。全镇90%以上范围开通了砂石公路。镇区车位较充足，停车比较有序。

（2）医疗卫生设施

镇区设有镇级卫生院，病床100张，科室设置比较齐全，年诊疗68000人次，年住院人数6800人，能满足居民买药、看小病等基本医疗需求。

（3）教育文化设施

中心镇区设初中1所、小学2所、幼儿园2所，基本可以满足镇域内适龄儿童的上学需求。

（4）市政设施工程

镇区自来水普及率为100%；有污水处理厂，能够满足镇区内污水处理需要。镇区集中供热普及率达到100%。没有管道燃气。环卫现状是由政府购买服务，依靠垃圾处理厂进行处理。

7. 小结

札萨克镇属于城市周边的工业小镇，紧邻鄂尔多斯市，拥有较好的工业基础和城镇化基础，经济发展速度较快。

札萨克镇的煤炭、天然气、石油、盐等资源储量丰富，成为打造工业强镇的基础；在第二产业不断发展的同时，促进以住宿餐饮和劳务服务等为主的第三产业的发展，使整体经济快速发展。其镇区以从事工业生产活动和服务业的人口为主，一半以上的人口集中于镇区，镇域人口老龄化现象较严重。镇区为组团群体，建城区由新、旧城区组成，新城区是典型的片区式组团结构，路网发达，配套设施齐全，旧城区是典型的街坊式；建成区建设用地中道路与交通设施占比较大；建筑物中多层和高层比例相对较大，商铺数量众多，是内蒙古调研四个镇中唯一有商品房的小镇。

札萨克镇作为以工业和服务业为主的小镇，为当地及外来人员提供了大量的就业岗位。它是镇域内的政治、经济和文化中心，相对发达的经济和完善的基础设施等吸引居民集中在镇区内生活和工作，使得镇区的人口占比较大，从而带动了当地经济的发展。其集市贸易可以满足镇域居民的基本生活需求；部分高层次的消费需要到鄂尔多斯或呼和浩特进行。

辽宁省阜新市阜新蒙古族自治县东梁镇调查报告

1. 基本情况

东梁镇地处阜新市西南部,隶属阜新蒙古族自治县(图1)。镇区北距阜新市中心15km,与市开发区接壤;东距海棠山风景区22km,区位优势明显。东梁镇镇域面积为118.7万 m^2。2015年镇区户籍人口为5227人,镇区常住人口为5028人,为省级重点镇、扩权强镇、县域中心镇。

东梁镇属于资源型小城镇,自20世纪80年代开始发掘煤炭资源。但由于近年产能过剩和煤矿整治,其煤矿企业大多停产。2011年,该镇发掘出地热温泉,并为此专门进行规划,打造依托温泉资源的新型旅游城市,规划面积达60万 m^2。截至目前,温泉城开发面积已达到18万 m^2,其中温泉旅游项目发展良好,但受近年经济下行压力的影响,温泉城开发暂时处于停滞状态。总体而言,东梁镇经济发展整体呈现放缓态势。

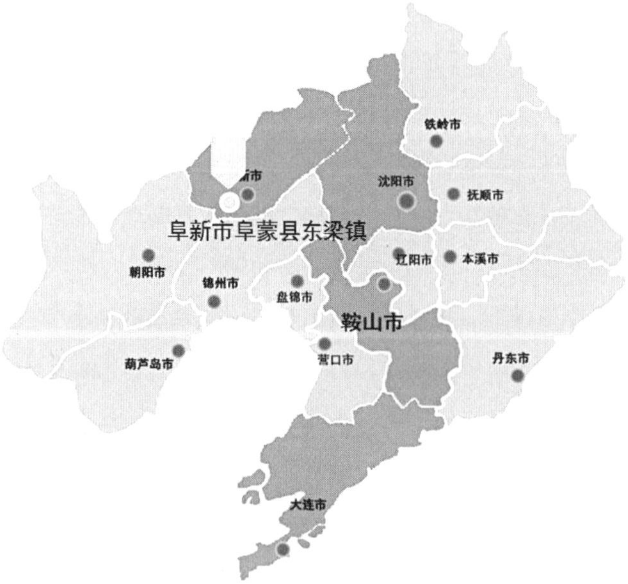

图1 东梁镇省域范围区位示意图

2. 人口特征

东梁镇人口总量基本稳定；居民中农业人口比重大；镇域人口老龄化现象较为严重，人口呈缩减趋势；居民以务农为主要职业，收入水平较低。

总人口数稳定。2015年，东梁镇镇域户籍人口为25257人，较2005年增加36人。镇域外出务工人员约1250人，主要原因为本镇农村地区发展较为落后，致使部分人口外出打工；镇域外来人口约1250人，本镇煤矿和旅游产业吸引了部分外来人口。总人口数基本平衡，不存在人口流失问题。

农业人口比重大。2015年，东梁镇镇区户籍人口数量为5227人，常住人口为5208人。大量农业人口世代居住在本镇，镇区农业人口占户籍人口的比例高达74.8%，农村人口市民化进程较为缓慢。

独居老人家庭比重大。许多中青年人口选择在城市居住，造成镇区家庭户均人口数仅为2.86人，低于农村家庭户均人口数4.52人和国家平均水平3.1人。家庭类型也以独居老人家庭（37.5%）为主、其次为核心家庭（33.8%）和主干家庭（24.8%）。独居老人过多带来一系列社会经济问题，需要给予相应的社会支持。

人口老龄化严重。60岁及以上老年人占总人口比重高达24.6%，为减少型（年老型）人口结构，人口有缩减趋势。

居民月收入水平低。东梁镇镇区居民人均月收入水平偏低，约1100元（根据调研估算），低于县域城镇居民人均月可支配收入1837元和县域农村居民人均纯月收入1414元。

居民就业呈现多元化。东梁镇镇区30.7%的居民从事务农，在机关事业单位上班、企业上班和经商、打零工的居民各占约11%，无业人口比例高达8.7%（图2）。

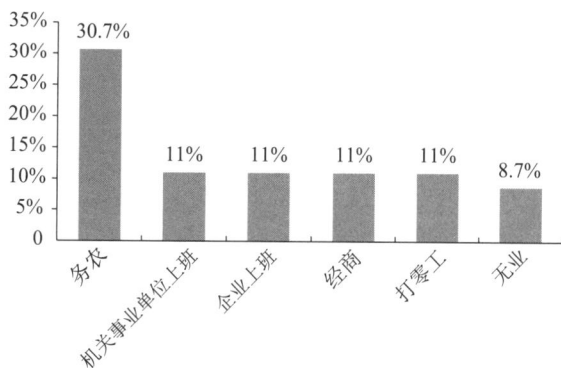

图2　镇区居民职业比例

3. 居民生活

镇区居民收入和消费水平低。东梁镇镇区家庭月可支配现金收入约2400元（根据调研估算）。主要收入来源为务农和打工，整体收入水平较低。家庭月消费约1870元（根据调研估算），在东三省调研样中本镇居民消费处于中间水平。消费构成上（表1），食物花销比重高达35%；子女上学和衣着消费比例也较高，分别为18.5%和13.7%；娱乐花销最少，仅占2%。可见居民日常开销多投入在物质生活方面，对精神生活的投入过少，总体生活水平较差。

镇区住房条件与城市住房差距大。东梁镇有89.32%的居民居住在自建平房中，其余居民居住在楼房（图3）。住宅质量普遍较好，但是在炊事燃料、独立水冲厕所和洗澡设施配套条件方面仍有较大提升空间。大部分居民对目前的居住条件表示满意。

居民消费构成比例 　　　　　　　　　　　　　　表1

	食物	衣着	交通	娱乐	通信	子女上学	看病	照顾老人
占比	35%	14%	10%	2%	6%	19%	9%	5%

各类家电持有率较高。镇区每个家庭基本上都拥有彩色电视机、冰箱冰柜和洗衣机，拥有电脑的家庭比重也超过了60%。较高的家电拥有率反映出镇区居民基本生活水平能够得到保障。

20分钟日常出行圈出行便利。居民日常的主要出行目的为购物、赶集和邻里亲戚串门等日常生活出行，出行时间基本在20分钟以内，以自行车、电动自行车及步行方式为主。

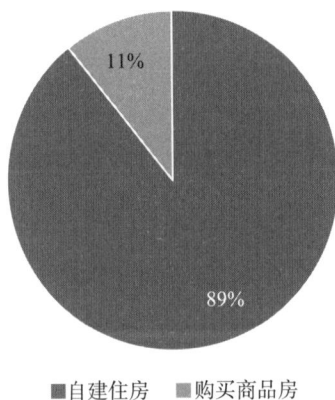

11%

89%

■自建住房　■购买商品房

图3　居民住房来源比例

教育医疗地点以镇区为主。东梁镇镇区居民看小病主要在本镇卫生院，看大病则多选择到县城及市区医院就医。镇区小学和初中学生多在本镇区内就读，由于本镇无高中，高中学生多到县城和市区学校就读。

休闲娱乐活动较少。由于文娱、体育等公共设施配置不足，居民常去的
休闲娱乐地点仅限镇区广场，且近50%的居民日常不会进行外出休闲活动。

4. 经济产业

（1）总体经济发展放缓

东梁镇经济发展呈放缓趋势。2015年东梁镇GDP平均值达到116000万
元，人均GDP为45928元，在辽宁省4个样本镇中均位列第二，但其近五年
GDP增长率仅为3.2%。2015年社会固定资产投资共12344万元，全部投入到
工业领域，与辽宁省其他调研样本镇相比，处于中下等水平。

（2）第一产业比重较大

东梁镇三产结构比为60：7：33，以玉米种植为主的农业生产为其支柱
产业。目前，东梁镇处于工业发展向旅游发展的转型期，围绕温泉城发展的
旅游服务产业发展迅速。从就业来看，东梁镇二、三产业从业人员比重总和
为43.41%，农业从业人口仍占较大比重。

（3）大部分工业企业难以为继

东梁镇的企业共15家，以民营工业企业居多，高新技术企业匮乏，且
企业知名度低。在调研的10家企业中（图4），采矿业占7家。由于受到国
家煤矿整改、产能过剩、资源枯竭等多重因素影响，其中已有4家停产，另
外3家企业也处于亏损状态。2015年调研的企业员工总计859人，企业总产
值为4563万元，利润为134万元，销售额为3413万元；而2010年企业员工总
计1063人，企业总产值为7590万元，利润为940万元，销售额为6490万元。

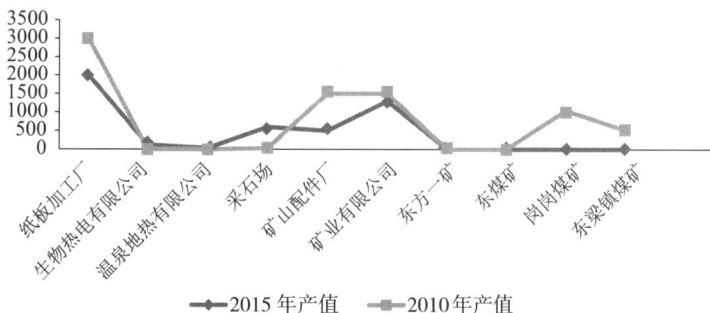

图4　2010年～2015年调研企业产值变化情况

2015年与2010年相比，各项相关指标均大幅降低，表明东梁镇工业企业规模逐渐减小，企业发展状况不佳。同时，东梁镇企业数量少且成立时间较短，其中生物热电有限公司和温泉地热有限公司成立不久，或具有一定的发展潜力。

（4）休闲旅游业发展潜力大

2011年，东梁镇发掘出地热温泉，为此东梁镇在镇区西部选址规划温泉城，至今已吸收企业投资额12亿元，其资金全部来源于大城市。得益于大城市近郊的区位优势，温泉城发展建设较快，现已建成大型温泉养生疗养会馆两座，主要服务于阜新市和周边城市的市民，经营状况良好。

温泉城的建设同时也带动了周边服务业，尤其是零售业和餐饮业的发展。2016年，东梁镇有星级酒店2家，面积总计13000m²，为东三省调研样本镇最高；宾馆共3家，面积总计2000m²；餐饮共33家，面积总计6000m²，位列东三省调研样本镇第二位。东梁镇旅游设施相对于东三省其他旅游资源型调研样本镇更为健全，城镇旅游发展较快。

（5）镇区商业活力较强

镇区有一定商业活力。2016年，东梁镇新注册公司共10家，在辽宁调研样本镇中处于上等水平，经济发展具有较强活力。镇区商铺总计226家，均为沿街商铺，总建筑面积为4.93万m²，总体规模略小。作为县域中心镇，东梁镇业态类型丰富，小类商业业态共55类。同时，在镇政府所在地（非温泉城地段）日常生活专类零售、其他传统商业服务业、餐饮等与城镇居民日常生活息息相关的业态商铺数量众多，而农资、康体娱乐、其他现代商业服务业等商铺数量较少，也反映出居民在精神生活方面比较欠缺的现状。

5. 空间特征

（1）城镇用地规模与人口规模不协调

东梁镇建设用地面积为470.25hm²。一些农用地已通过征地变为国有建设用地，用于温泉城的建设，但由于温泉城建设速度放缓，很多土地处于闲置状态。镇区人均建设用地面积高达902.93平方米每人，远远超过国家标准，人均建设用地面积过高的原因主要源于温泉城旅游地产项目的烂尾，一些住区建成后没有人入住，导致原驻民分摊了用地指标。

（2）镇区各类用地比例不协调

在用地构成上（表2），镇区用地以居住、商业和工业为主，其中居住用地占建设用地比重高达62.1%，远大于标准要求。除商业服务业设施用地、工业仓储用地外，其他类型用地严重不足，绿地广场用地仅占实际用地的0.2%。

东梁镇镇区现状用地平衡表　　　　　　　　　　表2

用地代码	用地性质	用地面积（hm²）	占建设用地比例	人均用地（m²）
R	居住用地	292	62.1%	660.7
RC	商住用地	12.4	2.6%	23.8
B	商业服务	65.1	13.9%	125.1
A	公共服务	18.1	3.8%	34.7
U	公用设施	9.3	2%	17.9
G	绿地广场	0.7	0.2%	1.3
MW	工业仓储	46.2	9.8%	88.6
T	道路交通	26.5	5.6%	50.8
城镇建设用地		470.2	100%	902.9

（3）用地呈组团状分散布局

东梁镇镇区由温泉城、镇政府所在地和吐呼噜村组成。温泉城和镇政府所在地分别坐落在镇区西北和东部，吐呼噜村则分散布局在镇区西南部，由此形成了村庄、温泉城、镇政府所在地呈组团分散布局的用地现状。

（4）城镇风貌两极分化

镇政府所在地为集中式布局，由镇区主干道划分功能组团。商业从镇区中心沿主干路呈十字形向城镇边缘放射布局，多为临街底商、二层居住的低层建筑。街区为传统街坊式布局，居民住宅以东北大院为主，建设强度较低，容积率仅为0.23，属于传统乡村格局风貌。

温泉城以低层和多层建筑为主，包括一些公共服务建筑和旅游地产开发项目，容积率较高，城镇风貌更趋向城市。

6. 设施水平

公共服务系统整体完善，局部有待提高，基础设施建设基本到位。

（1）教育设施

东梁镇镇区教育配套设施较为完善，初中、小学、幼儿园配置充足，能够满足镇域及周边镇居民的基本教育需求，但无高中，高中生读书需到县城或市区。

（2）医疗养老设施

东梁镇镇区配备镇医院，床位数达到4.16床/千人，医疗配套设施和资源充足，能够满足居民的基本医疗需求。东梁镇镇区有托老所一座，建筑面积为3500m²，床位数总计100床，能够满足居民的养老服务需求。

（3）文体设施

东梁镇仅有一定数量的公园广场，文化站、青少年及老年之家、体育场馆、科技馆、图书馆等公共服务设施相对匮乏，导致房前屋后成为居民的主要运动、游憩场所，不能满足村镇居民日益增长的康乐生活需求。

（4）交通条件

东梁镇对外交通条件较为便利，距离周边大城市和县城、高速出入口和国道车程均少于1h，每天有2趟公交往返县城。对外道路设施条件较好。但东梁镇与镇内村庄间的公交班次较少，联系较差。主干路均已硬化，红线宽度为25m～35m，路面宽约10m。东梁镇内停车位比较充足，停车有序；有加油站5座，客源主要来自于镇区居民和本镇农村居民。

（5）市政基础设施

市政基础设施整体处于东三省调研样本镇较高水平。镇区自来水普及率为100%；有污水处理厂1座，用于处理工业废水；无管道煤气；集中供热普及率为60%，热源为生物热电厂；有线电视普及率为100%；网络用户普及率为80%；生活垃圾处理率为100%；镇区公厕共5座。

7. 小结

东梁镇经济发展速度放缓，以农业为支柱产业，企业仅15家，且以民营工业企业居多，高薪技术企业匮乏、知名度低。近年，由于经营不善，企业员工数量、营业额、利润逐年递减，企业亟待整改创新，寻求新的发展空间。旅游逐渐发展为主导产业。其中温泉旅游开发项目带动了该镇第三产业的发展，镇上的旅游设施相对健全。在人口数量方面，外出和外来人口数量均较大，因此人口能够保持相对平衡；在人口年龄结构方面，老龄化现象严重。居民生活满意度整体较高。

调研数据显示，居民前往东梁镇频率远高于县城和市区。因此镇区商家客源除镇区居民外，还包括周边的村民；农村居民去镇区的主要目的为购买农资和生活用品，镇区基本能够满足农村居民日常生活消费需求。同时镇区也向周边农村提供了医疗、教育、行政等公共服务。东梁镇借助其温泉资源发展的旅游业，为周边城市提供了休闲旅游服务，成了周边城市居民出行选择的旅游目的地之一。同时，温泉城等服务业创造了就业岗位，吸纳了诸多农村居民就业。农业人口市民化是东梁镇发展的动力，在调研过程中，32%的农村居民希望到镇区工作，28%的农村居民希望到镇区居住，且这些居民多为中青年龄阶层。这表明小城镇具有吸纳农业人口、使农村居民就地城镇化的潜力。

江苏省无锡市江阴市新桥镇调查报告

1. 基本情况

新桥镇隶属于江苏省江阴市，位于江阴市境东南部，距江阴市城区25km，距无锡市城区40km，西、北接华士镇，南与顾山镇、长泾镇隔张家港河为邻，北、东与张家港市杨舍镇接界，镇域面积19.3km²。2015年户籍人口25540人，常住人口53815人。新桥镇区位于镇域中部，面积约8.48km²，是新桥镇的行政、商业、文化中心和主要的居民集聚地。

新桥镇地理位置优越，交通便捷。地处长三角核心区域的地理中心。东距上海市100km，西距南京市150km，到苏州市、常州市各60km，离无锡市、江阴市、常熟市均为30余公里。澄鹿公路横贯东西，陶新公路纵贯镇境，河流连接长江、太湖，水运经张家港主河道与华塘河、太清河、蔡泾互通。

新桥镇以"总部、品牌、标准、资本、生态"五大特色理念为引导，加快推进厂部向总部、二产向三产、资源小镇向人才强镇转变，经济建设取得了长足发展。2015年完成地区生产总值150.5亿元，同比增长7.5%；培育了海澜集团、阳光集团、炎鑫、精亚、振新、鑫联等龙头企业和优势企业。新桥镇围绕打造无锡城乡一体化先导示范区的标杆，着力推进自然村向镇区集中，镇村环境得到持续优化。2011年在第15届全球花园城市总决赛上荣获"国际花园城市"称号，并被授予景观改善特别奖；2011年度获"江苏人居环境范例奖"；2013年获"中国人居环境范例奖"。

2. 人口特征

外来人口是主体，常住人口是户籍人口的2倍。2015年末全镇总人口53815人，其中户籍人口25540人，暂住人口29287人。户籍人口中男性12188人、女性12381人，非农人口7185人。总体来看，常住人口大于户籍人口的特征明显，达到两倍之多，其中外来人口多达28275人，占比53%，反映出新桥镇较好的产业发展态势和较强的劳动力吸纳能力。

二产发展促进本地就业,外出务工人员极少。新桥镇从业人员4.02万人,三产就业比达到1∶75∶24。该镇依靠工业优势吸引了一批外来务工人员到此居住,外出务工人员数为112人,比例仅为0.4%。农村居民中有90%到镇区居住和就业,反映出二产对当地就业的重要作用。

人口产业集中政策导向下,人口增长迅速并不断向镇区集中。由于新桥镇早在2005年实行了工业向园区集中、人口向镇区集中的发展战略,因此镇域人口不断向镇区集中,镇域镇区的边界已经模糊。新桥镇镇域和镇区人口变化均呈现增长态势,增长率为4.2%,且镇区人口占镇域人口的比重不断提高,达到95%(图1、图2)。目前仅有少量4个自然村尚未完成征迁工作。

人口老龄化趋势明显。新桥镇0~18岁人口占总人数的20%,18~59岁人口占68%,60岁以上人口占总人数的12%。根据国际通用的60岁以上人口占10%以上即处于老龄化社会标准,新桥镇人口老龄化趋势已经突显。

就业人口总体素质较高。新桥镇的就业总人口呈现逐年上升的趋势,且增速较大,年平均增长率达到27.05%。镇域就业人口占常住人口的比例为83.4%,其中就业人员中大学生比例达28%,总体素质较高,反映出当地海澜集团及阳光集团等大企业具备吸纳高素质人才的能力。

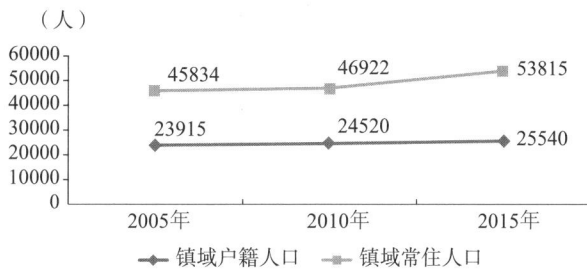

(人)

	2005年	2010年	2015年
镇域常住人口	45834	46922	53815
镇域户籍人口	23915	24520	25540

图1 新桥镇镇域历年人口变化

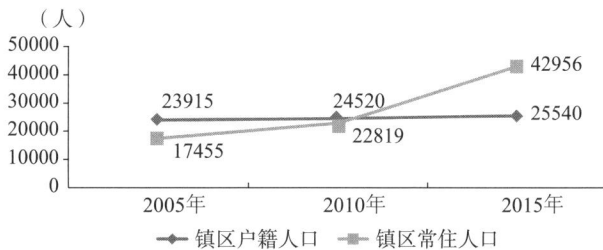

(人)

	2005年	2010年	2015年
镇区户籍人口	23915	24520	25540
镇区常住人口	17455	22819	42956

图2 新桥镇镇区人口变化

3. 居民生活

非正规性收入所占比重较高，促进家庭可支配收入增长。新桥镇覆盖家庭较广的收入来源依次为上班（64.2%）、养老退休金（38.7%）、打工（15.1%）和理财收入（12.3%），后三者可看做非正规收入，其比重相对于全国一般小城镇而言较高。新桥镇已经没有居民将务农作为主要收入来源，城镇化率达到了较高的水平。新桥镇理财收入占比较高，一方面与新桥镇金融公司数量较多有关，另一方面也反映了部分居民现代理财意识的提高。

新桥镇多数家庭的月可支配收入为3000～5000元，其次为1000～2000元、5000～8000元和2000～3000元，整体收入情况较好，有59.4%的居民收入都在3000元以上（表1）。

新桥镇镇区家庭每月可支配收入分组	表1
月可支配收入	占比
1000元以下	6.6%
1000元～2000元	21.7%
2000元～3000元	12.3%
3000元～5000元	34.9%
5000元～8000元	15.1%
8000元以上	9.4%

商品房购买与汽车购买占消费比重较高，居民基本达到小康生活。新桥镇家庭消费水平多数在1500～2500元（32.1%）和2500～4000元（30.2%）之间。在所有家庭开支中，食物占最大比例（44%），其余为居住（13.3%）、衣着（9.9%）、子女上学（9.4%）和就医（7.6%）。有40.6%的家庭预计有大额支出，为子女购买商品房（21.7%）最高，其次是购买汽车（19.8%）。新桥镇翻建旧房的比例仅占8.5%，这与当地政府大力建设安置房有关。村民都迁入了镇区，对于修建宅基地住房的需求降低。镇区居民住房中，90.6%为拆迁安置住房，其次为自建住房、购买商品房和购买保障房。居民基本拥有各种现代化电器，达到了小康生活水平。

20分钟生活圈基本形成，小轿车保有量较高，务农赶集等生活方式逐渐消失。新桥镇居民出行目的以上下班、日常购物为主，出行交通方式以自行

新桥镇居民出行目的及时间　　　　　　　　　　　　　表2

出行时间	上下班	上下学	日常购物	外出就餐	赶集	务农	邻里亲朋串门	娱乐
10分钟以内	34.9%	11.3%	61.3%	29.2%	4.7%	0	63.2%	16.0%
10～20分钟	13.2%	13.2%	24.5%	12.3%	6.6%	1.9%	8.5%	7.5%
20～30分钟	0.9%	0	4.7%	9.4%	3.8%	0	0.9%	4.7%
30～40分钟	0	0	0.9%	0.9%	0	0	0.9%	0.9%
40～50分钟	0	0	0	0	0	0	0.9%	0
50～60分钟	0.9%	0	1.9%	0.9%	2.8%	0	0	0.9%
1～2小时	1.9%	0	1.9%	0.9%	4.7%	1.9%	0.9%	0.9%
2小时以上	0.9%	0	0	0	0	0	0.9%	0.9%
无此出行	47.2%	75.5%	4.7%	46.2%	77.4%	96.2%	23.6%	68.9%

车和电动车为主，活动时间基本在20分钟以内（表2）；居民去江阴市区的频率以半年左右或更长时间最多（25.5%），反映出新桥镇镇区基本能够满足居民的日常生活，20分钟生活圈已经成形。由于新桥镇靠近张家港市区，一部分镇区无法满足的居民消费需求则选择前往张家港进行。

相对于其他小城镇而言，新桥镇居民小汽车保有量较高，达到了28%。务农赶集等生活方式所占比例较低，并呈现逐渐消失的态势。

城乡居民收入不断提高，基本实现了从村民向城镇居民的转变。由于新桥镇政府集中建房，鼓励村民向镇区集中，除个别自然村尚有部分居民从事农业活动、未完成搬迁外，大部分居民都实现了从村民向城镇居民的转变。从城镇居民与农村居民的收入来看，都取得了较快的提高，城镇、农村居民收入不断增加（表3）。

新桥镇居民收入情况　　　　　　　　　　　　表3

	2005年	2010年	2015年
城镇居民人均年可支配收入（元）	10203	25325	50701
农村居民人均纯收入（元）	11422	18739	37812

公共服务设施趋于完善，居民医疗教育得到基本保障。由于新桥镇大部分公共设施由政府投资建设，公共服务体系较完善。学生的幼儿园、小学就学主要集中在镇区，初中开始向县城、其他地区分流，高中就学地则主要位

于江阴和其他地区。小病就医地以乡镇卫生院和社区卫生室为主（两者占比超九成），大病就医地则以县医院和市医院为主。镇区养老以居家养老为主要方式，占97.2%。总体来看，新桥镇居民生活水平达到小康水平。

4. 经济产业

（1）若干民营龙头企业内生发展，是名副其实的毛纺重镇

新桥镇调研的8家企业中，全为民营企业、生产型实业公司和工业（采矿业、制造业、电力）企业，其中5家为高新技术企业。新桥镇企业全部是在本镇成立，部分为返乡创业和乡镇企业改制，没有迁入企业。企业成立年代均在1980年以后，其中以20世纪80年代和21世纪初最多。新桥镇企业成立或迁入本镇的原因主要在于本地人脉、区位交通和协作企业，其次为原材料优势。

新桥镇的若干企业中，以海澜集团和阳光集团两大毛纺产业集团最为知名。其中，海澜集团是一家以服装为龙头产业，以精毛纺面料为基础产业的专业化大型企业集团，其企业总部即位于新桥镇。江苏阳光集团是国家重点企业集团和国家重点扶持的33家行业排头兵之一，是中国毛纺行业内生产规模最大、花色品种最多、产品品质最优、科技含量最高、技术装备最好的企业，主要发展毛纺、服装、生物医药、生态农林、热能电力、房地产、太阳能光伏等产业。这两家企业均是在20世纪80年代新桥镇当地毛纺企业改制过程中，不断通过内生式发展形成壮大的，也奠定了新桥镇江南毛纺重镇的地位。

（2）企业不断转型发展，为镇域经济社会持续发展提供资金保障

从企业员工来看，2015年新桥镇企业中大专以上学历员工占比平均25%，比2010年提升较多，表明企业对人才和科技的重视，侧面反映出新桥镇企业从粗放型逐步向高知人才和高新科技带动型转型。新桥镇企业员工来源主要集中在其他地区，符合新桥两大龙头企业倡导的总部经济战略，即总部集中在新桥，生产销售等分散在各地。

从企业产品来看，企业商标级别多为国家（12.5%）和省级驰名商标（50%）；企业产品销售地以国内省外地区（61.2%）为主，其次为本省其他市（13.7%）和境外（18.7%）。结合原料来源地考虑，企业属典型的"两头在外"型企业，与本地资源、本地企业之间并无密切联系。

企业对镇内投资环境以及区位交通、资源原料和协作企业较满意，对较高的劳动力成本较为不满。成本高、赋税重、融资难是制约企业发展的主要因素，表明企业发展面临着空间成本、税收成本、劳动力成本高的三重压力下的利润空间压缩。侧面反映出新桥镇企业坚持总部经济的正确性，以及亟待转型的迫切性。

企业不断壮大、寻求创新战略带动了新桥镇的经济社会发展。2010年企业平均产值384463.3万元，2015年增至516485.4万元。企业平均利润由2010年的23954.5万元上升到2015年的34496.9万元。企业平均税额由2010年的11788.4万元增至2015年的18965.5万元。

5. 空间特征

镇域面积小，镇区建成区面积较大，建设用地比重高，人地矛盾突出。新桥镇镇域面积仅19.3km²，是江阴市面积最小的镇；目前镇区建成区面积已经达到7.2km²，加上农村建设用地共计城乡建设用地8.48km²，占镇域面积将近50%。随着新桥镇各企业的进一步扩展和城市产业发展需求，对建设用地的需求将进一步扩大，人地矛盾极为紧张。

镇区建设空间紧凑，功能分区明确，北部生产、南部生活、周边生态。从新桥镇土地权属和现状图来看，镇区建设用地紧凑发展，按照总规控规的要求不断优化，并形成北部工业区、南边居住区、外围生态保护区为核心的城镇建设区。从用地功能构成比例上看，居住用地占建设用地比例为28.3%，人均面积为38人/m²；商住混合用地占建设用地比例为0.4%，人均面积为0.55人/m²；商业服务业设施用地占建设用地比例为6%，人均面积为8.18人/m²；公共管理与公共服务用地占建设用地比例为4.7%，人均面积为6.41人/m²；公用设施用地占建设用地比例为1.7%，人均面积为2.25人/m²；绿地广场用地占建设用地比例为6.7%，人均面积为9.04人/m²；工业仓储用地占建设用地比例为41.9%，人均面积为56.72人/m²。国有建设用地占35%，集体建设用地占65%（表4）。

建设开发强度适中，土地开发效益较高。新桥镇镇区总建筑面积为330.08万m²，容积率为0.6。平房用地占比为10%，低层（2~3层）用地占比为30%，多层（4~6层）用地占比为40%，高层（≥6层）用地占比为20%，

新桥镇用地构成信息一览表　　　　　表4

用地类型	面积（hm²）	占建设用地比例	人均面积（人/m²）
居住用地	206.3	28.3%	38.0
商住混合用地	3.0	0.4%	0.6
商业服务业设施用地	44.0	6%	8.2
公共管理与公共服务用地	34.5	4.7%	6.4
公用设施用地	12.1	1.7%	2.3
绿地广场用地	48.7	6.7%	9..0
工业仓储用地	305.2	41.9%	56.7
其他用地	75.5	10.4%	13.9

说明新桥镇建设开发强度适中。从地均产出来看，达到约20亿元/km²，土地开发效益较高。

现代化居住小区成规模，形成现代化的景观。现状居住用地分为街坊式和小区式两种形式。其中街坊式占10%，小区式占90%，可见新桥镇的居住形式主要以小区式为主，建设情况较好。新桥镇居住用地面积为206.3hm²，住宅总建筑面积为1722080m²，人均住宅建筑面积为32人/ m²。2016年，中国城市人均住宅面积为32.91m²，农村人均住房面积为37.09m²，可见，新桥镇人均住宅建筑面积与之相当，基本符合收入水平及城市化率的提高，满足城镇人民的住宅建筑面积需求。（新桥镇建设较为统一，主要采取集体土地上居住小区/独栋建筑居住形式，住宅层数为6～11层。住宅主要分布在镇区南部，且集中为集体用地上居住小区/独栋建筑，宅基地上自建房较少且零星分布在镇区西侧。）

新桥镇商业多沿街布置，门类齐全，并成一定的规模，能够满足居民的日常生活需求。从小城镇风貌来看，新桥镇已经初步形成了丰富的、现代化的城市景观。

6. 设施水平

（1）基本公共服务设施能够满足需求

从商业设施来看，新桥镇商铺数量1370个，底层商业数1302个，商业总建筑面积20万m²，有3个大型商场，为居民提供了便利的生活条件。新桥镇的商业商铺分布沿着城镇主要道路呈带状分布，在道路交通交叉口位置形成城镇的商业中心。从商业的规模上来看，以家庭式小规模的商店为主。

在教育设施方面，新桥镇有1所初中、1所小学、1所幼儿园。新桥镇小学升初中人数逐步减少，越来越多的家长倾向于把孩子送到教育条件更好的江阴市甚至是无锡市上学。新桥镇教育服务主要满足外地务工人员子女上学问题，具有一定的延展性。

医疗卫生方面，新桥镇有1所镇级卫生院，占地1.3hm²，建筑面积为17600m²，床位数为145个，基本能够满足镇域居民的医疗保障。新桥镇有1所养老院，用地面积1.2hm²，建筑面积为16430m²，有120张床位。从入住敬老院的居民来源中，镇区入住者比例为28%，镇内村民比例为12%，外地入住者比例为60%。

此外，文化休闲设施方面，新桥镇有6个公园广场、4个镇级文化活动中心、10个老年活动场所和1个体育场所。该镇除没有专属儿童活动场所以外，具有相对完善的活动场所建设。

交通设施方面，新桥镇距周边大城市（无锡市）车程小于1h，距县城（江阴）0.5～1h，距最近高速出入口车程小于半小时，距最近火车站（无锡东站）车程小于1h，距最近机场车程为1～2h，距最近国道车程小于半小时。由此可见，新桥镇交通条件较为完善优越。新桥镇农民进城主要采用两种交通方式，分别为电动自行车及汽车。新桥镇有2个加油站，其中70%为镇区居民提供服务，30%为外地过路车辆提供服务。新桥镇由于发展较好，停车位较为充足，停车有序，多为路边停车。

（2）市政基础设施运营良好

各项市政基础设施运营良好。新桥镇的自来水普及率为100%；生活废水处理率为100%；工业废水处理率100%；生活垃圾收集处理率为100%；管道燃气普及率90%；有线电视普及率为100%，网络用户普及率为100%。

（3）拥有较为完善的公共服务设施

新桥镇经济社会运行良好，逐步建设了规划展览馆、图书馆、文化馆等城市级的文化设施，丰富了居民的精神文化需求；海澜集团等建设了马场、生态农业实验中心等，加快了产业多元化发展；引进西交利物浦大学建设新校区等，提升了新桥镇的影响力。

7. 小结

新桥镇区位条件优越，是苏南内生发展模式的典型代表。乡镇企业改革较早，通过转型期的过渡，形成海澜、阳光等规模较大的企业，带动了镇域经济社会良性发展，居民生活水平总体趋好；民营企业发达，多数企业居行业龙头，且多为生产型实业企业，多采用总部经济策略；围绕做大做强"五大经济"，加快推进厂部向总部、二产向三产、资源小镇向人才强镇转变；新桥镇以紧凑单体发展为主，功能分区明确，各项设施建设完善；城镇就业人口稳定增长，二产带动能力增强，未来将逐步向三产转变。

除了一般小城镇经济服务、人口集聚、交通枢纽等作用外，新桥镇在区域经济社会发展中的特殊作用体现在以下几方面：新镇是镇域内的经济中心，其主要功能已经突破了我国传统小城镇集贸功能，成为若干企业的总部，且经济社会生态环境都向着可持续发展的方向迈进；通过新桥镇发挥自身优势，与周边大城市形成经济互补的关系，弥补了大城市地价高、环境差等不足；以工业发展为主，新桥镇不仅为本地就业提供了大量的就业岗位，也吸引了全国其他地区的高素质人才来此就业；新桥镇实行的三集中政策，使得人口进一步向城区集中，不断扩大了城镇建设规模，带动了经济社会的全面发展，为我国进一步深化土地改革奠定了基础，也为其他小城镇发展提供了参考和示范。

安徽省宣城市泾县云岭镇调查报告

1. 基本情况

云岭镇行政隶属安徽省宣城市泾县，地处皖南山区革命老区，是"国家美丽宜居镇"和"省级重点镇"。云岭镇位于泾县西部，距县城23km，距宣城市62km，境内交通便利，"322"省道穿镇而过，距318国道12km，距205国道18km。

云岭镇为原云岭镇、章渡镇、中村乡、北贡乡4乡镇于2005年合并而成，镇政府驻原云岭镇，镇域辖村委会19个。镇域行政区划面积192.23km²，镇域户籍人口和常住人口分别为42569人和26100人，拥有耕地总面积6.67万亩，人均耕地面积1.57亩。镇区辖1个村委会，户籍人口约三千人，但人口流失严重，镇区常住人口仅一千余人（图1）。

云岭镇属泾县丘陵地区，境内群山连绵，水资源丰富，拥有大理石、石灰石等丰富的矿产资源和新四军军部旧址、章渡古镇等旅游资源。云岭镇目前设有云岭省级经济开发区，主要发展矿产资源加工及相关配套产业。云岭镇也正在积极挖掘自然山水、历史人文及乡村田园等复合资源发展旅游业。

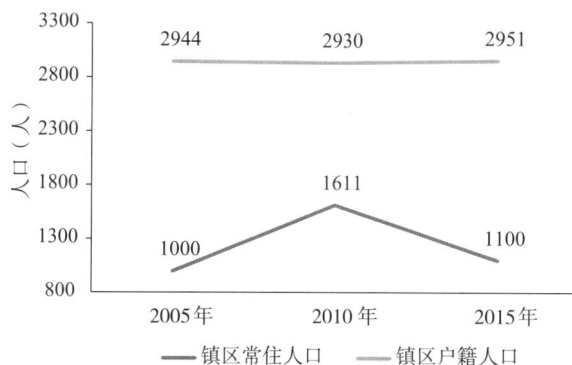

图1 云岭镇镇区户籍人口和常住人口

2. 人口特征

云岭镇地处山区，村镇布局分散，相互之间距离较远，虽在2005年四乡镇合并，但镇区的辐射范围并未因此有效扩大，城乡居民的日常生活仍以就近的集镇为中心，镇区并未有效集聚人口并得以发展。安徽省距离我国东部发达地区较近，人口外流较严重，云岭镇虽然有省级开发区提供就业，但偏低的收入和较窄的发展平台仍然对当地年轻人的吸引力有限，留在本地工作的多为中老年人。

在这种情况下，云岭镇镇区人口规模在乡镇合并前后几乎没有改变，较稳定地维持在低水平上。镇区户籍人口一直不到三千人，常住人口则不到户籍人口的一半，主要为镇区内或附近的云岭、罗里两个村庄的村民，以中老年人居多，60岁以上人口占21%，老龄化形势严峻。镇区居民多为农业户口，从事农业或半工半农的生产活动；非农人口占比极低，主要为镇政府、学校、医院等机关和事业单位的办公人员。

3. 居民生活

云岭镇居民的收入主要来自务工和务农的劳务收入，整体收入水平以中等为主，近四成人月收入为3000～5000元，8成人月收入在2000元以上（表1），整体来看在全国平均水平之上。人均月花销集中在2000～5000元（表2）。家庭消费以生存型支出为主，食物的消费占比高达41%，比2015年全国恩格尔系数的30.6%高出10个百分点。支出比例次高的是子女教育，约占15%，一定程度上反映了该地区家庭对教育的重视。娱乐的支出极少，占比不到1%（图2）。

2015年云岭镇镇区居民月可支配收入   表1

月可支配现金收入	比例
1000元以下	9.8%
1000元～2000元	9.8%
2000元～3000元	24.5%
3000元～5000元	39.2%
5000元～8000元	14.7%
8000元以上	2%

2015年云岭镇镇区居民月花销　　　　　　　　　　　表2

月花销	比例
500元以下	5.9%
500元～1000元	5.9%
1000元～1500元	18.6%
1500元～2500元	35.3%
2500元～4000元	23.5%
4000元以上	10.8%

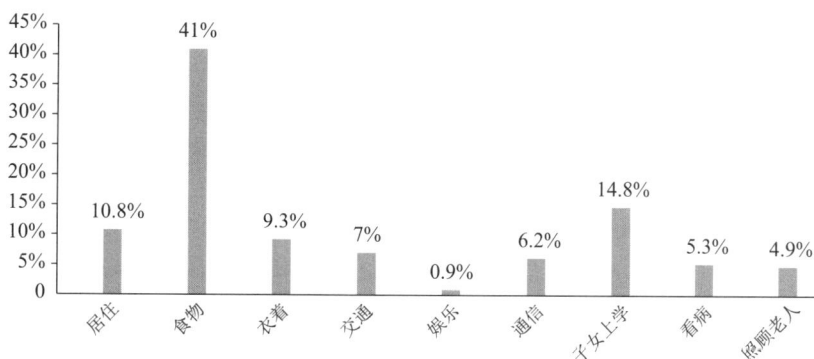

图2　2015年云岭镇镇区居民月支出占比

云岭镇居民生活比较简单，出行方式以步行、自行车等为主。居民出行目的集中于购物、上下班、邻里或亲戚串门（图3）。居民购物以采购生活用品为主，多选择步行或自行车在镇区完成；工作上学基本在镇区内或附近，通勤也多选择步行、电动自行车；邻里串门则以步行为主（图4）。

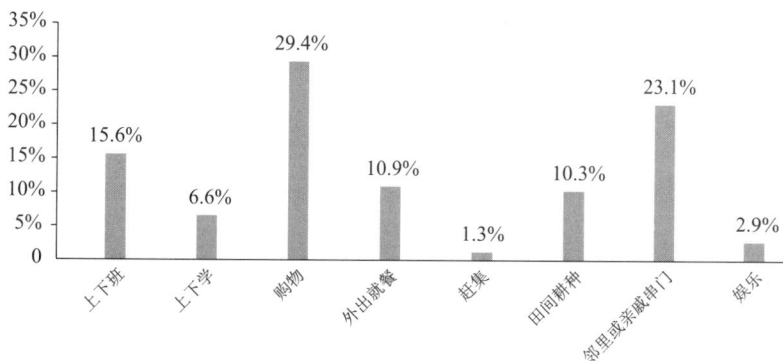

图3　云岭镇镇区居民出行目的比例

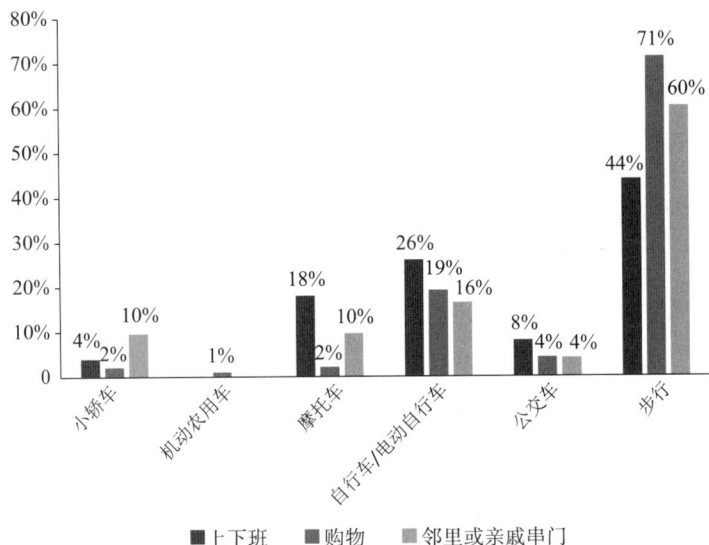

图4　云岭镇镇区居民主要活动出行方式选择

教育、医疗服务水平有待提高。云岭镇镇区设有初中1所、小学1所、幼儿园1所，没有高中。镇区学龄儿童小学和幼儿园7成以上选择就近在本镇区上学，但初中就有近一半学生选择去县城或者周边乡镇上学了（表3）。云岭镇的社区医院和乡镇卫生院，主要满足居民买药和看感冒等小病的需求，看大病居民绝大多数选择去县医院或市医院（表4）。

云岭镇镇区家庭适龄成员就学地点　　　　　　　　　表3

上学地点	镇	周边乡镇	县城	市区或省城
幼儿园	79.7%	14.2%	4.0%	2.1%
小学	72.6%	16.2%	9.2%	2%
初中	52.4%	17.8%	24.7%	5.1%
高中	0	14.9%	69.4%	15.7%

云岭镇镇区家庭就医地点　　　　　　　　　表4

就医需求	社区医院	乡镇卫生院	县城医院	市区或省城医院
看小病	36.3%	57.8%	5.9%	0
看大病	0	8.9%	87.2%	5.9%

4. 经济产业

云岭镇经济发展和财政收入主要依靠工业企业，特别是省级开发区。2015年底，镇GDP为15.9亿元，人均GDP为6.1万元，公共财政收入为1.27亿元。城乡居民收入差距较大，农民收入水平较低，城镇居民人均年可支配收入约为4万元，农村居民人均纯年收入为9900元。

云岭镇三产产值比为3∶15∶2，是典型的工业镇，第二产业比重大，工业企业多，主要集中在省级开发区内。工商业投资以开发区投资为主，52%来自于本地城市，40%来自其他大城市，本镇和境外投资少。2011年开发区成立之后，各级政府对云岭镇在招商引资、资金、土地和政策上给予了大力支持，对云岭镇的经济发展有明显的促进作用，2015年镇域内新增注册公司数量达到9个。虽然具有一定的发展潜力，但云岭镇目前的工业发展也存在突出问题：一是企业产品同质化，集群内部有竞争，而协作较少；二是企业体量均较小，缺乏龙头企业带动。

云岭镇地处丘陵地带，农业发展有一定的局限性，但生态环境较好，且镇域内拥有一批历史文化旅游资源，包括新四军军部、司令部、政治部、大会堂、中共中央东南局旧址等红色文化资源，是全国第一批重点文物保护单位，也是全国保存最为完整的革命旧址之一、中国近现代八大重要史迹之一；两处新石器文化遗址、香火胜极千年的耸壁禅寺、李白放歌台遗址、漆林古渡口遗址、拥有百年历史并保存完好的独特建筑"江南千条腿——吊栋阁""大夫第""卫公祠"等明清府第，以及古民居建筑一百多处历史文化古迹。近年云岭镇旅游业有所发展，但章渡古镇等保护利用情况较差，如何有效将宝贵资源转化为可持续的发展力仍是未解决的难题。

5. 空间特征

云岭镇镇区建成区规模小，建设用地仅16.4hm²。不同于集体用地多的小城镇，云岭镇镇区国有建设用地占比高，达93%。由于省级经济开发区位于镇区之外，镇区主要功能是居住和生活服务，居住和商住用地占建设用地的52%，公共管理与公共服务用地占13%；绿地广场和工业仓储用地占比极少（表5）。

云岭镇镇区建设用地分类   表5

用地类型	用地面积（hm²）	占建设用地面积比例
居住用地（R）	6.3	38.3%
商住混合用地（R+B）	2.2	13.2%
商业服务业设施用地（B）	0.6	3.7%
公共管理与公共服务用地（A）	2.1	12.8%
公用设施用地（U）	0.1	0.5%
绿地广场用地（G）	1.3	8.2%
工业仓储用地（M+W）	1.2	7.3%
交通设施用地（S）	2.6	16.1%

云岭镇镇区商业主要沿主街呈线形分布，镇区内共有商铺98间，沿街商业数85个，有2个大超市，没有定期的集市，商业总建筑面积0.8万m²。商住混合普遍，上住下店。镇区内快递日收件量116件，日发件量24件。整体上商业活力较弱，辐射范围有限。

镇区内建筑基本上是2～3层的低层建筑。建筑空间形式为组团群体状态，其呈现的空间形态与各自所处的环境有密切的联系。每户住宅建筑面积的平均值约为163m²，建筑风貌多受传统徽州文化影响，为白墙黑瓦。2/3的住宅为自建房，73%的房子为2000年后建设，建筑质量较好，居民对居住环境较满意。

6. 设施水平

道路交通方面，云岭镇区内部道路全部硬化，普遍较窄，宽度多为10～15m，主要道路间距在200m左右，路网不规则不成体系。交通设施简单，几乎没有红绿灯、护栏等。镇区内新四军军部旧址对面配套旅游发展建有1个大型公共停车场，主要用于停放旅游车辆，旅游旺季基本能满足旅游者使用需求，但日常利用效率较低。此外，镇内商铺占道经营情况比较常见，对出行有一定影响。

医疗卫生设施方面，镇区设云岭镇卫生院，病床20张，医护人员为23人，门诊年接诊量为25207人次，年住院人数440人，基本满足居民日常看小病的需求。

教育文化设施方面，镇区设初中1所、小学1所、幼儿园1所，教育服务水平有待提高。

给水排水方面，镇域内有一座自来水厂，镇区自来水普及率为100%，水质好。镇区没有集中供热设施，居民以小煤炉分散取暖为主。镇内污水在镇收集，主要依靠县（市）的污水处理厂处理。雨水排放主要依靠道路边渠。

环卫方面，镇区保洁由政府购买服务，市场化运作保洁，服务范围为全镇域，镇区整体清洁度较高。镇内垃圾转运到县（市）处理，生活垃圾处理率为96%。千人公厕数量为1座。

7. 小结

总体来看，云岭镇是中部地区比较典型的丘陵小城镇。云岭镇资源禀赋良好，有一定的产业发展基础和潜力，经济发展以工业生产为支柱，同时依托历史人文资源发展旅游业，但目前整体来看尚未完全找准发展方向与路径。镇内人口流失严重，老龄化趋势明显，居民以从事工农业生产为主，生活方式与农村接近，生活水平一般。镇区建成区规模小，功能以居住、商住为主，建筑主要沿道路、小组团群体分布，风貌有一定特色。设施建设较完整，能满足镇村居民基本需求，但维护与服务有待提升。

云岭镇小城镇在就近就地城镇化等方面应有的作用目前尚未完全发挥。目前主要是对镇区及周边生产生活提供商业和公共服务，但由于规模和综合实力有限，并不能完全辐射全镇域。在就业支撑方面，镇区作为镇域旅游发展中心，为居民就业创业提供了一定新的机会，但因目前云岭旅游影响力较小，季节性明显，尚未有明显的效益。

福建省三明市尤溪县西滨镇调查报告

1. 基本情况

西滨镇位于闽中三明市尤溪县，是国家重点工程水口水电站库区的重点乡镇之一，镇域面积248km^2。全镇辖21个村委会与1个居委会，其中有9个库区村，2015年全镇户籍人口26190人，常住人口20418人，全镇工农业总产值26.3亿元。1991年撤乡建镇，1997年，被国家建设部列为全国小城镇建设试点镇，2001年被确定为福建省"十五"期间重点发展的20个中心镇之一。西滨镇地处尤溪河与闽江交汇处，304省道贯穿全境，北隔316国道7km，距福银高速尤溪口20km，交通区位良好。

西滨镇是全县移民最多的库区镇，使得小城镇初期发展的人口和产业集聚相对容易，多元文化融合也形成了宽松包容的民风，库区移民的相关扶持政策，使西滨镇的基础设施建设、美丽乡村建设得到极大保障。依靠便捷的交通条件，工业发展水平显著高于同等规模的其他小城镇，2015年全镇工业企业提供了2700多个就业岗位，工业化的快速发展带动了商贸的繁荣发展，形成了商业综合体、连锁超市、网购服务站点等商业服务设施体系，被福建省经贸委授予"福建省商业重镇"称号。总体来看，西滨镇属于工业化和城市化水平较高的小城镇。

2. 人口特征

人口年龄结构老龄化趋势显著。从2015年的数据来看（表1），18岁以下人口所占比重较低，仅占14.2%；60岁以上人口占20.4%，明显高于全国水平，老龄化现象严重。

家庭结构以现代型和城市型的核心家庭为主，传统主干家庭仍占相当比重。核心家庭比重占57.2%，主干家庭占34.8%，没有独居老人家庭，老人带孙辈家庭和联合家庭则分别占1.9%、2.9%。

镇域和镇区户籍人口增长缓慢，镇域常住人口持续减少，镇区常住人口

2015年西滨镇人口年龄结构	表1
年龄（岁）	常住人口比例
18以下	14.2%
18~59	65.4%
60以上	20.4%

增长速度快，城市化水平高。2015年，西滨镇域户籍人口26190人、常住人口20418人，镇区户籍人口5756人、常住人口15000人，按常住人口口径计算城市化率达到84%；2005年，镇域户籍人口25230人、常住人口23500人，镇区户籍人口5200人、常住人口10000人。人口变动情况表明有相当部分人口就地城市化，迁移至镇区，另有部分人口继续外迁，西滨镇在乡村人口向大城市迁移的城市化过程中具有典型的蓄水池、中转站作用。

此外，由于西滨镇水陆交通发达，吸引大量不同地方的人前来经商或定居，其人口构成非常多元（40多个姓氏），2015年外来人口比重达6.7%，多元文化在此交汇融合，频繁的对外交流也造就了西滨的包容文化。

3. 居民生活

镇区居民收入和消费开支较高，总体生活水平已经达到小康。2015年西滨镇绝大多数家庭月可支配现金收入大于3000元，占67.9%（表2）；绝大多数家庭月开支大于1500元，占87.7%；开支结构主要以食物、子女上学、居住、衣着为主，娱乐开支相对较小（图1）；居民家庭各类设施、电器、交通工具配置较为齐全（表3）。居民的生活已基本实现传统乡村生活方式向现代城市型生活方式的转变，生活水平基本达到小康水平。

2015年西滨镇（镇区）家庭月可支配现金收入构成	表2
每月可支配的现金收入	家庭比例
1000元以下	2.9%
1000元~2000元	6.6%
2000元~3000元	22.6%
3000元~5000元	26.4%
5000元~8000元	26.4%
8000元以上	15.1%

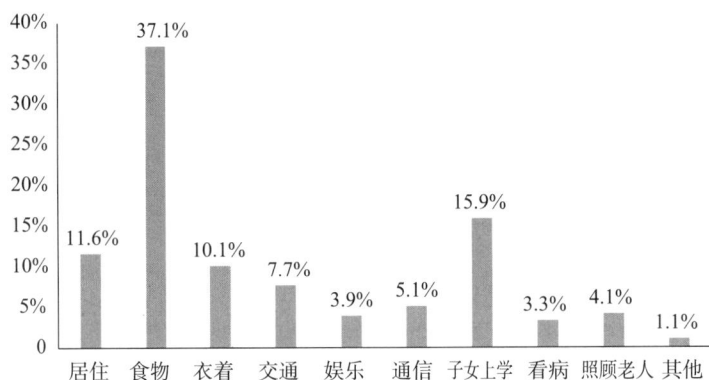

图1 2015年西滨镇居民月支出比重分析

西滨镇镇区家庭设施配置分析　　　　　　　　　　　　表3

家用电器	家庭比例	交通工具	家庭比例
彩色电视机	99.1%	小轿车	23.6%
冰箱冰柜	99.1%	面包车	2.8%
洗衣机	96.2%	机动农用车	0.9%
电脑	81.1%	卡车/大货车	6.6%
空调	88.7%	摩托车	85.9%
电热水器	96.2%	电动小汽车	2.8%
抽油烟机	62.3%	自行车	19.8%
电磁炉	98.1%	电动自行车	8.5%
微波炉	65.1%	其他	0
电吹风	99.1%	全无	1.9%
电风扇	100%		
全无	0		

　　出行目的和出行方式多样，城市型生活方式普及程度高。西滨镇镇区居民出行目的较为多样化（图2），出行比例超过45%的依次有购物、邻里或亲戚串门、外出就餐、上下班、娱乐等，田间耕种最低，仅有4.8%。从所有出行目的的出行方式来看（图3），镇区居民采用最多的交通方式是步行，占49.6%，相对较高的还有摩托车和小轿车，分别占34.2%和7.4%。出行目的和出行方式较为多样，表明西滨镇镇区居民基本已实现非农就业，城市型生活方式普及程度较高。

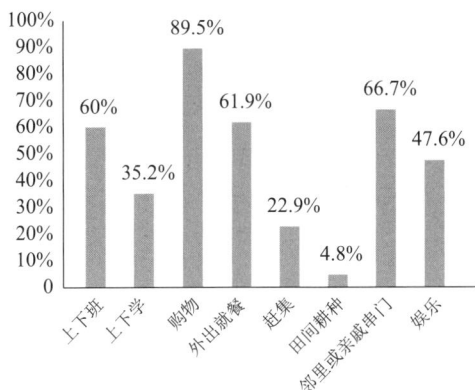

图2　2015年西滨镇居民出行目的分析

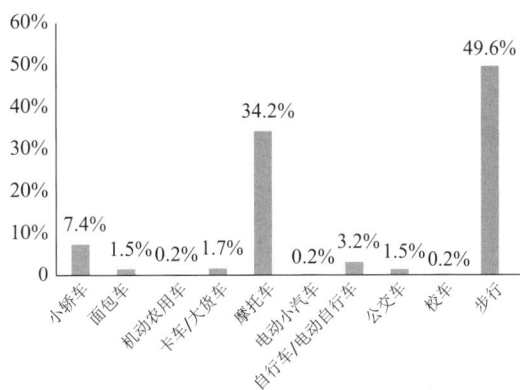

图3　2015年西滨镇居民出行方式分析

教育、医疗地点选择呈现显著的空间分异，本镇的教育医疗设施提供了较为基本的服务。教育服务方面，西滨镇设有幼儿园3所，小学和初中各1所，尚未设立高中学校，与之相对应的，幼儿园、小学、初中教育高度集中在本镇，高中教育高度集中于县城（表4）。镇区设立有1所卫生院、2所社区卫生室和1所私人诊所，这些镇级及以下的卫生医疗机构承担居民看小病的主要任务，比重占96.2%，看大病则主要集中在县医院和市医院，分别占74.3%和18.1%。

西滨镇镇区家庭适龄成员就学地分析　　　　表4

	本镇	周边乡镇	县城	市区	省城
幼儿园	90.0%	0	5.0%	3.3%	1.7%
小学	78.5%	3.6%	10.7%	1.8%	5.4%
初中	73.2%	2.4%	14.6%	4.9%	4.9%
高中	4.7%	11.5%	72.1%	7.0%	4.7%

4. 经济产业

工业化水平高，经济产业发展具有活力，企业数量较多，吸纳了较多的劳动力。自1992年库区搬迁复建，西滨镇开始兴办企业，经济总量逐年提升，从农业小镇发展成工贸型小城镇，2016年实现全镇工农业总产值26.3亿元，其中规模以上的工业总产值完成19.6亿元，产业结构高级化趋势明显，2015年农民人均纯收入达到12663元。西滨全镇拥有规模不等的企业152家

（其中规模以上的企业有18家），这些企业以民营企业为主，创造了2700个就业岗位，极大解决了就地城市化剩余劳动力问题。同时，较高的收入水平也进一步推动了西滨镇商业的繁荣发展。

西滨镇的产业以工业为主，三产产值比重为12.5∶62.5∶25。农业依托库区小气候，发展特色农业，分别有瓜果种植业与水产养殖业。工业以造纸业、木业与纺织业等传统制造业为主，其中造纸行业名声远扬，20世纪80年代开办的西洋造纸厂生产的瓦楞纸驰名省内外，彩城纸厂生产的永利纸销往晋江、漳州。当前西滨的工业发展开始注重产业转型和升级，着重发展循环经济产业，并与农业生产废料相互循环利用，形成可持续发展的产业链。绝大多数工业企业是民营企业，多因交通区位与原料资源的便利而驻扎于此，基本无外迁意愿。

5. 空间特征

镇区呈星座式空间形态结构，土地开发强度小，建设用地结构不合理，商业以沿街底商形式为主。西滨镇建设用地面积139.02hm²，占镇区面积17.6%，建设用地功能较为单一，居住、工业用地所占比重较大，分别占46.5%和29.3%，两者占绝对比重，商业、公用设施和绿地广场用地所占比重较少，一定程度上制约了小城镇公共服务供给的质量。

西滨镇商业发展主要以沿街底商为主，商业服务业发展充满活力，业态种类齐全，商业大类的15类中除了专业市场，其余一应俱全，小类更是达到70余类，商业街和百货商场均有一定的发展，大量城市型商业设施配置在镇区，已形成较为成熟的商业街和若干百货商场，很好地满足了小城镇居民现代生活方式的需求。

居住用地上主要以居民自建房和合作建房为主，多以砖混结构和多层住宅为主；人均居住用地43.12m²，相比同等规模小城镇来讲，用地结构较为集约。

受库区建设和丘陵山地等自然地理环境的制约，镇区可开发利用的土地较少，未来发展的建设用地十分紧张。

6. 城镇建设设施水平

基础设施建设尚不完善，公共服务设施建设较好。

（1）道路交通设施

西滨镇对外交通条件较为便利，拥有国省道过境和靠近高速公路互通口的有利交通条件。伴随着近年来的城镇基础设施的加快建设，镇域和镇区内部基本构建了较为便捷的路网体系，但仍然存在路宽较窄、镇区内公共停车场不足、交叉口设置不合理、未设置信号灯等问题。

（2）教育文化设施

西滨镇目前设有初中1所、小学1所、幼儿园3所。主要生源以镇区为主，少部分来自镇区周边乡镇，基本能满足本镇义务教育的需求。

（3）文化医疗设施

西滨镇现有公园广场8处、镇级文化活动中心6个、老年活动中心5个、体育场6个、影剧院1个。总体文化设施的配置水平较高，使用率较高，使用效果较好，能满足居民日常不同休闲娱乐活动的需求，例如棋牌、篮球和广场舞。镇区现有镇级医院1所、敬老院1所。医疗设施较为齐备，能基本满足居民买药、看小病的需求。

（4）排水设施

镇区现有污水处理设施及污水排水管道，但居民日常废水多采用直排的方式处理，另外存在部分企业违规排放工业废水的现象，导致镇域内部分水体受到污染。

7. 小结

西滨镇是具有一定区域辐射性的，兼具工业和商贸职能的工贸型库区小城镇。其突出的特征是：工业企业数量多，产业结构发展较好；人口主要集中在镇区，就地城市化的模式显著，城镇化水平高，小城镇具有人口城市化蓄水池、中转站的职能；多元文化融合使本镇的文化包容性强，外来人口比重大（6.7%）；镇区建设用地紧缺，结构尚不合理，生活性商业服务业设施建设较为完善，现代城市生活方式较为普及，但公共设施、绿地和道路广场用地较为缺乏，限制了镇区城镇公共服务供给的质量提升。

　　同一般城镇相比，西滨镇城镇化水平较高，其城镇化的动力机制具有强烈的"自上而下"政府主导特征，具体表现在：库区移民现象强化了小城镇初期发展的人口与产业集聚效应，1992年库区移民搬迁复建，促使大量人口向镇区集中，镇区规模经济效应不断显现，工业企业不断入驻，镇区建设持续加强，工业、商贸服务业发展逐步完善，形成了小城镇人口集聚的吸引力。后期（尤其是2005年后）政府又通过提供土地鼓励村委会搬迁至镇区（目前所有村委会均搬迁至镇区）的方式进一步引导周边村庄（甚至是周边地级市村庄）农民向镇区迁移，镇区建设对人口城镇化的作用十分显著。

　　当前西滨镇企业普遍面临产业升级换代的压力，受福银高速线路建设的影响，原有的交通区位优势在一定程度上被削弱，加大了西滨镇可持续发展的压力。

山东省济南市长清区万德镇调查报告

1. 基本情况

万德镇地处我国北方沿海大省——山东省济南市长清区的中西部（图1），为典型的大城市郊区型小城镇。所在长清区于2001年撤县设区，交通条件优越，发展势头强劲。

图1 万德镇区位图

万德镇是国家级重点镇、县域中心镇，镇域行政面积为239km²，拥有耕地62473亩。2015年，万德镇镇域户籍人口为73252人，常住人口为75318人，人均耕地面积0.85亩。

2. 人口特征

万德镇属人口迁入型城镇，常住人口较多，呈正增长趋势，增速缓慢。作为县域中心城镇，万德镇工业较强，企业较多，发展势头好，吸引了周边乡镇部分劳动力，为人口净流入城镇，镇域常住人口高于户籍人口。2015年镇域常住人口近75000人，人口规模较大，其中镇区常住人口突破两万人。

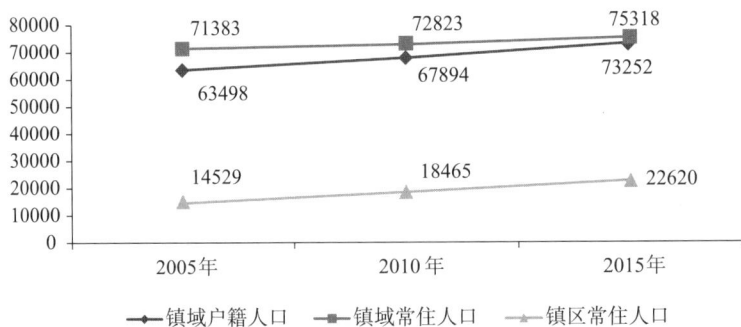

图2 万德镇人口增长趋势图

2005年以来，万德镇人口一直呈正增长趋势（图2），但从发展速度看，增长量不大，增速缓慢。

镇区居民老少比重大，教育水平低。镇区居民年龄结构为16：68：16，老龄化水平高，老龄人口与少年人口合计占比超过30%，呈现两头并重的态势。从教育水平看，65%的居民为小学或初中学历，教育水平较低（表1）。

职业分布均匀，上班人群比例稍高，经商、打零工、务农比例基本持平。从职业分布上看，万德镇企事业上班员工占三成，占比最高；但经商、打零工、务农人口也较多，合计占到半数，另有10%无业人口。镇上居民劳动力的非农就业多采取半农半工的季节性就业形式，劳动力在县域内流动较为频繁。

万德镇人口特征统计表

表1

统计项	统计值
年龄结构	18岁以下　18岁～59岁　60岁及以上 16：68：6
教育结构	小学或初中　高中　大专及以上 64：22：14
职业结构	上班　经商　打零工　务农　无业　其他 3：1.5：1.5：2：1：1

3. 居民生活特征

镇区居民个人月收入集中于3000元左右，低收入与无收入人群占比高。27%的镇区居民月收入为1000元～3000元，19%的居民月收入3000元～5000元。

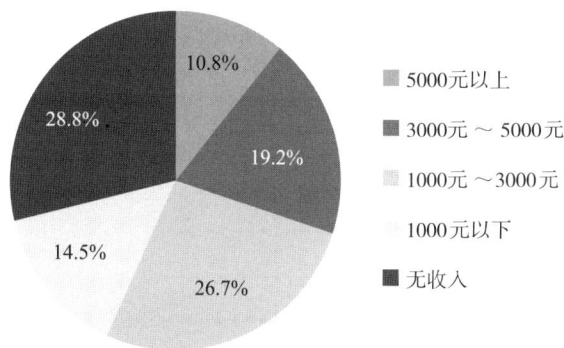

图3 万德镇镇区居民个人月收入分布情况

但无收入群体及月收入1000元以下居民占比达到43%（图3）。

村民家庭年收入较高，集中于年收入3万～6万元，基本与镇区居民家庭年收入水平相当。万德镇村民家庭年收入水平集中在3万～6万元，占比为35%；同时1万～3万元、6万～10万元占比也较多，均超过20%。镇区居民家庭年收入结构及水平同村民相似，年收入10万元以上家庭比例更高（表2）。

村民和镇区居民家庭年收入比较 表2

家庭年收入水平（万元）	村民家庭占比	居民家庭占比
1以下	15%	10.6%
1～3	25%	27.4%
3～6	35%	28.6%
6～10	20%	16.6%
10以上	5%	16.8%

镇区居民月消费水平较高，多集中于2500元左右，以食物、居住、教育和医疗支出占大头。25.7%的镇区居民家庭月消费水平为1200元～2500元，23.9%的居民月收入2500元～4000元，消费水平较高。居民消费结构仍以食物支出为主，居住、子女教育、医疗占比也较高（表3）。

有九成家庭预计未来会有大额消费，集中于购车、购房和投资。九成镇区居民家庭预计未来会有大额支出（图4），这些预算包括未来为子女购买商品房、购买汽车、翻建旧房等。购车购房是比较集中的消费选择。其中，

镇区居民月消费结构   表3

支出事项	占比	支出事项	占比
食物	28%	照顾老人	7%
居住	15%	交通	7%
子女上学	12%	通信	6%
看病	12%	娱乐	2%
衣着	10%	其他	1%

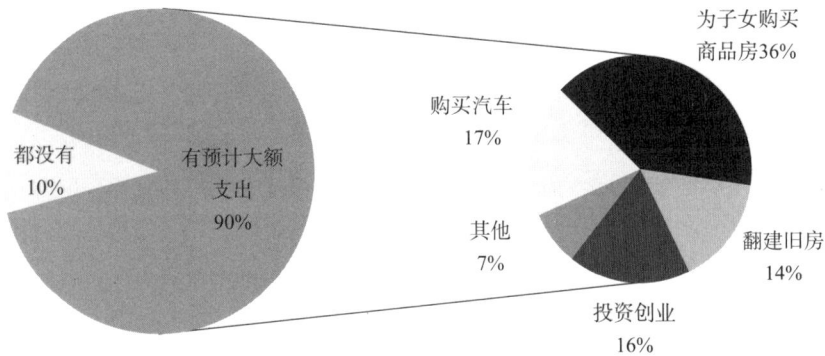

图4 万德镇居民未来预期大额消费情况

约36%的家庭在未来有为子女购买商品房的打算，约17%的家庭在未来有购买家用汽车的打算。

居民一般拥有两种及以上交通工具，镇域内出行20min可达，有私家车的家庭占比高。居民家庭多拥有两种及以上交通工具，均拥有农用车，且拥有私家车的家庭比例较高，达到22%。居民在镇域内出行基本20min可达。

镇区居民多拥有两套房，但生活方式依然接近农村。万德镇镇区居民拥有两套房的比例近30%，其中2/3的居民另一套房子在农村宅基地，但回乡频率非常低。镇区居民休闲娱乐方式单一，多为邻里串门、赶集等，外出就餐的频率低，平时休闲娱乐活动多为走街串巷，生活方式接近农村。

4. 经济产业

万德镇经济总量较大，增长快，经济活力良好。2015年万德镇GDP达到25亿元，相较于2010年的18.15亿元，年均GDP增速超过7%。2015年万德镇人均GDP为34401元，社会固定资产投资近19亿元，社会消费品零售总额14亿元，新增注册公司数量29个，整体发展势头良好。

产业结构以工业为主，农业规模化经营比例高（村民收入水平较高），三产服务业低端。万德镇以工业制造为主导产业，三产产值占比为2：4：2。镇域农业种植多为规模化经营，尤其是经济作物种植和禽类养殖，农产品大量外销，外向型程度高，大幅度提升了村民的收入，村镇居民收入基本相当。但是在农产品的销售渠道上，山东小城镇仍然依赖传统集市贩卖或大批量收购外销，新渠道与宣传新途径利用较少。镇域第三产业发展主要依靠传统商业与生活服务业，高端服务业和商业服务业发展水平仍然较低。

一、二产业提供绝大部分就业。镇区就业人口数量的一、二、三产业占比为31：45：24，一、二产业总计提供镇区76%的就业量。农业规模化经营以及农产品深加工等吸纳了三成以上劳动力。

5. 空间布局特征

镇区形态受地形与交通干道的双重限制难以拓展。镇区北、西、南三面环水，东面靠山；且镇区西面京台高速沿河延伸，东面山地西麓有铁路蜿蜒，受交通干道影响，镇区拓展受限。

镇区住宅在小城镇的地理分布受到地形影响较大。由于受到交通干道与河流的影响，镇区住宅形成零散的团块状分布。居民住房部分呈现现代化住宅样式，也有少量商品房开发，地段稍远离镇中心。

镇区内部格局以街巷为主，支路交通安全情况不乐观。镇区街道为水泥街道，路面较宽，主干道人车分离。但镇区支路的行车、停车情况混乱，许多支路上可以发现孩童游玩情况，影响交通安全。

6. 公共服务与设施水平

镇区公共设施齐全，公用服务普及率较高。万德镇设有2个公园广场、1个文化中心以及初级教育机构和医疗、养老院（表4）。设施齐全，主要服务镇域居民，镇区较为完备的公共游憩空间也服务一定周边乡镇居民。万德镇水、电、废水污水处理等公用服务的普及率也较高（表5）。

万德镇公共设施数量及服务情况   表4

设施	数量	主要服务对象/区域	设施	数量	主要服务对象/区域
公园广场	2	镇域及周边乡镇居民	幼儿园	1	镇域内学龄儿童
镇文化中心	1	镇域及周边乡镇居民	小学	1	镇域内学龄儿童
医院	1	镇域居民，看小病	中学	1	镇域内学龄儿童
养老院	1	基本没有老人入住			

万德镇公用服务普及情况   表5

公用服务类型	普及（处理）率	公用服务类型	普及（处理）率
镇区自来水	95%	有线电视	58.5%
生活废水	85%	网络用户	43%
管道燃气	0	生活垃圾收集	95%
集中供热	0	污水处理	镇区100%处理，其他无

7. 小结

　　万德镇作为大城市郊区型小城镇，产业结构以工业制造为主。依托深化发展的第一产业，镇内工农业发达，提供较多岗位，吸引周边劳动力，为人口净流入小城镇。万德镇不仅工业制造产值高，而且农业规模化经营水平也较高，经济作物和养殖禽类多外销，农民收入高，农业吸纳劳动力超过三成。但镇域第三产业发展主要依靠传统商业与生活服务业，高端服务业和商业服务业发展水平较低。

　　镇区居民老、少比重大，教育水平低。除三成左右的上班人员外，镇区内其他劳动力多务农、经商、打工，低收入与无收入人群占比高。居民月收入集中于3000元左右，月消费水平集中于2500元左右。职业结构较为均衡，除上班人均占比稍高外，务农、打工、经商人口占比持平。劳动力非农就业多采取半农半工的季节性就业形式，居民县域内流动较为频繁。汽车拥有率较高，现代化家电较多，但镇区居民生活方式依然接近农村，以邻里生活为中心。镇区家庭一般拥有两种及以上交通工具，有私家车家庭占比高，近30%。镇域内部出行以自行车、摩托车为主，一般20min可达。休闲娱乐方式以串门、聊天、散步为主，基本没有现代化康体或娱乐活动，外出就餐频率低，生活方式接近农村，以邻里生活为主。镇区空间形态受地形和交通影响，呈现南北狭长、东西窄的特点，受河流和道路限制，向外拓展难。镇区内住宅形成零散的团块状分布，商业沿镇区内街道分布，业态以传统商业服务为主，餐饮分布广泛。

万德镇工农业较发达，吸纳了镇域农村劳动力以及周边乡镇的劳动力，为居民、村民创造主要收入，具有一定的经济辐射功能。镇区内公共设施与服务设施齐备，提供了较大公共休闲空间和初级教育、医疗机构，提升居民生活水平，具有一定的公共服务辐射功能，但居民生活方式依然接近农村，较为传统。居民外出、就业、娱乐等多方面与县城联系较弱，整体发展活力不足。镇内规划制度建设较好，规划执行较为规范，但镇内违章建筑的监管和惩处水平有待进一步提升。据访谈反馈，由于城镇规划建设的相关审批手续太多，审批过程时间长（一般超过一年），无法及时反馈和制止导致违章建设难以控制。在基层规划管理中，执法人员力量薄弱，法院和公安局权责不明晰，故难以处理违章问题。

湖南省怀化市溆浦县龙潭镇调查报告

1. 基本情况

龙潭镇是溆浦县的南部重镇，因"潭中有龙"的故事得名，东依高耸入云的车岩岭，与葛竹坪镇、大华乡交界；南现温水乡毗邻；西靠百强寨，与横板桥乡、黄毛园镇相邻；北傍金子山，和北斗溪乡接壤，交通便利，自古就是商贸名镇。2015年镇域下辖4个居委会，33个村委会，面积247.2km^2。镇域常住人口28000人，镇区人口13525人。

2. 人口特征

龙潭镇人口呈现高流出、低流入的特征。2015年外来人口占常住人口的3%，外出户籍人口占户籍人口的15%；镇域、镇区常住与户籍人口比分别为0.82、0.84。同时镇区人口原住民众多，2015年镇区常住人口13525人，83%的居民为原住民，其余来自本镇农村和其他乡镇分别占15%、2%。人口老龄化突出，镇区居民家庭构成以核心家庭为主，占比32%，其次为独居老人家庭和主干家庭，分别占27%和26%。

2015年镇区人口中未成年人、成年人和老年人的比例分别为24.0%、58.4%和17.6%，劳动年龄人口虽然有一定的比例，但是仍然面临着老龄化问题。

3. 居民生活

镇区居民家庭月收入占比最多的在1000元～2000元，其次为2000元～3000元，共占58%。主要来源为务农、做生意、打工，分别占28%、25%、23%。居民家庭月支出多数为1000元～1500元，其次为500元～1000元和1500元～2500元，共占71%，食品支出占36.5%。

镇区居民家庭的小汽车普及率为9%。未来大额支出主要是购买汽车、翻建旧房以及为子女购房和买车，分别占20%、20%、15%。就业居民中，务农、上班、经商打工、退休以及无业人员各占36.8%、10.8%、34%、14.5%、15.1%。

居民日常出行以步行、摩托车为主，小汽车出行相对不高。29%居民家庭附近有公交，63%居民对到县城的公交满意。63%的居民半年左右或更长时间去一次县城，主要出行目的为购物玩乐、接送孩子上下学和看望亲戚朋友，分别占28.3%、27.4%和18.5%。此外，还有27%居民从来不去市区。

子女就学基本选择在本镇和市区。幼儿园就学、小学就学、初中就学主要在本镇，高中就学约一半在本镇、一半在市区。

镇区居民一般小病就医会选择镇区卫生室，而大病就医地点相对多元，51%去镇区卫生室，40%去市医院，6%去县医院。

镇区居民休闲活动以看电视为主，其余较多的是玩手机、棋牌麻将、看书看报，户外休闲活动比例很低（图1）。镇区居民从不外出休闲的比例为76%。休闲场所选择以公园小广场为主。

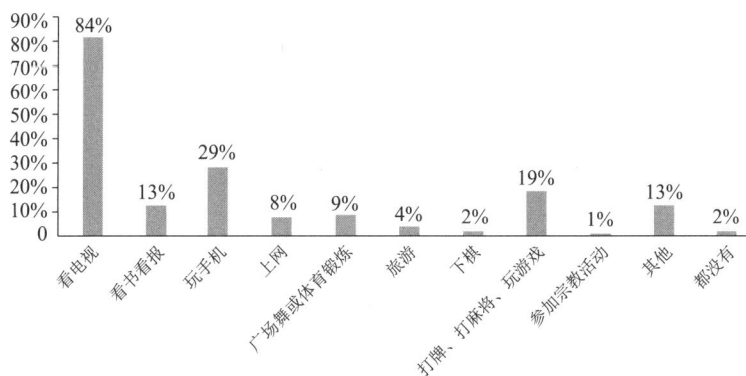

图1 居民休闲方式

4. 经济产业

龙潭镇的GDP为1.05亿元，人均GDP为0.57万元，均远低于湖南省调查的5个镇的平均值。财政收入1975万元，公共财政运转大部分依靠上级补贴。

调研企业全部为本镇企业，没有迁入企业。多数企业成立于2006年～2010年。66.7%的企业选址于本地的原因是特色资源，其次为劳动力成本、本地人脉和税收优惠。

本镇企业多为资源型产业，因资源原料迁入的企业占66.6%。企业用地大部分为国有用地。企业数量为80多家，但近年来企业销售额明显下降，利润略有下降，税额略有增长。

企业法人平均年龄为42岁，企业主大多从外省回到本镇返乡创业（图2）。法人受教育程度低，新增企业大专以上学历员工比例较低，仅为3.4%。

根据对企业的调查，对龙潭镇总体评价属于比较满意。对于制约企业发展的因素调查显示，52%的企业认为成本高是最主要的因素，拓展市场难和税负重也是重要因素。

企业原料以本镇区、镇域内其他村和国内省外地区为主，市场地以本省其他市为主，其次为国内省外地区和本市区。

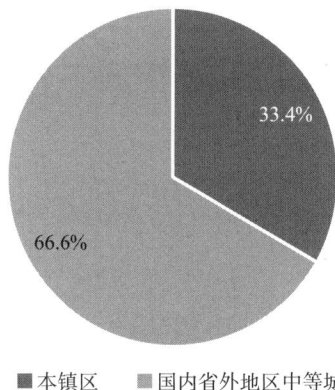

■ 本镇区　■ 国内省外地区中等城市

图2　企业法人来源地构成

5. 空间特征

龙潭镇开发建设速度缓慢，2015年城镇建成区面积为600hm^2，其中集体土地占34%，人均建设用地443.6m^2。

从用地类型来看，居住用地占比66.15%，商业服务用地占比为18.71%，公共服务用地占比为10.57%。居住用地中，94.63%为宅基地自建房，3.54%为国有土地自建房，1.85%为国有用地商品房小区，0.9%为小产权房。

龙潭镇的镇区沿着溆水呈带状延伸，但随着镇区的拓展，逐步形成具有完善路网的紧凑单体。龙潭镇拥有店铺数227家，主要分布在新的横向主干道312国道沿线。公共服务设施布局较分散，主要集中在龙潭镇政府附近。

6. 设施水平

龙潭镇交通便利、通信发达，S312线穿镇而过，S224线擦肩而行，距国道302线仅17公里，黄龙公路在镇北部与之连接。全镇26个村（居）已基本实现村村通公路，公路网络纵横交错、四通八达；全面实现了村村通电话、通电视，形成了以龙潭为中心的强大通信网、信息网。

龙潭镇教育、医疗等基本公共服务设施能够满足需求，镇区公共设施齐全，服务对象主要为镇域农村居民。主要问题在于服务水平不高，当前改善型公共服务主要存在的问题是数量、面积较小，功能单一，对居民的吸引力不大。

龙潭镇公用设施情况：自来水普及率80%～90%，没有生活污水和工业废水处理，生活垃圾收集转运率90%，有线电视普及率30%～40%，网络用户普及率达到60%～70%。

7. 小结

从绝对水平上看，龙潭镇发展条件并不太理想，但地处山区的开阔河谷平原和溆浦、洞口、中方、隆回四县交界，交通便利、地理位置好、规模较大，是商贸流通型重镇，承担"准县城"的商贸中心职能。农村集贸市场是镇区形成与发展的主要动因。

龙潭镇为人口净流出区，镇区居民绝大部分为原住民，在小城镇印象调查中镇区居民满意度不高，城镇吸引力不足、满意度低、城乡差异大。

镇区人居环境有待提升。镇区沿河及主要对外道路拓展而成，居住用地自建房比例超过95%。公共空间不足，财力不足，基础设施薄弱，街道路面破损严重。镇区居民生活水平相对较低，人口老龄化现象突出。大部分居民从不进行娱乐消遣，各项设施尤其是文化站利用率极低，信息化普及度低，公交覆盖率低。居民有小病、大病都倾向去社区卫生室看。

企业投资环境虽然较好，但是受外部市场影响，销售和利润略有降低。企业多为资源型产业，数量虽多，但销售额明显下降，利润略有下降，税额略有增长。企业主大多为自外省返乡创业，法人受教育程度低，新增企业大专以上学历员工比例低，企业评价为较满意。

广东省清远市清新区山塘镇调查报告

1. 基本情况

　　山塘镇东临北江，镇圩距离区中心17km，距离市区19km，距离广州新机场40km，处于广佛都市圈1小时经济圈内。全镇下辖14个村委会和1个街道社区居委会，共275个自然村，总人口5.95万人，总面积86.93km²，耕地面积45518亩。农作物品种繁多，土地资源丰富，是全区传统的农业大镇。全镇共有鱼塘2.3万亩，是清新区最大的淡水养殖基地。现着力推进农户经营和企业经营协同发展的农业经营，截至目前全镇共建立农民专业合作社96个，家庭农场12家，水稻种植大户116户。山塘镇民俗文化底蕴深厚，是有名的"龙舟之乡"。龙舟运动拥有深厚的群众基础，每年端午节前后镇、村都分别举办"三人燕尾龙舟"比赛。

2. 人口特征

　　人口流失、老龄化严重、外来人口吸引力低下。山塘镇户籍人口60878人，常住人口59500人。18岁以下人口占18.2%，18～59岁人口占61%，而60岁以上人口占20.8%，明显高于全国比例的15.5%。2005年以来，山塘镇区户籍和常住人口呈自然增长趋势，但户籍人口始终大于常住人口。2015年镇区户籍和常住人口分别为8059人、6731人（图1）。

　　家庭构成以主干家庭居多，核心家庭次之。大多数核心家庭以三口之家为主，家庭人口集中在2～5人。25%的山塘镇户籍居民外出务工，而外来人口仅占常住人口的

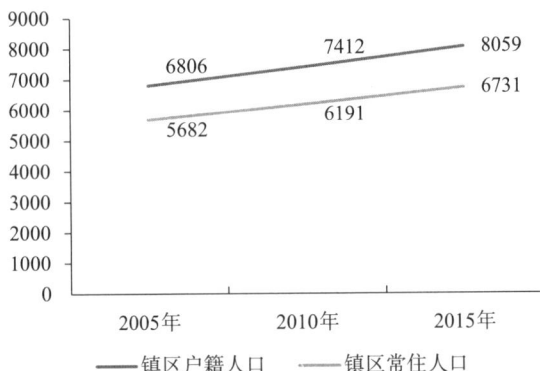

图1　山塘镇镇区户籍人口和常住人口

4.9%。山塘镇老龄化程度高，大量年轻人外出务工，现有的经济发展水平吸引不了外来劳动力。青年人大部分到清远市区工作，以寻求更好的发展机会。由于市区房价较高，少部分人在清远市区买房定居，大多数在市区工作的年轻人只能在市区租房，周末回村内和父母一起居住。

3. 居民生活

村富镇穷、村民收入两极分化。2015年城镇居民人均年可支配收入为20221元，相较2010年的24599元下降了17.8%（图2）。山塘镇农业发展情况良好，不乏种植、养殖大户，2015年镇域农村居民人均年收入达12646元，相较清新区平均水平的10898元高出16%。农村村民收入两极分化，有能力承包鱼塘农田、开布辘作坊的家庭人均收入可达万元每月，但务农散户人均月收入不到1500元的不在少数，务农的低收益加上生活的无保障使得农民在务农的同时必须务工才能维持生活。

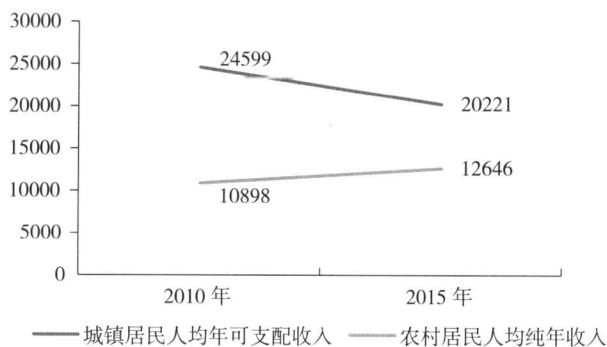

图2　山塘镇居民收入

网络消费盛行，镇区商铺数量较多。"乡镇淘宝"在山塘镇非常流行，快递也提供上门取件、送货到户的服务，对传统零售业造成了较大冲击。同时镇区商铺数量相对于其人口规模来说还是非常多，随着近两年布辘行业、造船行业日渐萎缩，收入水平有所降低，但居民的较高消费习惯仍然维持（表1、表2、图3）。

出行公共交通不发达，市民不依赖交通。镇区与市区的车程仅有半小时，村民普遍拥有小汽车和摩托车，不依赖公共交通。

山塘镇为教育强镇，且教育质量优良，村民大多都愿意留在山塘念书，

山塘镇镇区居民每月可支配收入　　　　　　　　　　　　　　　表1

	1000元以下	1000元~2000元	2000元~3000元	3000元~5000元	5000元~8000元	8000元以上
占比	2.5%	17.2%	13.9%	19.7%	27.9%	18.9%

山塘镇镇区居民月花销　　　　　　　　　　　　　　　　　　　表2

	500元以下	500元~1000元	1000元~1500元	1500元~2500元	2500元~4000元	4000元以上
占比	1.6%	4.1%	10.7%	28.7%	25.4%	29.5%

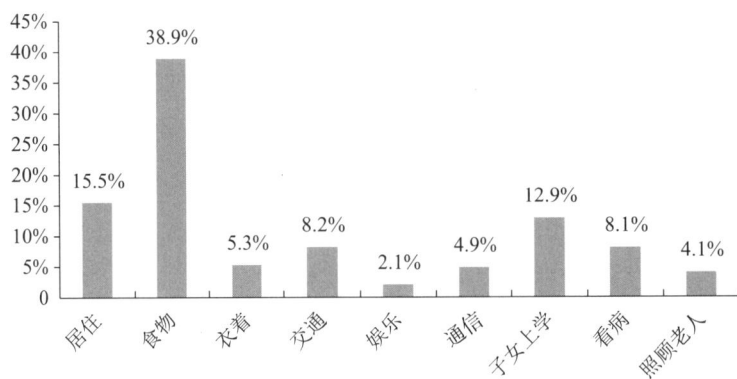

图3　山塘镇镇区居民月支出占比

对镇内的教育质量比较满意。学校的用地、建筑面积等能满足5~10年的需求。

低收入村民看病难的问题突出。农民由于务农和在小作坊务工，发生意外受伤的情况比较普遍，对医疗保障的需求较大。但村民普遍反映镇卫生院提供的服务无法满足村民的需求，低收入的村民无法承担私人诊所的费用，到市区就诊的公共交通亦不方便。

日常娱乐活动类型比较少，广场休闲为主。老年人一般无娱乐活动的习惯，奔波于农田和家务之间。年轻人和中年人会选择在清远市区购物玩乐，女性中年人则会在每天傍晚从农村到镇区跳广场舞。居民日常娱乐活动类型比较少，除了打麻将以外，就是在镇文化广场散步、跳广场舞，缺少文化活动。

4. 经济产业

（1）经济规模

2015年全镇累计完成工业总产值9.1亿元，其中规模以上工业总产值7.9亿元，比2014年同期增长2.21%；固定资产投资完成2.8亿元，比2014年同期增长681.8%；实现农业总

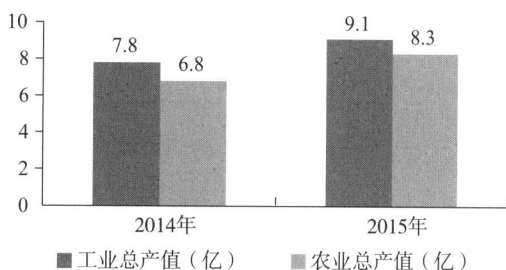

图4　山塘镇工农产值情况

产值8.3亿元，同比增长9.2%；完成工商税收组织收入8481万元，同比增长15.32%，镇级财政收入2837万元，同比增长16.32%；农村人均纯收入达到12646元，比上年增长8%（图4）。

主要粮食作物为水稻，种植面积6万亩，产量1.77万吨；鱼塘2万亩，优质水产品养殖面积达1.1万亩，年总产量1.05万吨，年产值2亿多元，是清新区最大的淡水养殖基地。

布辘产业是发展较早的传统工业，规模小利润低，现在逐渐衰落，而且布辘加工污水排放对农田的污染较大。但随着近年来建筑业的衰退，船舶运输业及其下游产业的发展也相对停滞。山塘镇的山塘工业园区占地面积3000多亩，发展以汽车配件、运动器材、金属制品、五金电子、抛光研磨材料等为主的产业。资金来源主要依靠专项资金，无外来资本。

（2）产业结构

山塘镇现代农业、现代工业同步快速发展，产业结构不断调整优化，"十一五"期间，工农业产值比由2005年的47.3：52.7优化为2010年的81.8：18.2，由一个传统的农业镇蜕变为以工业为主导、工农并举的现代新城镇。农业产业化步伐不断加快，形成了以"三塘"、"两山"为基地，五大养殖产业高速发展的良好局面。

（3）企业特征

山塘镇发展较早的传统工业为以布辘加工为主的研磨产品制造业，布辘加工是劳动密集型产业，随着工业生产技术的革新，家庭作坊的生产方式已经不能满足市场的需要，山塘镇的布辘产业也因此逐渐衰落。此外，山塘镇

还有船舶制造业的产业基础，但随着近年来建筑业的衰退，船舶运输业和其下游产业的发展也相对停滞，船舶制造业的前景也未知。2003年，山塘镇于低地村设立山塘工业园区，占地面积3000多亩，建立起以汽车配件、运动器材、金属制品、五金电子、抛光研磨材料等为主的产业基地。

5. 空间特征

用地规模方面，镇域行政区域面积86.93km^2，其中耕地面积48000亩。建设用地面积69hm^2，国有建设用地47.67hm^2，集体建设用地21.39hm^2（表3）。

山塘镇镇区建设用地分类   表3

用地性质	用地面积（hm^2）	占建设用地比例
居住用地	17.9	25.9%
商住用地	3.4	5%
商业服务	1.1	1.6%
公共服务	14.8	21.4%
公用设施	0.8	1.1%
绿地广场	1.9	2.8%
工业仓储	16.2	23.4%
道路交通	13.2	19.1%

整体格局上，山塘镇镇区的空间形态与地理因素及交通区位具有联系。山塘镇镇区的中心靠近内坑河汇入北江的河口，365县道从南北方向贯穿镇区，同时，270乡道从镇区中心向西延伸，构成山塘镇镇区的空间骨架。山塘镇镇区的国有土地集中在镇区中心附近，以镇区中心北部开发区、镇区中心附近居住用地、西侧工业用地以及江边造船厂为主。镇区中心外围国有用地主要是小学、中学等用地。

从商业分布来看，镇区内商业用地规模相对较小，且主要沿365县道分布。商业基本分布在沿街住宅的底层，多为小开间商铺，有三间规模相对较大的超市，无大型商业设施。靠近镇区中心的商铺以经营零售、食品、餐饮等为主，而沿365县道向南、沿270乡道向西，商铺主要经营类别则转变为以建材、农资以及其他为生产服务的商品为主，并有部分商铺用途转变为小型作坊。

从公共服务设施分布来看，镇区中心的公共服务设施用地主要为山塘镇政府、山塘镇卫生院、市场、幼儿园等用地。镇区中规模较大的公共服务用地主要为外围的小学、中学用地以及北江边新建的运动场地。镇区内公共绿地数量较少，且分布零散，主要为北江防洪堤内侧的绿地。此外，在江边堤外有相对成片的广场用地，用途为新建的滨江活动广场。

建筑风貌上，镇区内住宅高度基本不超过6层。在镇区中心区域，分布有较多低层住宅，其中旧街附近以1~2层的老旧住宅为主。而镇区内住宅间距较为紧密，老旧住宅的采光、通风情况相对较差。镇区中心住宅周边的绿化较少，而集体用地上的自建住宅则有相对较好的绿化环境。

6. 设施水平

（1）主要交通

山塘镇镇区距离区中心17km，距离市区19km，距离广州新机场40km，清四公路自镇境北部穿过，连接清连高速和广清高速，与大珠三角路网连成一体，处于广佛都市圈1小时经济圈内。陆路四通八达，X365线贯通全境，与佛山市三水区路网相接。

（2）公共服务设施

镇域范围内一共有1所初中，5所小学，3所幼儿园。其中镇区周边有1所初中，1所小学和3所幼儿园。其他小学分散在周边乡村。山塘初中用地面积5万m²，共有学生900人，教职工117人，其中50人为借调、支教人员，实际常驻学校70人。

山塘镇内有卫生院1所。占地面积3600m²，职工共92人，其中医生30人，护士41人，病床60张。医院门诊量约12万人次/年，住院量约2000人/年。医院服务人口以本镇居民为主。基础设施方面，山塘医院存在占地面积小，建筑面积无法满足就医需求，停车空间不足，设备落后等问题，医院方面希望日后能另选址重新建设。服务水平方面，医改后药费收入低，财政投入又不足，导致医院有欠债现象。因为欠债，部分药物医院无法进货，进一步影响了服务水平，甚至一些普通的病症也无法治疗，居民意见较大。

目前来看，居民只有看小病时到镇卫生院，其他情况下都会选择去市区的医院解决。在有些离镇区较远的乡村，村民甚至会选择到北面的太平卫生院解决就医问题。

（3）基础服务设施

供水方面，已实现村村通自来水，由2家水厂分别提供。其中镇区自来水由位于山塘镇区附近的山塘水厂提供，外围乡村自来水由位于清新区太和镇的太和供水有限公司提供。两者水源都取自北江。取水口位于镇建成区北江上游，取水口周边设置了一级水源地保护区以保障供水安全。但保护区并无隔离措施，镇上居民常在保护区内从事养殖、游泳、钓鱼等污染水源的活动。

供电方面，山塘镇内供电由南方电网公司提供。经走访，山塘镇内无大的变电站等供电设施。在镇上一周的调研时间内，基本上每天会有一到两次超过20min停电的情况，其中有一晚的停电时间超过3h。镇上的解释是由于错峰用电切换造成，但调研组认为是镇内供电设施建设没有跟上电力需求的增长，用电超负荷所造成的停电。停电严重影响人民群众的生产生活，很多营业场所为了应对经常性停电还自备了柴油发电机。今后镇区建设需要补齐这方面的短板。

环卫方面，山塘环卫公司负责山塘镇内的垃圾收集清运工作，具体工作模式如下：镇区内部是环卫工人将街道上与垃圾桶的垃圾用三轮车收集，集中运送至东边北江大堤下的垃圾中转站，再用大型运输车辆运走处理；外围乡村是村内建有垃圾池集中收集村民产生的垃圾，环卫公司定期清运垃圾池内垃圾。主要问题是不同位置垃圾清理频率不一致。一些临街或者重要场所垃圾清理能做到一天1次，甚至一天2次，但有些偏远地区由于环卫工人消极怠工等原因，两天甚至三天才能清理1次。

7. 小结

山塘镇作为一个传统农业型城镇，具有诸多优势。山塘镇位于珠三角地区，地缘关系多元，区位条件较好；交通网络发达，水路与陆路对外联系便捷；自然资源丰富，农业基础坚实，水稻、水产成果丰硕。

从发展现状来看，山塘镇人口流失、老龄化严重、吸引不了外来人口；

村富镇穷、村民收入两极分化；社会经济以农业为主，工业基础薄弱，传统产业逐渐衰落；低端零售商业生意惨淡，供电医疗等基础设施不足，亟需完善；用地空间的可建设指标不足，用地混杂，用地布局不合理。

纵观小城镇对于特定区域的政治、经济、文化、技术等方面担负的任务以及呈现出的独特作用，作为清远市区与镇区周边农村之间的连接，山塘镇不仅是物质空间，更是经济与社会层面的辐射与过渡区域。山塘镇的作用主要体现有中间传导功能，将市区的产品与技术向农村传递，将农村的农产品和劳动力向城市输送，促进城乡协同发展；城市功能疏散的载体功能，山塘镇逐步承载清远市的部分生产功能，逐步规划成为重要的旅游服务基地，政府欲将山塘打造成"水乡创意小镇"，发展休闲农业与乡村旅游；集聚功能，主要表现在产业集聚和城镇人口集聚上，区位交通与设施建设使得乡镇企业节约建设成本，且劳动力和生产资料成本也较低，收纳农村富余劳动力提供就业，且创业成本相对较低提供较低门槛创业条件；并具有提高小城镇劳动力生产、生活水平的功能，兼具示范功能与服务农村的功能。

海南省文昌市冯坡镇调查报告

1. 基本情况

冯坡镇位于文昌市北部，北面临海，海岸线长8km，总面积97km²，东北面临东海，东、西、南三面分别与翁田镇、锦山镇、抱罗镇接壤。冯坡镇以镇区为政治、经济、文化中心，通过放射状道路连接各个村落，村落产业以农业为主，部分村落辅以渔业，属于农业服务型小镇。

冯坡镇现辖10个村委会、1个居委会。总人口1.41万人，华侨2.3万多人。除镇区外，冯坡镇域居民分布点较多，人口居住较为分散。冯坡镇村民收入以农业为主。近年来，农民通过种植反季节瓜菜，从事农产品购销，收入有了明显的提高。有不少农民迁到镇上置地建房，镇区有发展扩大的动力。同时，由于海外侨胞的捐资赞助，镇上的教育、卫生、市政道路建设都得到较大的支持，近年来镇上面貌变化较快。

2. 人口

人口老龄化严重，机械增长率较低。冯坡镇2015年户籍人口为14123人，常住人口为12212人，近五年常住人口增长率为0.28%。该镇外出务工人员数比例达6.7%，外来人比例仅2.6%，且近年人口机械增长率较低，反映其对周边乡镇甚至其他省市剩余劳动力几乎没有吸引力。按照联合国的标准，60岁以上人口占10%以上即处于老龄化社会，冯坡镇的人口年龄构成则处于人口老龄化阶段，其老年人口占21.5%（表1）。

由于地处圩区，土地平坦，地势低洼，水涝灾害地区较广，很多村民迁

2015年冯坡镇镇域人口数据一览　　　　　　　　　　　　　　　　表1

户籍人口（人）	常住人口（人）	外出务工人员比例	外来人口比例	户籍人口年龄结构			近五年年常住人口年增长率
				18岁以下	18岁～59岁	60岁及以上	
14123	12212	6.7%	2.6%	23.9%	54.6%	21.5%	0.28%

居至镇区，直接导致镇区常住人口规模较大，远超过户籍人口，达到镇区户籍人口规模的4倍左右（表2）。镇区本地原居民比例约占20%，其他常住人口多为本镇农村人口迁居于镇区。另外，也包括少量外省务工人员，主要在周边农产品企业和烧砖厂工作。

2015年镇区人口数据一览　　　　表2

户籍人口数量（人）	常住人口数量（人）	近五年年常住人口年增长率
1376	5276	1.9%

3. 经济发展

（1）总体经济情况

冯坡镇2010年、2015年GDP分别为24800万元、40600万元，呈增长态势。从人均GDP来看，该镇2010年、2015年人均GDP分别为20596元、33246元。近五年当地GDP的年均增长率较为理想，达到9.9%（表3）。

冯坡镇与文昌市GDP及人均GDP对比　　　　表3

地区	GDP（万元）		人均GDP（元）	
	2010年	2015年	2010年	2015年
文昌市	1144977	1652100	20745	29887
冯坡镇	24800	40600	20596	33246

（2）产业发展

本镇体现出明显的"靠山吃山、靠海吃海"的农业生产型乡镇的发展特点，农业在三次产业结构中比重明显。全镇有8km长的海岸线，水质良好，可利用的滩涂和浅海面积大，水产品丰富。从企业投资情况来看，镇居民投资的企业占半数以上，外省和大城市的投资主要集中于大型的养殖项目。由于农业生产类企业享受国家农业税免税政策，且雇佣的工人大多来自外省外地，所以企业发展对镇原居民的就业和收入影响不大（表4）。

尽管当地近年来GDP增长较快，但由于冯坡镇位于沿海低洼地区，每年9~10月就会面临台风威胁。除天气外，波动的市场行情，甚至国际贸易关

2015年产业结构与主导产业一览　　　　　　　　表4

地区	三次产业结构（GDP）	主导产业
冯坡镇	86：4：10	畜牧养殖、水产养殖

系也对部分养殖企业造成难以预计的损失。这一不确定因素也成为当地养殖企业继续发展的最大顾虑。

4. 用地建设

冯坡镇位于圩区，土地平整，但受到台风灾害和低洼洪涝区的制约，以及辖区内大量的基本农田（5.68万亩），全镇建设用地主要集中于镇区。冯坡镇镇区建设用地面积共52.56hm²，其中集体建设用地面积占比为58.5%，国有建设用地面积占比为41.5%。镇区用地以居住为主（60.8%），道路用地占13.5%，基础设施用地占比较少（表5）。

镇区建成区用地现状构成表　　　　　　　　表5

用地代码	用地性质	用地面积（hm²）	占建设用地比例	人均用地（m²）
R	居住用地	29.4	56%	55.8
RC	商住用地	3.6	6.8%	6.8
B	商业服务	0.2	0.3%	0.3
A	公共服务	9.7	18.5%	18.4
U	公用设施	0.3	0.5%	0.5
G	绿地广场	1.2	2.3%	2.3
MW	工业仓储	4.4	8.3%	8.3
T	道路交通	3.8	7.2%	7.2
城镇建设用地		52.6	100%	99.6
镇区非建设用地		9.4	—	—
建成区面积		62	—	—

周边农村由于地势低洼，易受水涝灾害影响，周边村民多会在镇区建房居住，使得该镇的常住人口远超户籍人口，镇区的居住功能大于就业功能。镇区无商品房开发，居民住宅均为自建房，其中约70%为"宅基地自建

房",并且以1~2层为主。镇区主要街道临街底商数量为174家,经营范围以零售百货、家居建材、个体餐饮、农资服务为主,多处可见百货商店与便利超市,基本能满足镇区居民日常生活需求。

5. 空间结构

从外部关系结构来看,冯坡镇的外部关系结构不同于交通便捷的过境式,也不同于交通区位不便的尽端式,其具有典型的外挂式特征,即通过外围次级公路(县道)连接区域主干路网(S203省道及海文高速),与海口机场约70min车程。目前,滨海旅游快速干道正在建设中,未来对外交通条件将进一步改善。

从内部空间结构来看,全镇空间格局特征是典型的中心放射型结构。沿镇区干路向四周村庄连接延伸,建设用地也沿放射路网布置,商业及公共设施用地集中于镇区中心地段。(图1)

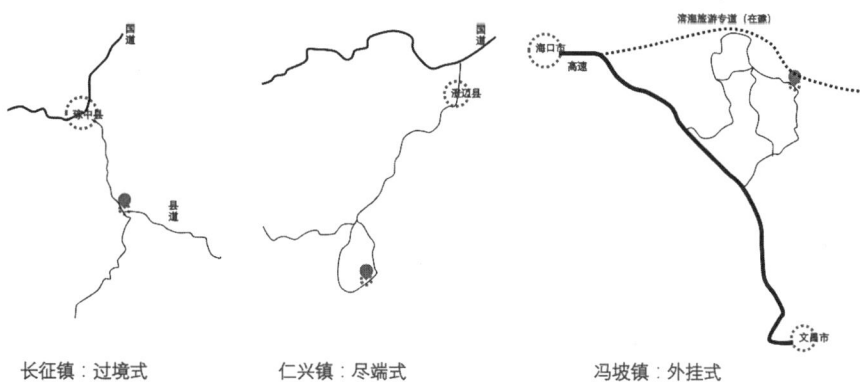

长征镇:过境式　　　仁兴镇:尽端式　　　冯坡镇:外挂式

图1 冯坡镇外挂式空间结构与过滤式、尽端式对比

6. 公共设施水平

全镇域有一所初级中学,在校学生430人,用地约4.5hm²,中心小学1所,在校学生966人(包括小学生640人、幼儿园儿童326人),用地1.6hm²,另外在较大的村委会均设有乡村小学。镇区有卫生院1处(冯坡华

侨医院），用地面积0.55hm²，主要服务本镇村民。镇上有集贸市场2处，农产品批发市场1处。总体来看，主要有以下基本特征。

商业服务设施类型比较丰富，使用方便。冯坡镇由于人口集中，冯坡镇镇区内的生活气氛较浓，街道尺度也较合适，商业店铺密度也相对较高。但商业服务类型集中于日常生活，现代生活类服务较少，服务层次有待提高。

市政基础设施建设基本到位。市政供应基本满足生活生产需求。供水、供电和有线电视、宽带都已经基本实现全覆盖，垃圾转运也基本实现，但污水处理设施依然不足，全镇没有独立污水处理设施。

公共服务设施较齐全，但服务水平较低。医疗（卫生院）设施目前不具备接生能力，并且医生配置和医疗设施水平较低，服务水平跟不上居民需求；设施完善程度较低，存在不规范的混合功能设施。

户外公共活动场所严重不足。镇区内公共活动场所匮乏，尤其儿童游憩空间严重不足，大多数街前屋后成为大多数儿童主要的户外游憩空间。

7. 小结

作为文昌市经济发展相对落后的城镇，冯坡镇是一个典型的农业生产服务型城镇，以镇域自我服务为主。其突出的特征是：镇区是镇域内的经济中心，其集市贸易的功能可以基本满足镇域居民的基本生活需求。镇域经济活动以农业生产企业为主，集中于渔业和种植业，产业格局单一，受天气与市场影响严重。由于冯坡镇区周边农村地区地势低洼，易受水涝灾害影响，村民多会在镇区建房居住，也促进了镇区基本生活设施的建设，人口就地城市化模式显著，外来人口比例较低。镇区建设用地以生活服务为主，生活性商业服务业设施建设较为完善便捷，市井生活气息浓郁，但公共活动场所、绿地和广场用地极为缺乏，限制了镇区城镇的生活质量水平。

从调研情况来看，制约冯坡居民生活满意度的主要体现在两个方面：一是就业问题，相当高比例的劳动力人口处于无业或不规律就业状态，这也直接影响到居民的收入水平；二是城镇的公共配套设施建设水平有限，商业服务设施类型以基础服务为主，居民对公共设施服务满意度不高，具体体现在公共活动空间不足和商业服务设施服务水平不高。这两个因素也在很大程度上影响了镇区居民对他们下一代生活工作地点的选择。

重庆市南川区南平镇调查报告

1. 基本情况

南平镇地处重庆市南川区西南面，距南川城中心16km，东与南城街道相连，南与金山镇毗邻，西与石莲乡、万盛区丛林镇连界，北与神童镇、兴隆镇接壤，占据重庆市区进入南川区的东南门。境内川湘公路、渝道路、万南地方铁路横贯而过，交通四通八达。城镇面积130km²，建成区面积1.2km²，海拔640m，年降雨量1360mm，平均气温16℃。南平镇是南川区唯一的苗族集聚地，是重庆市首批启动的经济百强镇、重庆市中心镇、重庆市商贸小城镇、重庆文明镇和全国创建文明村镇工作先进村镇。

2. 人口特征

镇区对周边农村青壮年劳动力的吸引力比较明显。南平镇区2015年户籍人口8882人，而常住人口则超过1.7万人。从年龄结构来看，近十年镇区未成年（小于18岁）、成年（18～59岁）和老年人（60岁以上）平均比例为25：46：29。根据国际通用的人口老龄化社会标准，南平镇60岁以上人口占比超过10%，处于人口老龄化阶段，但其青年人口占比接近50%，全社会劳动力较为充足，与其经济发展态势基本相符（图1）。

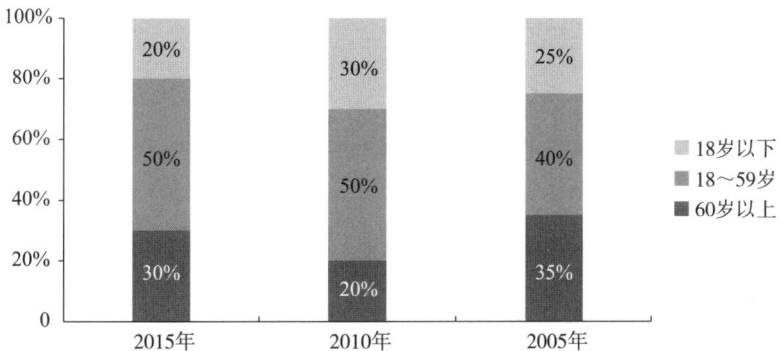

图1　南平镇不同年份人口年龄构成

3. 居民生活

镇区居民收入、消费水平一般。南平城镇居民人均可支配收入约1.4万元，依据入户调查结果，收入的主要来源为打工、养老金和退休金，而部分国企或政府、事业单位的退休人员的退休金甚至比年轻人打工收入高（表1）。从消费情况调查来看，居民在住房和食物上的支出占到一半，子女上学花销也占到家庭支出较大的部分（表2）。南平镇区居民在娱乐上的消费较少，主要的娱乐活动是看电视和跳广场舞等，49%的受访者表示从来不外出就餐，而70%的人表示从未和家人一起旅游。大部分居民对目前的住房条件感到满意，镇区户均住宅建筑面积是141.7m²，水、电、气全通，家庭中常用家用电器如电视、冰箱、洗衣机等基本齐全。

南平镇居民收入构成　　　　　　　　　　　表1

事项	占比	事项	占比
务农	6%	家人补贴	5%
打工	29%	养老金、退休金	29%
上班	14%	理财收入	2%
做生意	10%	政府补贴	2%
房产出租	3%	其他	1%

南平镇居民消费构成　　　　　　　　　　　表2

事项	占比	事项	占比
居住	22%	通信	8%
食物	30%	子女上学	13%
衣着	9%	看病	3%
交通	6%	照顾老人	3%
娱乐	3%	其他	3%

居民主要出行目的和出行方式单一。城镇公共交通较为方便，公交车站平均服务半径为800m，居民步行5~10min均可找到公交站点。镇区每天有

4趟到周边乡村的公交车，村民进城较为便利。然而，问卷调查数据显示几乎每家都拥有摩托车或电动自行车，镇区的居民汽车保有量也达到5160辆（约30%），居民或村民出行工具主要是小汽车或摩托车（表3）。尽管如此，南平镇村居民均表示很少去市区和县城，外出主要目的是购物和探亲访友（表4）。

南平镇城镇居民和农村居民生活情况　　　　表3

统计事项	镇区居民	农村居民
家庭年收入	4.3万元	2.5万～3万元
收入来源	打工、上班、退休金	务农、打工、做生意
年花销	3.2万元	2.5万～3万元
主要开销	居住、食物、子女上学支出	—
交通工具	小轿车、摩托车、面包车	小汽车、摩托车
通勤时间	10～20min	—

河边镇城镇居民和农村居民出行情况　　　　表4

目的地	镇区居民		农村居民	
	出行频率	出行目的	出行频率	出行目的
镇区	每天	日常生活	半个月	购物、购买农资
县城	3个月	购物、看望亲戚	3个月	购物、看望亲戚
市区	半年以上	看望亲戚、看病就医	—	—

　　教育、医疗地点选择以镇区为主。南平镇公办高中、初中、小学和幼儿园各1所，高中在职教师223人，初中在职教师135人，小学在职教师31人，基本能够满足镇区居民子女上学需求。然而，调查显示南平镇从初中到高中镇区和农村生源比从6：3降低到3：4；而小学和幼儿园90%以上的学生来自镇区，可以看出随着年龄增长，留在镇区就读的学生越来越少，初中、高中在县城和市区就读学生比例逐渐增加，这与镇区教育质量低有关系。南平镇有镇级医院1所，满足居民买药和看感冒发烧等小病的需求，看大病时，更多的居民选择在南川医院或市医院就医。

4. 经济产业

　　近十年来经济发展迅速。2005年、2010年、2015年GDP分别为36100万元、59600万元、117600万元，平均增长率为69.3%，呈良好增长态势。其中贡献最大是工业，就2015年来看，全镇工业总产值达5.84亿元，占全镇GDP的49.6%，全镇三次产业产值比是17：50：33。然而，若与本次调研的另一个工贸型小镇河边镇相比，其工业增长速度和规模都较小（图2）。一方面原因是河边镇属于大城市郊区小镇，距离重庆市区较近，具有先天的区位优势；另一方面原因则是南平镇近些年来在工业转型上进展比较慢，依据对南平镇部分企业的调查情况来看，大部分企业依然是生产型企业，依托于该镇的煤炭等矿产资源条件；而河边镇的服务型工业企业占比已超过50%（图3）。

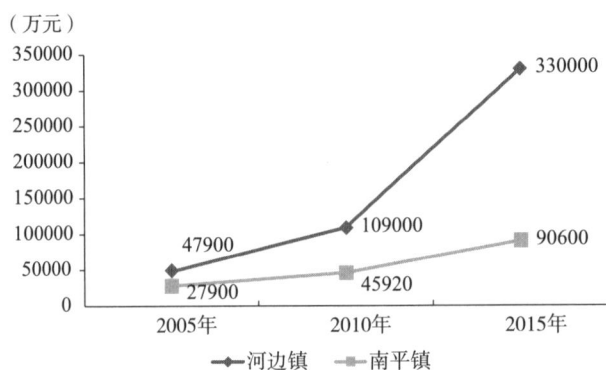

图2　南平镇与河边镇工业总产值

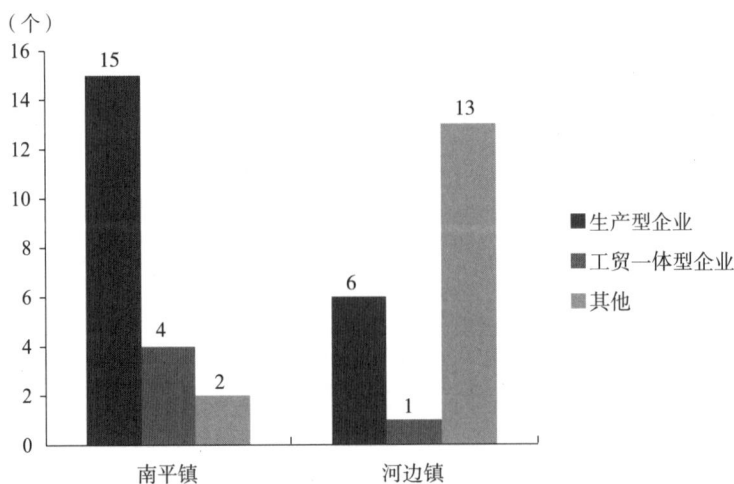

图3　南平镇与河边镇企业类型

工业的发展对于南平镇的人口起到积极作用，吸引了部分外来人口。从四个镇的对比情况来看，工业型小镇（南平镇和河边镇）的外来人口较多，比起传统的农业小镇（古楼镇），外出务工的人数也相对较少（图4）。

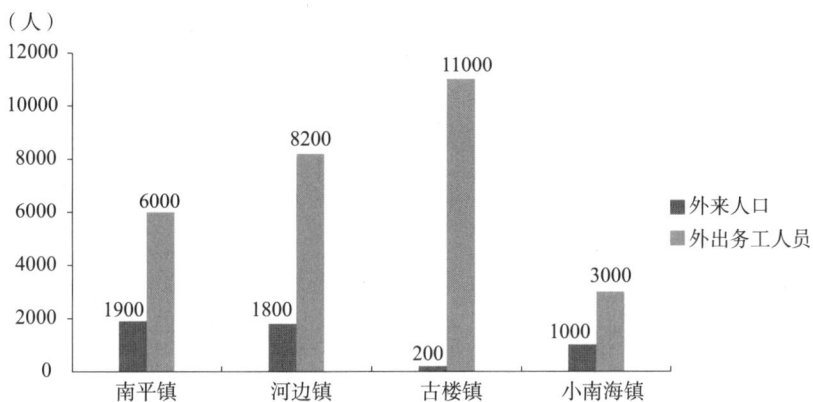

（人）

图4 小城镇外来人口与外出务工人员情况

近年来随着神龙峡5A级景区的开发，南平镇旅游业发展势态良好，对全镇就业起到了积极作用。就镇区来看，三产产值比是14∶20∶66，三产就业人口比是10∶20∶70（图5），第三产业的产值和就业人口已占绝对优势。

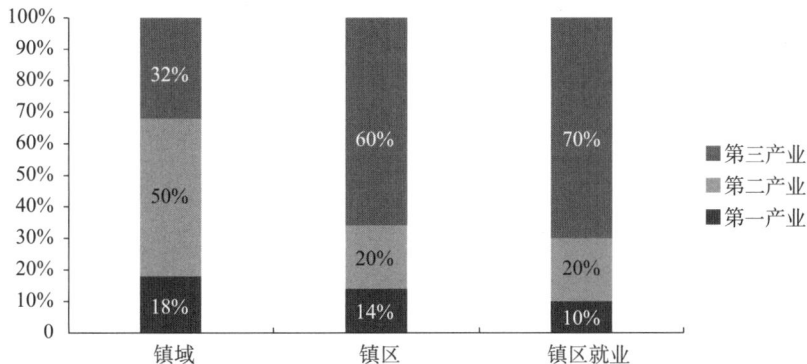

图5 南平镇三次产业产值和就业情况

南平镇区的商业店铺和中小服务企业，为南平镇包括周边农村居民提供了大量的就业机会。据本次调研结果，镇区商业设施总量为588家，总建筑面积2.3万m²，沿街中小型商铺（15～20m²）是镇区商业的主要业态。日常

生活类零售、餐饮和家具建材铺面数量最多，满足城乡居民的日常生活需
求。各类店铺服务的客户群主要集中在南平镇区或南平县城，而进货渠道大
多数来自周边乡镇，因为南平镇距离万盛区比南川区更近。南平镇餐饮店和
大型综合店用工人数较多，其他类型店铺雇工数普遍低于10人；从收益上来
看，餐饮、农资店、大型综合店利润较高，而传统服务和日常生活小店营业
额较低，利润也较低（表5）。

南平镇区商铺调查情况表　　　　　表5

类型	用工数（人）	年利润（万元）	月营业额（万元）
大型综合店	54	100	48
食品	4	8	3.6
康体娱乐	4	3	1.2
家居建材	9	79	25
品质	17	52	27
日常生活	2	6.5	0.9
现代商业	3	10	2.5
农资	24	300	49
餐饮	102	1200	202
传统	2	2.3	0.9
公用服务	3	7	1.7

5. 空间特征

　　南平镇区建设用地面积约1.21km²，镇区形态受道路影响较大，主要沿
荣华路和正街两条主街发散，以居住和商业用地为主，合计占49.2%（表6），
居住用地形态主要有街坊居住形式和小区居住形式，比例约为5：1，一半以
上的居住用地是宅基地上的自建房。此外，镇区工业仓储用地比例也较大，
占12.9%。

南平镇区建设用地分类 表6

用地类型	面积（hm²）	占建设用地比例
居住用地	104	38.4%
商住混合	20.1	7.4%
商业用地	30.1	11.1%
公共管理与公共服务用地	20.7	7.7%
公用设施用地	3.6	1.3%
绿地广场用地	8.8	3.3%
工业仓储用地	34.9	12.9%
其他用地（道路交通等）	48.7	18%
合计	271	100%

6. 设施水平

基础设施基本齐全，公共服务系统仍需进一步完善。

南平镇公共服务设施主要包括教育、医疗和文体娱乐几大类，但没有体育场馆和公园。镇区有高中、中学、小学和幼儿园各1所；镇级医院1所，病床100张，门诊年接诊量5万人次。镇区有养老院1所，工作人员8人，有30个床位，入住者均来自周边农村。

市政基础设施方面，南平镇有一个生产能力在3.8万m³/日的水厂，主要供镇区及周边农村用水；有小型污水处理设施1个，日处理能力为305m³。镇区生活污水处理率100%，工业污水处理率达90%。镇区实现管道燃气全覆盖，但无集中供热。全镇网络用户普及率86%，已实现有线电视网全覆盖。环境卫生方面，镇政府组织了专门的保洁队伍维护镇区环境清洁，镇区垃圾依靠镇垃圾处理厂处理，垃圾处理率达90%。

交通设施上，从镇区到县城有公交车4趟，覆盖周边所有乡村，农民进城较为方便，平均进城花费时间为20～30min。镇区内共有3个加油站，年汽油销售量在15万L左右，镇区停车紧缺，路边停车较为无序。

7. 小结

南平镇发展历史悠久，经过百年的历史沿革，成为重庆市首批启动的经济百强镇、重庆市中心镇、重庆市商贸小城镇、重庆市文明镇，2014年晋级为国家级重点镇。南平交通优势明显，南万高速开通，构建起"10分钟南川""10分钟万盛""1小时主城"的快捷交通，三南铁路取道南平，"一高一铁"构筑便捷物流网络，拥有难得的区位优势。南平资源比较富集，矿产资源品高量丰，煤炭、石灰石储量丰富，探明储量分别为7640万t、3亿t，萤石矿、石英砂分布广。旅游资源独特，拥有风景优美的国家级5A景区神龙峡、奇石异景里隐洞、恬静悠闲里隐坝、千年古刹宝象寺等自然和人文景观。南平镇景秀村十四社是南川区唯一的苗族聚居地，有苗族55户、近300人，曾被命名为省级"笙歌苗舞之乡""特色文化乡镇"。当前，南平镇发展的目标是建设南平现代建筑特色产业小镇和依托神龙峡风景区打造旅游名镇。

南平镇镇区主要以居住和商业用地为主，建筑群呈团聚状、块状分布，形态受道路影响较大，主要沿荣华路和正街两条主街发散，居民多沿路两侧街坊式居住，住宅大多为宅基地上的自建房。学校、医院等公共服务设施基本能够满足镇区居民的需求，但存在硬件设施差、服务水平低等问题。2015年户籍人口8882人，而常住人口达1.7万人，人口以流入为主，主要从事工业以及商贸和餐饮等二、三产业。近十年来镇域人口老龄化现象严重，老年人（60岁以上）占比约30%。南平镇居民人居收入一般（约1.4万元），收入主要来源是打工、养老金和退休金等；居民在住房和食物上的支出占到总支出的一半，在娱乐上的消费则较少。问卷调查结果显示大部分居民对自己的住房条件感到满意。全镇社会经济以工业为主，其中以生产型企业为主，机械加工、化工等产业为辅。近十年来，凭借自身资源优势，南平镇工业一直保持较高的增速。南平组团是南川工业园区"一园四组团"之一，是重庆市批准设立的特色工业园区，发展潜力巨大。近年来，随着神龙峡风景区的开发，南平镇旅游业发展态势较好，对游客的吸引力逐步较强，第三产业对GDP以及在就业上的贡献越来越明显。

小城镇作为"城之尾、村之首"，起着汇聚人口的作用。相对农村地区来说，镇区相对发达的经济和较为完善的基础设施如商品房、商业店铺等可吸引周边农村人口集聚，人口增加反过来也会带动镇区的经济发展。南平镇作为一个传统工业镇，工业发展为镇域居民提供了一部分就业机会；另一方面，南平旅游业发展迅速，神龙峡旅游区附近的农家乐、度假山庄发展迅速，可以为当地居民创造大量就业机会，一些农民也可以就地自主进行创业。南平镇区是镇域内的经济中心，其集市贸易的功能可满足镇域农民的基本生活需求，但高层次的消费则需到南川区或重庆市进行。

贵州省遵义市湄潭县永兴镇调查报告

1. 基本情况

　　永兴镇位于湄潭县城东北部，湄潭县是国家新型城镇化综合试点县，永兴镇属于贵州省新型城镇化试点镇，全镇行政面积165km²，现辖1个居委会（永兴居）及14个行政村、99个村民组。永兴镇区距湄潭县城约20km，东与凤冈县相邻，距离凤冈县城约21km，南与湄江镇及天城乡相接，西与鱼泉镇及洗马乡相连，北靠复兴镇。全镇地处黔北低山丘陵地带，以丘陵坝地为主，地势相对平缓，平均海拔800m左右，附近有杭瑞高速、道安高速、32国道、新舟机场以及即将建成的昭黔铁路。

　　永兴镇盛产优质茶叶、大米、辣椒、油菜籽、玉米、中药材等农副产品，素有"贡米"之称、"茶乡"美誉，历史上曾是贵州四大商业重镇之一，是黔北与省外商品交流的主要商埠之一。永兴镇作为贵州省100个示范小城镇之一，正着力打造成为"小、精、特"的特色小城镇。

2. 人口构成

　　镇域人口净流出，镇区人口净流入。永兴镇2005年以来镇域、镇区户籍和常住人口均呈自然增长趋势（图1），2015年镇域户籍人口55826人，常住人口41308人，镇区户籍人口11500人，常住人口17890人，镇域流出人口

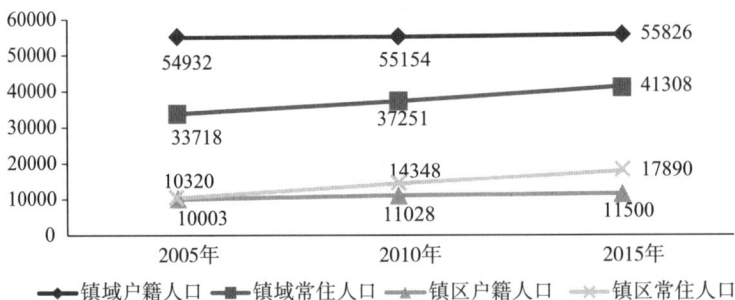

图1　永兴镇人口规模

大于流出人口，镇区流入人口大于流出人口，镇区近10年来常住人口年均增长16%，表明永兴镇作为贵州省示范小城镇，拥有较好的政策优势，近几年特色产业和城镇建设发展较快，镇区对周边乡镇和农村地区人口有较大吸引力。

老龄化现象严重。年龄结构方面，目前三个年龄阶段人口比例为6：15：4，其中年龄在18岁以下的占总人数的24%，年龄在18～59岁的占60%，年龄在60岁以上的占总人数的16%，已经超过10%的老龄化标准，说明永兴镇已经步入老龄化社会。

3. 居民生活

农村居民平均收入和消费均超过镇区居民、村富镇穷。镇区居民家庭月收入集中在1000元～5000元，其中1000元～2000元的家庭占比为30%，2000元～3000元的占24%，3000元～5000元的占20%（表1），收入来源主要是务农、打工、做生意和上班（图2）。家庭花销集中在1000元～2500元，其中1000元～1500元的家庭占比32%，1500元～2500元的占24%（表2），主要消费用于住房、食物和子女教育，预计大额支出计划按其占比降序排列为：为子女购买商品房、投资创业、翻建旧房和购买汽车。农村居民家庭年收入为

永兴镇镇区居民家庭月收入 表1

	1000元以下	1000元～2000元	2000元～3000元	3000元～5000元	5000元以上
占比	14%	30%	24%	20%	12%

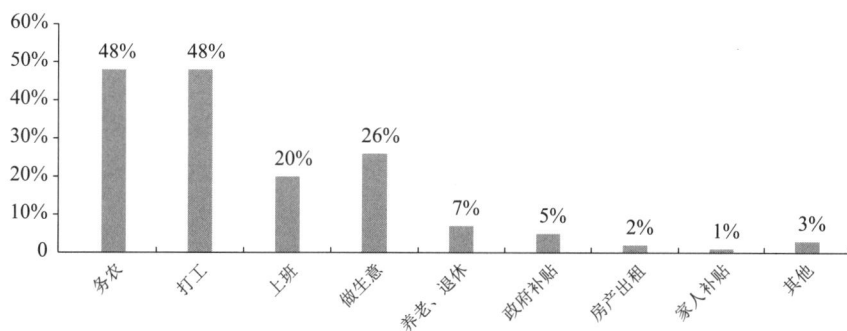

图2 永兴镇镇区居民家庭收入来源

永兴镇镇区居民家庭月花销　　　　　表2

	1000元以下	1000元~1500元	1500元~2500元	2500元以上
占比	14%	32%	24%	30%

3万~4万元占比25%，4万~5万元占比20%，5万~6万、7万~8万、8万~9万各占10%，9万以上占20%（表3），主要收入来源是务农和打工，多数农民从事茶叶种植，茶叶种植是永兴镇的优势产业，形成农村居民平均收入和消费均超过镇区居民、村富镇穷的局面。农村居民家庭年花费2.5万元以下的占10%，2.5万~5万元的占50%，5万元以上的占40%（图3）。

永兴镇农村居民家庭年收入　　　　　表3

收入（万元）	占比	收入（万元）	占比
<3	2%	6~7	3%
3~4	25%	7~8	10%
4~5	20%	8~9	10%
5~6	10%	9以上	20%

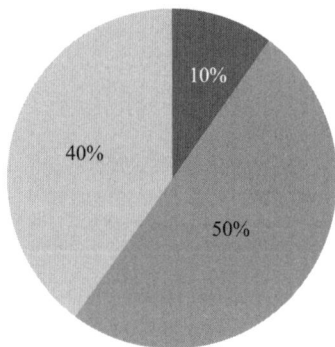

■ 2.5 万元以下　■ 2.5万元~5万元　■ 5万元以上

图3　永兴镇农村居民家庭年花销

　　居民去镇区和县城的主要目的是医疗、购物、探亲等。镇区居民就医方面看小病有58%的居民会选择去乡镇卫生院，22%选择去社区卫生室；看大病72%的居民会选择去县医院，15%选择去市医院。调查显示，54%的镇区居民至少一周会去县城一次，62%的居民至少半年才去市区一次，去市县的主要目的均为走亲探友、购物、看病就医等需求（图4）。交通出行方面，

15%的家庭拥有汽车，几乎每家都拥有摩托车或电动车，步行是大部分人喜欢的日常出行方式。70%的农村居民一周至少去一次镇上，目的主要为购物、看望亲戚和购买农资，主要的出行方式是公交车。30%的农村家庭拥有小轿车。

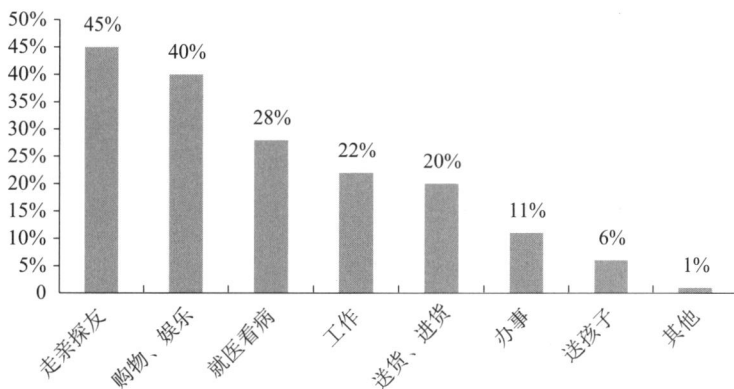

图4　永兴镇镇区居民出行目的比例

　　小城镇整体满意度较高，有向上流动意愿。满意度方面永兴镇绝大多数城镇居民对小城镇的生活感到满意或较满意，占比分别为63%和13%，认为一般的仅占5%，而认为不太满意和不满意的分别为9%、10%。不满意的原因比较平均，对于产业发展、就业机会、公共服务、住房条件、基础设施、自然生态、邻里氛围、交通出行等方面，部分居民感到不满意。有84%的居民喜欢本镇的生活，喜欢的因素首先是生活条件好，配套设施齐全，其次是子女能得到好的教育。希望自己和希望子女或孙辈去县城或小城市生活的比例分别为53%和24%，去大城市生活的比例分别为29%和48%，体现出小城镇居民对生活环境与生活成本的考量以及对子女给予更高的生活期望。

　　农村居民愿意到镇区工作、居住和转户口的比例递减明显。农村居民愿意到镇区工作、居住和转户口的比例分别为30%、10%和0%，整体比例低，且呈明显递减趋势。不愿去镇区生活和工作的原因主要是认为没有收入来源和经济能力，不愿转户口的原因是认为农村户口好。

4. 经济产业

以传统农业为主，工业企业少，有优势资源但未形成一、二、三产业链。永兴镇产业以农业、房地产和轻工业为主，主导产业为稻米和茶，产值为1500万元，镇域三产产业值比为5：2：3，可见虽拥有茶叶、水稻、板鸭等优势特色产业，但仍然停留在以传统农业为主的阶段，未能形成大规模的深加工产业链和商贸、旅游产业链。依靠农业发展优势，积极拓展上、下游产业链和横向产业链，伸长二、三产业"短腿"，是永兴镇产业发展升级的关键。

企业以生产实业型民营企业为主，因资源原料迁入，企业满意度高。2015年永兴镇社会固定资产投资72900万元，工业固定资产投资48838万元，社会消费品零售总额30000万元。工商业投资来源主要为大城市，其次为本镇和返乡创业。镇内有农业园和工业园各1个，对本镇发展贡献大，主要表现在：促进就业、增加地方税收、带动当地经济、促进城镇建设和吸引人口、增强城镇活力。永兴镇企业类型多为茶业和米业方面的生产实业型民营企业。镇区内企业共26家，2015年新增注册公司3家。来自本镇的企业占75%，其中自主创业企业占60%，返乡创业占15%；来自大城市的企业占20%。50%的企业因为资源原料迁入，15%的企业因为税收优惠迁入。有10%的企业有研发机构。企业对小城镇各方面的总体评价均为满意。当前制约企业发展的主要原因为成本高，其次为市场拓展难和融资难（图5）。

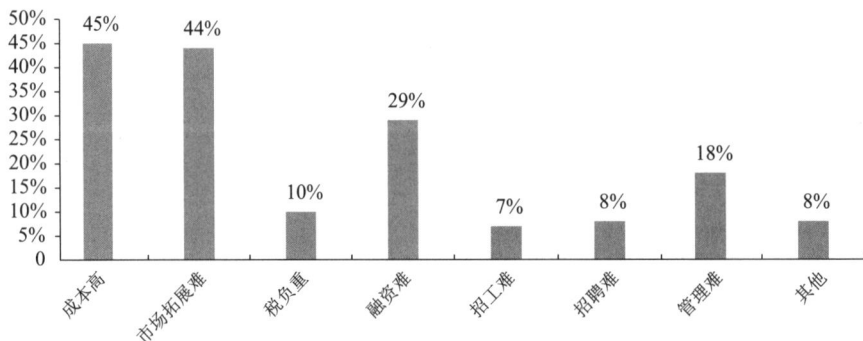

图5　制约永兴镇企业发展的原因

5. 设施水平

与调研的其他三个镇相比，永兴镇因为示范小城镇建设大大提高了镇区的公共服务和基础设施水平，使居民的生活水平有了很大的提升。

公共服务设施方面，主要包括教育、医疗、养老和文体娱乐几大类，能基本满足小镇居民的生活需求。镇域设中学2所、小学8所（包括镇域内乡村小学）、幼儿园8所、私立学校6所，服务镇域内的适龄学生。中学在职教师100余人，镇区和农村生源比是1∶4；小学在职教师约200人，镇区和农村生源比为1∶3。镇区设永兴镇卫生院，病床60张，门诊年接诊量约为2万人次，镇区及周边村庄居民患日常小病时愿意在此就医，稍微严重或复杂的病、急诊等愿意去县城或城市就医。永兴镇敬老院共有床位340个，调查时仅入住28人，都是镇区周边农村的孤寡老人。主要文化体育场所除了体育馆为周末开放外，其他设施都是每天开放，使用率一般。

市政基础设施方面，永兴镇域配备水厂，主要供镇区及周边农村用水；有污水处理厂1个，日处理能力1500m³，主要处理镇区污水。镇区暂无天然气全覆盖（筹备中），燃气多以气罐为主。镇区网络用户普及率为87%，有线电视网全覆盖，但85%的普及率低于网络普及率，越来越多的年轻人有网络后对电视的需求降低。镇政府组织了专门的保洁队伍维护镇区环境清洁，镇区垃圾日清运量10t，全部转运到区县处理；镇区内配置公共厕所6座。

交通方面，每天都有从镇区到周边村庄的公交车，一共16趟，农民进城较为方便，平均花费10～20min，但农民进城主要使用电动车、摩托车作为交通工具；镇区内有2个加油站，年汽油销售量在95万L左右，整个镇区停车位比较宽松，停车有序。

6. 空间特征

镇区建设用地总面积47.62hm²，形成"两横三纵"的主要街区形式，其中包括328国道、幸福路、河滨大道、西大街、食品通道五条主要围合街道。目前永兴镇区正着手进行古镇型旅游开发，镇区土地多已国有化，集体开发，镇区国有建设用地面积44.62hm²，集体建设用地面积3hm²。镇区功能以居住及商贸为主，居住用地及商住混合用地为镇区主要用地形式（表4），由于目前的古镇开发如火如荼，镇区内的居住用地正处于建设与推倒空置状态。而沿街商住混合多已修建完成，多为3～5层，底层全为商铺。

永兴镇区建设用地分类　　　　　　　　　　　　表4

用地代码	用地性质	用地面积（hm²）	占建设用地比例	人均用地（m²）
R	居住用地	15.63	32.8%	37.8
RC	商住用地	8.33	17.5%	20.2
B	商业服务	3.27	6.9%	7.9
A	公共服务	8.10	17%	19.6
U	公用设施	1.72	3.6%	4.2
G	绿地广场	0	0	0
MW	工业仓储	0	0	0
T	道路交通	10.57	22.2%	25.6
城镇建设用地		47.62	100%	115.3
镇区非建设用地		589.93	—	—
其中：水域		24.38	—	—
农林用地		565.55	—	—
建成区面积		637.55		

居住功能方面，现状居住形态主要有街坊居住形式和小区居住形式，两者用地面积比例约为2∶1，绝大多数居住建筑都是国有土地商品房，目前多沿街分布，商住混合用房通常在3～5层，商业普遍分布在1～2层。各个地块内部多为待建和在建中，国有土地商品房多以拆迁反补镇民。

商业设施方面，镇区营业商业设施总量为556家，总建筑面积48323m²，沿街中小型商铺是镇区商业的主要业态，以30～50m²小型商铺为主，商铺租金高低依地段划分，新建河滨大道租金最高，约150元每平方米每月。大型超市和商场有6处，传统商业服务业、日常生活类零售小型综合店的数量最多，其中包括粮油副食、家居建材、服装鞋帽、中小超市等，以满足镇区和周边乡村城乡居民的日常生活需求。由于当地房地产兴起，家居建材类商业明显多于其他镇区，且呈快速增长。各类店铺服务的客户群大部分集中在永兴镇内，由于当地的地产开发也带动了当地商业服务业，近年邻近村庄及临近镇区在永兴镇的消费也逐日增多。货源方面，各类店铺的进货渠道各异，与其所经营的项目有关，主要从周边城市或县城进货。收益方面，现代商业中以房地产业收益最高，传统行业覆盖面积最为广泛，小型综合用工数量最多。

7. 小结

永兴镇镇区为"两横三纵"团块式街区形式，功能以居住及商贸为主，商铺众多。镇产业以传统农业为主，工业企业少，有优势资源但未形成一、二、三产业链。企业以生产实业型民营企业为主，因资源原料迁入，企业满意度高，但融资难。因古镇开发，镇区土地多已国有化，国有土地商品房多以拆迁反补镇民。沿街商住混合多已修建完成，其余居住用地正处于建设与推倒空置状态。其公共服务设施和市政基础设施基本满足小镇居民生活需求，网络普及率高，垃圾清运及时，燃气管网在筹备中。永兴镇村富镇穷，镇区居民平均收入和消费低于农村居民，镇域人口净流出，镇区人口净流入。

永兴镇镇域相较于周边乡镇经济发展较好，而镇区相较周边农村的集合作用较弱。其蓬勃发展的第一产业使得农村居民经济收入超过镇区，呈现出村富镇穷的局面：全镇80%的粮田为"茅贡米"商品粮生产基地；蛋禽市场辐射临近县市，并为古镇传统特色板鸭提供原材料；投资上千万元的高新农业示范园区有很大的发展潜力；集湘绣、蜀绣为一体的特色刺绣背带远销外省；北部的万亩茶海，集茶叶生产、加工和观光旅游为一体，具有较为广阔的市场前景。其区集贸市场繁荣，辐射面较广，是邻近县、乡镇的商业流动中心和农副土特产品及各类物资的重要加工和集散地，目前正处在由以农业为主的经济向农工商并重，协调发展的综合经济转化的过程之中。因示范小城镇建设，使其城镇空间、公共服务和基础设施水平有了较大提升，基本能满足镇区以及周边农村地区居民教育、医疗、商贸、娱乐、养老等各方面需求。镇区与农村及县城之间的人流来往频繁、联系紧密。近几年特色产业和城镇建设发展较快，对镇区对周边乡镇和农村地区人口有较大吸引力。农村居民愿意到镇区工作、居住和转户口的比例递减明显，表明镇区更多起到的是提供工作岗位的作用，农民向往城镇提供的就业机会、设施环境及公共服务，但因为生活成本、土地及户籍政策等原因并不向往市民身份。

西藏自治区山南市扎囊县桑耶镇调查报告

1. 基本情况

桑耶镇位于山南市扎囊县，坐落在雅鲁藏布江北岸，因境内有宗教中心桑耶寺而得名。山南地区史称雅砻，被认为是藏民族生息繁衍的发祥地，在藏民族和藏文化的历史中占有极其重要的作用。桑耶寺是西藏第一座寺庙，首创藏人入寺为僧的先例，它是雅砻文化的重要组成部分，见证了藏传佛教最辉煌繁盛的时期，今天桑耶寺依然是西藏地区重要的宗教中心，每年都吸引数以千计的朝圣者前往。

桑耶镇依托河流，拥有悠久的聚落发展历史；作为宗教中心，在藏文化中也占据着重要地位。近年来，桑耶镇根据自身的资源禀赋，制订了相应的城镇发展规划，旨在建设闻名遐迩的特色文化旅游名镇。

目前，桑耶镇的行政区域面积823.71km^2，镇域户籍人口为4608人，常住人口为4636人；镇区方面，建成区总面积0.87km^2，户籍人口为1690人，常住人口为2000人，镇区发展带有一定的集约化色彩，处于城镇化发展的扩张阶段。在耕地资源方面，人均耕地面积为2.14亩，与西藏地区地广人稀的特点相吻合（表1）。

2015年桑耶镇镇域及镇区建成区的面积及人口　　　表1

	面积（km^2）	户籍人口（人）	常住人口（人）
镇域	823	4608	4636
镇区建成区	0.9	1690	2000

2. 人口特征

桑耶镇区居民调研数量为85户，覆盖常住人口190人。镇区常住人口受教育水平总体较低，以初中为分界，往上往下各占50%，值得一提的是，受教育水平较高的人群往往是政府机关和事业单位的公职人员。人口性别比为

55∶45，男性比例略大于女性；农业户口人数约为87.9%，反映出较低的城镇化水平；年龄结构呈现8∶85∶7的老中青分化，说明镇区作为周边农村的中心，吸引了大量年轻劳动力到镇区定居（图1）。受访者中，藏族人口比例为94.7%，体现出其作为传统宗教中心对于人口民族构成的影响。

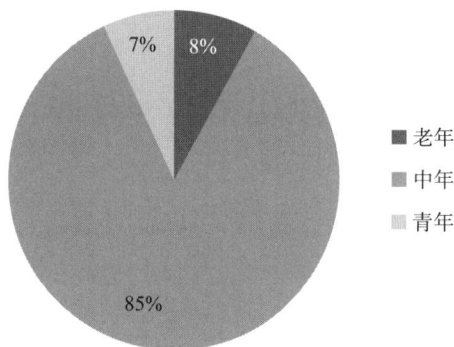

图1　2015年桑耶镇镇区人口年龄结构

职业分布上，务农与打工依然是桑耶镇家庭获取收入的主要途径，随着桑耶镇城镇化的推进，城市建设、商业服务等行业不断发展，为周边村民提供更多就业机会，因此越来越多农业户口的村民来到镇区务工。总体上桑耶镇居民的收入水平差异较大，近3成居民月收入在1000元以下，其中大部分为无收入群体，同时，有38.4%的群体月收入1000～3000元，另有31.5%的群体月收入超过5000元。应注意的是，12.6%的适龄劳动力无收入，超6成的老人处于无收入状态。结合消费水平看，月消费在1000～2500元的家庭占7成以上，几乎与收入水平相当，说明镇区家庭的积蓄较少，抗风险能力较低。

总的来说，桑耶镇的城镇化水平（43%）依然落后于全国水平；镇区人口中务农比例较高，这是因为桑耶镇作为传统的宗教中心，聚落发展历史悠久，傍水而居，农业发展基础较好。此外，桑耶镇在镇域内起到了良好的吸纳就业的作用；但应注意，劳动人口中约有12.6%处于无收入状态，超一半的老年居民无收入，政府需要做好相应的社会保障工作。

3. 居民生活

总体上，桑耶镇的城镇化水平已经初具规模，各种配套设施相应发展起来，镇区居民的生活方式呈现出传统、宗教、现代相互交融的特点。

生活物资获取方面，桑耶镇能基本满足居民的日常购物需求，居民主要从集市（35.3%）和社区小超市（56.5%）进行购物。在商品和服务的消费选择上，居民的日常服务和娱乐活动都集中在镇区，一方面是因为镇区的服务水平较高，另一方面，桑耶寺的存在满足了本地居民宗教活动的需求。同时，由于镇区商业服务水平的不足，镇区居民倾向于到更高级别的行政单位进行服装、家具、家

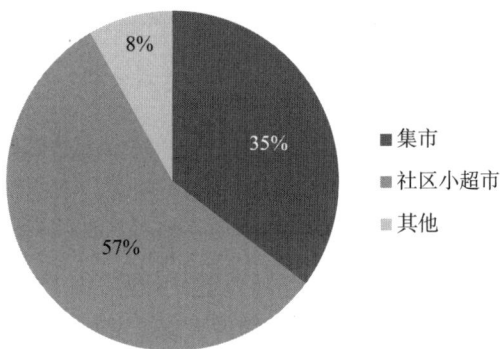

图2　桑耶镇居民日常购物地点

电等贵重物品的消费行为；值得注意的是，桑耶镇所在地区市区对城镇的辐射和影响在有些方面依然超过了县城（图2）。

生活方式上，镇区居民休闲娱乐方式正发生转变。在闲暇时间，看电视（77.6%）和玩手机（67%）成了桑耶镇居民的主要选择；随着手机的普及，有一部分居民开始以手机上网作为娱乐活动。同时，由于西藏的特殊文化环境，参加宗教活动依然是镇区居民的一项重要休闲娱乐活动。

出行方式上，在上下班的出行中，步行、摩托车和小轿车都占了一定的比例，小轿车作为现代化的交通工具开始进入人们的生活；在访谈中得知，许多居民认为打零工不算上班，因此47%的居民填写无此出行。对了除日常购物之外的非工作出行而言，摩托车与步行出行是最主要的交通方式，说明小城镇基本能够满足居民就近出行的需求，城镇结构的安排较为紧凑。在日常购物出行中，小轿车和摩托车的使用比例分别占了14%和31%，这是因为小城镇内提供的商品货物在一定程度上满足不了居民的需求。

在基础设施方面，镇区的幼儿园、小学可以基本满足镇域居民的需求，初中教育和高中教育则主要在县里和市里进行。医疗和养老设施的建设和服务水平还有待提高：在医疗设施方面，镇级医院基本能够满足居民看小病的需求，同时居民会根据疾病的状况适当选择更高级的医疗机构（县城、地级市）；此外，桑耶镇没有专门的养老设施，但是在人口特征分析中我们看到有近6成的老人无收入，因此养老设施应该是小城镇基础设施建设发展的重点之一。从公共活动空间看，镇区居民的主要娱乐消遣地点为茶馆，同时会有一定比例的居民到寺庙进行宗教活动，这与西藏地区的民族文化和人民生活习惯息息相关。

总的来说，伴随着城镇化的脚步，桑耶镇居民的生活正悄然发生着改变，现代化的生活方式开始渗透并发生作用，同时，传统的村民生活、宗教生活方式的影响依然深远。

4. 经济产业

目前，桑耶镇的城镇化发展已经初具规模，但是经济总量依然比较小，社会投资和消费水平低。商业主要沿街分布，随着旅游业的发展，商业设施的规模和数量都有所提高，商业业态趋于丰富（十五大类中占了十三类）。

桑耶镇三产产值比为7：3：10（图3）。一产方面，主要还是自给自足的小农经济，同时在中草药种植方面的规模化农业尚在起步阶段；二产方面，桑耶镇没有大型工业项目，镇域内配合国家和自治区对于雅江的生态保护工作，积极落实江北"十三五"种植计划，这与西藏脆弱的生态环境有关，也符合西藏建设生态文明、维护国土安全格局的指导思想；三产方面，桑耶镇第三产业发展目前主要还是依靠传统的商业与生活服务业，主要服务于镇区居民，旅游业及其附属产业开始发展起来。在旅游业发展方面，如上文所言，桑耶镇作为传统的宗教中心，旅游发展资源丰富且知名度较高，政府方面非常注重相关的城镇规划，但是目前规划尚未落实，镇区的相关基础设施还需要不断提高。

总体而言，商业镇的产业发展受镇区发展水平、居民生活、宗教信仰、历史传统、自治区城镇发展总体思想等多重要素共同影响。就镇区商业及服务业的发展而言，受宗教生活和民族文化影响的如茶馆、藏香售卖店等业态，受现代生活影响的社区小超市、理发店、服装店等业态，受镇区主要就业人口影响的餐饮等业态，呈现三足鼎立的现状。小城镇的产业发展应该充分适应居民生活方式转变中可能发生的各种需求，并做出改变，才能更好地服务于居民。

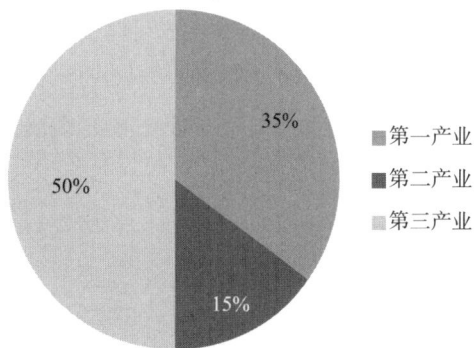

第一产业 35%
第二产业 15%
第三产业 50%

图3 2015年桑耶镇三次产业结构

5. 空间特征

桑耶镇镇区地势较为平坦，镇区空间格局以道路网络为基础，围绕宗教中心和政治中心形成组团；但在空间上功能分区不明显，商业、居住相互混合，沿道路、街道发展的模式显著，与农村的边界较为模糊。

空间建设方面，桑耶镇的建设用地总面积为79.31hm²，由于人口较少，镇区人均建设用地（396.6m²）和住宅用地（248.5m²）都比较大。其中居住用地占比达到62.65%，商住混合和商业服务设施用地的比例分别为6.39%和2.36%，公共管理与公共服务设施用地占23.82%，体现出城镇化发展早期的特点，城镇空间依然是以满足人们的居住需求为主，公共服务和公共设施主要为桑耶寺，商业服务设施及公用服务设施有待进一步建设（图4）。

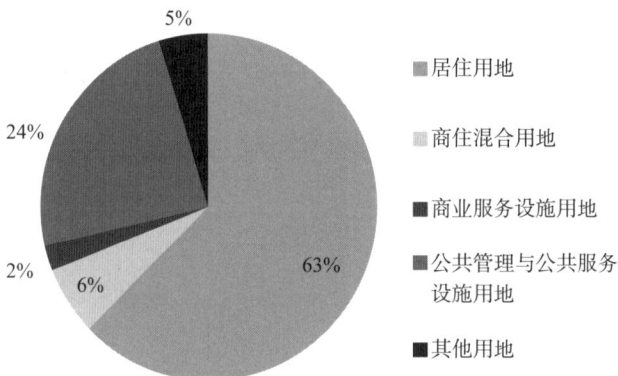

图4 2015年桑耶镇镇区建设用地类型

桑耶镇目前的空间建设中风貌和文化的保护做得也比较好，藏族的民居的白墙、红门、金窗、庙宇、经幡等具有代表性的文化元素依然活跃；但是在城镇化的影响下，镇区开始出现了一些现代化的房屋样式，主要集中在政府用地建筑、沿街商铺和新的建设项目上，不过在立面上还保留了一些具有藏族特色的纹饰等，具有古朴与现代交融的特点。

6. 小结

桑耶镇是由镇区驻村桑耶村发展起来的，作为传统的宗教中心，具有悠久的聚落发展历史。目前而言，桑耶镇属于已经初具发展规模的城镇，镇区发展开始呈现集约化的特点。镇区既是农村的交通枢纽、商贸集散地、公共事业服务中心和居住中心，也为农村提供更多正式岗位，从而保障居民和村民收入；相比于乡村的建设状况，镇区基本能够满足居民基本的购物、休闲、医疗需求。在人口方面，藏族人口和农业人口都占到了90%以上，依然带有乡村地区的色彩；务农与打工依然是桑耶镇家庭获取收入的主要途径，但是居民的就业选择开始趋于多样化，居民的消费水平和收入水平几乎持平；无收入的老年人口比重过半，老年人口生活保障问题亟待解决。在人民生活方面，桑耶镇能够满足本地居民的基本购物需求；现代化的生活方式开始渗透进小城镇居民的生活；宗教依然是居民日常生活中非常重要的方面，并且对居民的消费结构、娱乐选择等产生影响。在产业发展方面，桑耶镇经济总量比较小，社会投资和消费水平低；镇区内服务商贸等业态开始发展起来并趋于丰富；第一产业依旧是自给自足的小农经济占主导；第二产业方面，桑耶镇没有大型工业项目，与西藏生态文明保护的政策相符合；第三产业发展目前主要还是依靠传统的商业与生活服务业，服务镇区居民。在空间建设上，镇区发展已经带有集约性色彩，形成以宗教和政治为中心的组团，但是沿道路发展的模式依然占据主导，体现出小城镇发展的普遍特点；镇区用地结构中，居住功能依然占主导，公共服务和公共设施用地次之；在风貌保护方面，藏文化和宗教文化的特色依然显著。

值得一提的是西藏小城镇与上下级行政单位的关系：小城镇的镇区往往是由驻村发展起来的，镇区与乡村之间的边界也比较模糊，镇域内交通十分方便，镇区和农村的社会经济联系紧密；而小城镇对县的依赖性较强，在政治经济上均有体现，尤其与县城的行政互动比较频繁。作为距离乡村最近的行政单位，小城镇的蓬勃发展能带动农村经济和社会发展，这对于调整农业和农村经济结构、提高农民收入水平与生活质量、提升农业经济效率与效益、加快转移农村剩余劳动力、打破城乡二元体制、促进农村现代化具有重要意义。在西藏产业和人口适度集中的新型城镇化政策指导下，未来小城镇的土地利用和功能分布会更趋集约化，镇域内交通出行更加便捷，其和农村的社会经济联系更加紧密，生活上也会更趋于融合。

甘肃省兰州市皋兰县什川镇调查报告

1. 基本情况

什川镇隶属兰州市皋兰县，位于市区东北、县城东南，地处黄河河谷盆地，东西长32km，南北宽25km。全镇下辖9个行政村，48个村民小组，2015年总人口20335人，现有耕地22200亩，其中水浇地17849亩，人均耕地面积1.09亩。镇区一面靠山，黄河三面合围，距县城20km，距兰州市城关区21km。盐什（兰州—什川）、皋什（皋兰—什川）公路穿越全境，已开通兰州—什川、什川—大峡的水上航运，镇区形成"两纵四横"的对外交通格局。

镇域经济发展受兰州市辐射影响大，产业以种植业、生态文化旅游、观光农业为主，万亩古梨园、黄河是其发展休闲旅游业的特色资源。当前镇政府采用"生态古镇、生态旅游、生态农业、生态文化、生态开发"五位一体的发展思路，着力把什川打造成都市农业重镇。

什川镇因明朝甘肃巡抚在今什字中心修筑"什字川堡"而得名。在405km²的土地上，上万亩古梨园梨树年轮大都在300年～500年左右，且形状迥异，造型别致，黄河东流出小峡后在这里呈"S"形流向，造就了酷似太极图状的万亩梨园，形成独特的区域文化景观，加之发展历史悠久，被确定为全国重点小城镇。

2. 人口特征

镇区居民多从事农业生产活动，人口流出多于流入，镇域人口老龄化现象严重。什川镇区人口主要为上车、长坡等四个村庄的居民，多从事农业生产活动，非农业人口主要为镇行政办公人员，数量较少。2005年以来，什川镇区户籍和常住人口呈自然增长趋势（图1），但户籍人口始终大于常住人口，流出人员始终多于流入人口。2015年镇区户籍和常住人口分别为12868人、12268人。

什川镇非农经济活动弱，就业机会少，年轻人多到兰州市区或外省市打

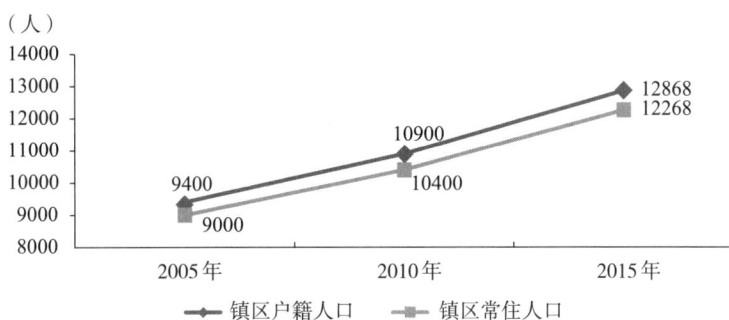

图1 什川镇镇区户籍人口和常住人口

工,造成家庭常住人口以老人和儿童居多。2015年镇域60岁以上户籍人口占19.83%,老龄化趋势严重。

3. 居民生活

镇区居民收入、消费水平低。居民以从事农业活动为主,收入水平低,95%的家庭月可支配收入在5000元以下,其中24.6%的家庭月可支配收入在1000元以下(表1),55.7%的家庭月花销方面集中在1000元~2500元之间(表2)。家庭消费以食物支出为主,看病、上学比例高,分别为17.3%、14.2%,娱乐等支出少,生活水平较低(图2)。

主要出行目的和出行方式单一。出行目的集中于购物、田间耕作、邻里或亲戚串门(图3)。居民多为农民或兼业农民,步行或借助自行车购买生活用品,田间耕作主要选择机动农用车,邻里串门则以步行为主(图4)。

2015年什川镇镇区居民月可支配收入　　表1

	1000元以下	1000元~2000元	2000元~3000元	3000元~5000元	5000元~8000元	8000元以上
占比	25.4%	21.3%	25.4%	23%	4.1%	0.8%

2015年什川镇镇区居民月花销　　表2

	500元以下	500元~1000元	1000元~1500元	1500元~2500元	2500元~4000元	4000元以上
占比	11.5%	13.1%	19.6%	36.1%	15.6%	4.1%

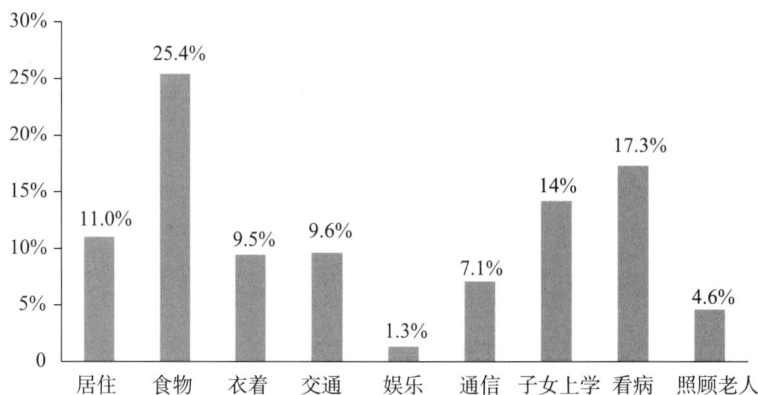

图2 2015年什川镇镇区居民月支出事项

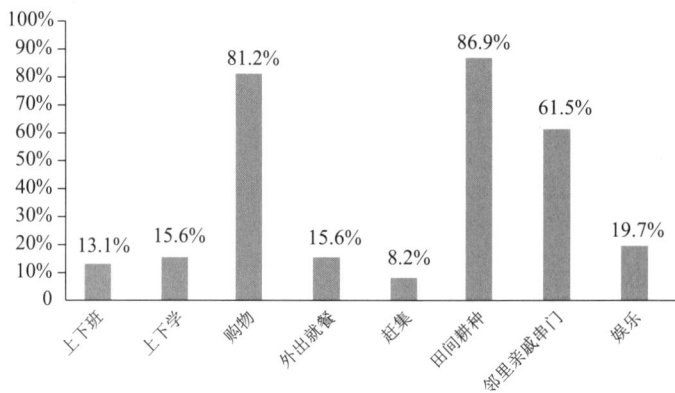

图3 什川镇镇区居民出行目的比例

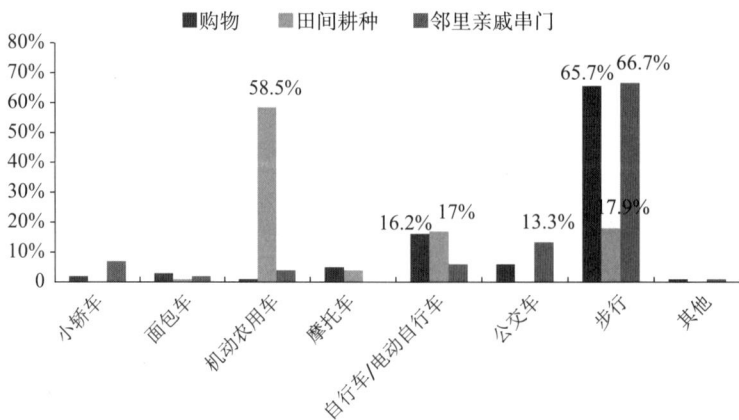

图4 什川镇镇区居民出行方式

上下班、外出就餐和娱乐的出行需求少。

教育、医疗地点以镇区为主。镇区设初中1所（什川中学）、小学2所、幼儿园3所，能满足家庭基本上学需求。小学及以下学生多在本镇区上学，随着年龄增长，初中、高中在县城和市区上学的学生比例增加（表3），反映地方优质教育资源的短缺。什川镇卫生院能够满足买药和感冒发烧等小病的需求，居民看大病则更多选择到县医院或市医院。

什川镇镇区家庭适龄成员就学地点 表3

上学地点	镇	县城	市区或省城
幼儿园	92.9%	0	7.1%
小学	95.2%	0	4.8%
初中	90%	10%	0
高中	10%	60%	30%

4. 经济产业

经济规模小，发展水平低，第三产业比重较大，工业企业少。截止2015年底，全镇地区生产总值达到1.3亿元，比2011年增加0.19亿元，年均递增4.6%。固定资产投资达到2.83亿元，比2011年多1倍。农民人均可支配收入达到8875元，比2011年增加4342元，年均递增18.3%。73.7%的投资来自于本地城市，本镇、其他大城市投资占比较少，这与其近邻兰州市有关。经济发展受兰州影响大，但因其各项发展条件较差，吸引外部资本的能力弱。

第一、第二、第三产业比为23：38：39。什川属于传统农业镇，因其地处黄土高原，发展受黄河限制，能有效利用的耕地少；以休闲生态文化旅游为主的旅游业创造了一定的就业岗位，第三产业产值占比达到39%；工业发展滞后，全镇缺乏成规模的工业企业。调查的20家企业中，国有和集体占比少，95%为民营企业，且多为兰州、本地等投资人开发经营的度假中心、休闲山庄等，客源以兰州市为主，少量来自白银市、武威市、青海省等。可吸纳的就业人数少，产值利润低，对镇区发展带动能力弱。镇区依托古梨园资源进行旅游开发，但目前为止，仅有一处旅游园区，由于多方面条件制约，吸引游客有限，旅游业发展不景气，居民生活水平不高。

总体来说，什川镇经济发展水平低、规模小、资源禀赋差，能够代表西北地区黄河谷地农业镇的发展现状，但因其临近大城市的区位优势，加上较为独特的黄河、古梨园资源，生态休闲旅游具有较大的发展潜力。

5. 空间特征

什川镇镇区建设用地面积共178公顷，其中集体建设用地面积占比为90%,国有建设用地面积占比10%。镇区用地以居住为主（68.7%），交通设施用地占18.1%，商业、公共服务、绿地广场和工业仓储用地占比少（表4）。镇区功能以居住及集市贸易为主。

什川镇区建设用地分类   表4

用地分类	用地面积（hm²）	占建设用地面积比例
居住用地（R）	122.4	68.7%
商住混合用地（R+B）	2.8	1.6%
商业服务业设施用地（B）	4.6	2.6%
公共管理与公共服务用地（A）	5.7	3.2%
公用设施用地（U）	3.3	1.9%
绿地广场用地（G）	5	2.8%
工业仓储用地（M+W）	2.1	1.1%
交通设施用地（S）	32.2	18.1%

什川镇镇区商业主要集中于雁滨路和校场街，沿雁滨路向东延伸段两侧发展，沿教场街街道两侧布置，以临街底商为主，二层以上多为居住。主要商铺多以出租形式经营，月租金约为10元每平方米，部分为自建房一楼自行经营及少数规划建设商业。

镇区主要街道临街底商数量为172家，经营范围以零售百货、粮油副食、家具建材、农资服务为主，百货商店与便利超市多，同时拥有服装鞋帽、日化用品、家电电器等专卖店，能满足镇区居民日常生活需求。此外，金融网点、电信网点等公共服务机构也分布于街道，方便居民生活。镇区康体娱乐设施和场所较为缺乏，有网吧一家，小广场利用率较高。

居住形式单一，绝大多数为村民自建房，占地面积较大，人均居住用地指标高（104.1m²），土地利用率低。镇区住宅主要以1~2层居住为主。沿黄河东路建有3层独栋别墅商品房，新农村社区以2层为主。

6. 设施水平

总体来看，什川镇区基础设施和公共服务体系不完善，亟待提高。

（一）道路交通

镇区路网体系未成规模，道路建设普遍滞后，干道网密度明显不足，红绿灯、护栏等设施缺乏；公共停车场严重不足，社会车辆占道停放，占梨园停车的情况比较严重，旅游旺季经常交通拥堵，也影响梨园的整体景观形象，需修建停车场。镇区对外交通主要依托小峡黄河大桥和黄河吊桥连接盐什、皋什公路。内部道路以城镇街道（东滨河路、教场路和雁滨路）和村道为主，全部硬化，但普遍偏窄，村道仅能满足村民日常生活出行的需要，制约了镇区发展。

（二）医疗卫生设施

镇区设什川镇卫生院，病床10张，科室设置比较齐全，门诊年接诊量为12000人次，年住院人数86人；镇区内卫生所4所。但医务人员少，医疗设施和水平较低，仅能满足居民日常买药、诊疗的需求。

（三）教育文化设施

中心镇区设初中1所（什川中学）、小学2所（南庄小学、明德小学）、幼儿园3所，基本满足本镇适龄儿童的上学需求，但学校教育设施落后，教育水平有待提高。

（四）市政设施工程

居民自来水饮水困难，水质差，给水管网年久失修，对供水水质造成不利影响。自来水水厂、管道等供水设施不能满足发展需求，需进行更新改造。镇区没有集中供热设施，居民现以小煤炉分散取暖为主，热效利用率低，且冬季污染严重。无污水处理设施，污水随意排放现象普遍。雨水集疏系统不健全，主要依靠道路边渠。缺乏公厕，居民家庭旱厕需改造。镇区范围内环卫设施不足，没有垃圾处理厂及垃圾中转站点。目前垃圾处理方式主要为村民将垃圾放置于自家门口，由政府专门人员负责上门收集统一送至垃圾掩埋区。

7. 小结

什川镇属于大城市周边的休闲旅游特色小镇。近邻兰州市，拥有万亩古梨园、黄河等资源，但旅游产品少，知名度和影响力不大，客源市场主要为兰州，此外缺乏政府投资或PPP项目，发展空间有限，因此小镇综合发展状况一般。

什川镇镇区建筑呈团聚状、块状分布，功能以居住为主，街道窄，居民沿路两侧街坊式居住，镇容镇貌有待改善提升。受地形限制，镇区建设用地不足，学校和医院可以满足镇区居民的基本需求，但硬件设施差、服务水平低。居民从事农业生产活动为主，生活水平低；人口流出多于流入，老龄化问题突出。休闲旅游业是当地经济发展的亮点，但旅游产品的吸引力不够，客源市场小，同时缺少工业企业带动，经济发展的动力不足。目前尚存在用水难、水质差等最基本的问题，市政交通、如厕、给排水、垃圾处理等设施需完善，缺少高中教育、养老院等公服设施。

什川镇是镇域的社会经济文化中心，其集市贸易的功能可以满足镇域居民的基本产生生活需求；但高层次的消费品仍需到皋兰县、兰州市购买或交易。作为一个旅游小镇，农家乐、度假山庄的发展可以为当地居民提供适量的就业机会，使一些居民得以就地自主创业。另外，相对周边农村地区来说，镇区较好的商贸服务、经济活动和较为完善的基础设施、公共服务，如商品化住房、商业店铺等，吸引人口向什川镇区集中，人口增加反过来也带动了地方经济发展。

新疆维吾尔自治区阿克苏地区温宿县克孜勒镇调查报告

1. 基本情况

　　克孜勒镇位于新疆维吾尔自治区阿克苏地区温宿县东南40km（图1），距离阿克苏17km，全镇总面积336km²，下辖2个社区和16个行政村。截至2015年底，克孜勒镇常住总人口24449人，其中镇区常住人口2251人，占全镇人口的9.2%；非农业户口1695人，占总人口的6.9%。人口以维吾尔族为主体，占总人口的95.8%，包括汉族在内的其他7个民族仅占总人口的4.2%。克孜勒镇是南疆地区典型的农业服务型小城镇，第一产业占国民经济总产值的比重为60%，林果种植业（大枣、核桃）是其支柱产业。第二产业的发展主要为农业服务，以初级农产品加工为主。

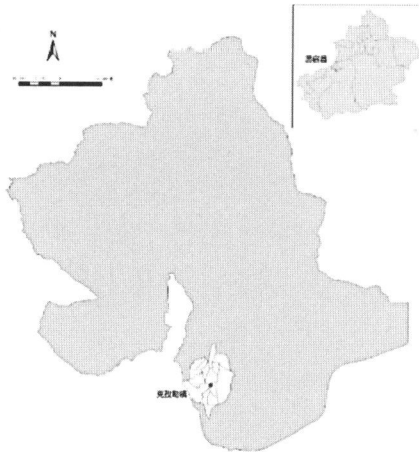

图1　克孜勒镇区位图

2. 人口特征

　　具有一定的人口集聚能力，但是辐射范围有限。2015年克孜勒镇镇域户籍人口2251人，常住人口2927人。2015年镇区户籍人口和常住人口分别为2251和2927人，其中常住人口比户籍人口多30%，与全国平均水平相比人口规模偏低，但具有一定的区域人口集聚能力。但是，其外来人口大部分来自本县其他乡镇，其余全部来自于本市其他县（图2），说明其人口集聚的辐射能力、范围有限。克孜勒镇人口集聚的主要障碍是缺乏足够的产业支撑。部分镇区居民反映由于缺乏可靠的经济收入来源，其家庭收入比农村居民还低。

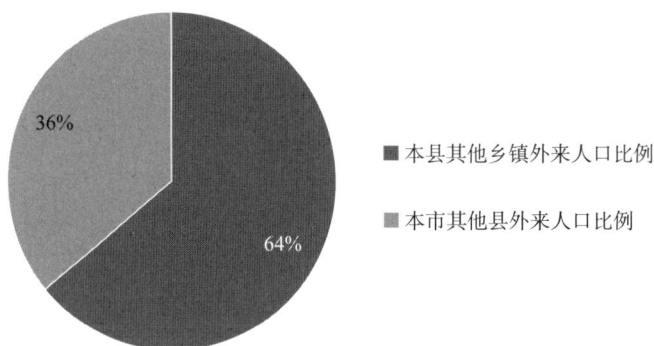

图例：
- 本县其他乡镇外来人口比例
- 本市其他县外来人口比例

图2　镇区外来人口来源

克孜勒镇人口年龄结构呈现纺锤形，家庭类型构成以小型化的核心家庭为主。在本次调研家庭的387名居民中，18岁以下的青少年共109名，18～59岁中青年共247名，60岁以上老年人共31人（图3）。从受访者情况来看，当地常住人口以中青年为主，青少年次之。60岁以上人口比例占比8%，远低于16.2%的全国平均水平，这与少数民族地区特殊的生育政策密切相关。

从家庭类型来看（图4），核心家庭（夫妻带孩子）占主要比例，主干家庭（父母、夫妻、孩子）次之，独居老人或老人独自带孩子较少，有两个家庭以上的联合家庭较少，且大部分为兄弟姐妹未分家的家庭。

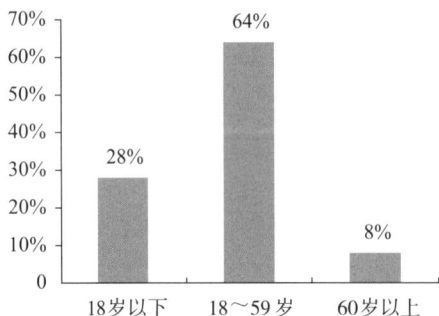

图3　常住人口年龄构成比

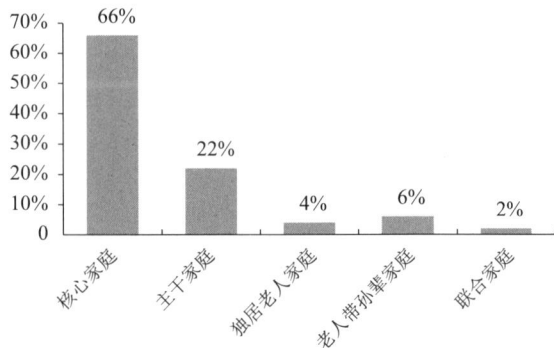

图4　家庭类型构成比例

当地语言以维吾尔语为主,汉语水平较差。克孜勒镇维吾尔族人口占到95%以上,当地居民以维吾尔语为主,难以利用汉语进行沟通交流,导致当地居民接受信息和学习知识的能力欠缺、与外界沟通困难,在一定程度上限制了该镇与发达地区的经济文化交流,阻碍外来投资的进入。这也是当地经济发展受限、人口集聚辐射区域主要分布在周边县市的重要原因之一。

3. 居民生活

居民收入来源以农业为主,家庭支出以满足基本生活需要的必需支出为主。克孜勒镇居民家庭收入以低收入为主,镇区居民月收入70%以上在千元以下,是居民月收入的构成主体,其他居民收入也大多低于5000元,家庭收入5000元以上的居民仅占0.3%。务农是镇区居民的主要收入来源,其次为做生意。

居民支出方面,食物、看病、居住占据了消费支出的前三项(图5)。食物支出占比较高,居民生活水平相对较低。其次是子女上学和衣着,分别占比13%和11%。镇区基础设施不够完善,休闲娱乐设施匮乏,居民缺少娱乐场所以及娱乐消费观念落后造成了镇区居民的娱乐支出占比较低。

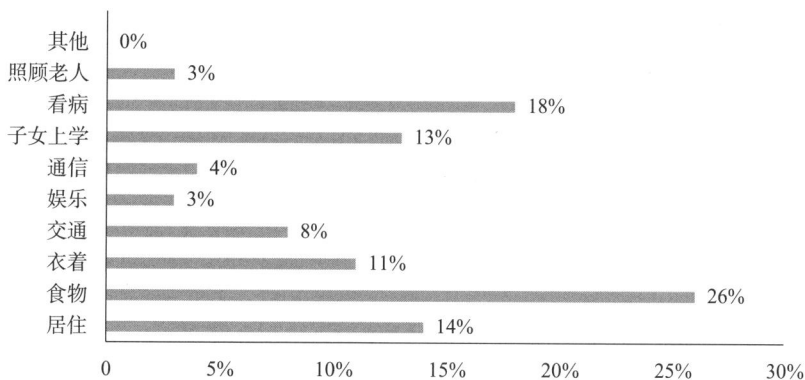

图5 居民各项支出构成比平均值

居民住房以自建平房为主,住宅配套基础设施建设相对滞后。镇区居民住宅以平房为主,平房占镇区居民住宅的87.3%,4层以上住宅仅占1%(表1)。由于特殊的生育政策,维吾尔族家庭人口相对较多,且大多家庭需要一定的室内宗教活动场所,楼房无法提供充足的空间是镇区居民大多选择平房作为住宅的重要原因。此外，经济发展相对落后也是居民选择平房住宅的原因之一。居民住房状况较为落后，水、气、热等基础配套设施建设较差。居民住房类型以自建房为主，62.2%的住宅建成年代在2000年以后。居民住房条件改善的主要途径为重新翻建（63.5%），其次为到镇区购买商品房（17.3%），这主要是由于当地房地产市场不健全，基本处于未起步状态。

居民住宅高度 　　　　表1

楼层	占比	楼层	占比
平房	96%	4～6层楼房	1%
2～3层楼房	2%	7～9层楼房	1%

居民对镇区生活总体满意度较高，出行交通工具以摩托车为主。居民对镇区生活的总体评价、住房条件、自然生态比较满意，对于产业的发展、就业机会、公共服务、城镇风貌等感到一般，而对于邻里氛围、交通出行条件感到很满意。不满意的地方表现在基础设施方面（表2）。镇区基础设施建设滞后的主要原因是资金缺乏，这一方面是由于当地经济发展落后，缺少财政来源，另一方面也与国家政策支持力度相对较小有关。今后可以通过提高基础设施的投入与改善力度，提升人们对于镇区整体的满意度。

居民对城镇化生活满意度情况 　　　　表2

	满意	较满意	一般	不太满意	很不满意
总体评价	15.0%	37.6%	41.9%	5.4%	0
产业发展	6.5%	17.2%	64.5%	4.3%	7.5%
就业机会	9.6%	17.2%	50.5%	19.3%	3.2%
公共服务	22.4%	31.1%	38.3%	7.5%	1.5%
住房条件	19.9%	37.3%	28.4%	11%	3.5%
基础设施	15.9%	21.9%	38.8%	22.4%	1.0%
自然生态	26.4%	36.3%	28.4%	7.0%	2.0%
邻里氛围	57.2%	27.9%	11.4%	3.0%	0.5%
交通出行	34.4%	25.8%	21.5%	18.2%	0.5%
城镇风貌	28.4%	29.4%	36.3%	3.5%	2.5%

居民出行交通工具以灵活机动的摩托车为主，其次是电动车与自行车。公共交通建设相对落后，到县城的公交车每天仅有2趟。

4. 经济产业

近年来经济发展速度不断加快，资金来源以本地城市为主。2015年克孜勒镇GDP平均值为44699.7万元，人均GDP平均值为20008.7元。2015年社会固定资产投资3000万元，工业固定资产投资额500万元，社会消费品零售总额2422万元。投资来源主要来自本地城市，或来自新疆维吾尔自治区的大城市，如乌鲁木齐等（表3）。语言交流障碍和对当地安全局势不确定性的担忧是限制外来资金进入的主要原因。

不同来源工商业项目投资额占比平均值、吸纳本镇就业人口占比平均值

表3

投资来源	投资额占比平均值	吸纳本地就业占比平均值
境外（外商及港澳台）	0	0
大城市	33%	40%
本地城市（本县市）	67%	60%
本镇	0	0
返乡创业	0	0

经济发展方面，形成了以农业为主导产业，农牧业结合的基本经济格局。克孜勒镇三产产业结构比值为6：1：3，第一产业占比较高。其中，第一产业的发展以林果业种植为主，2015年，全镇林果业种植面积达11.5万亩，果品销售总额占当年全镇GDP总额的49%。林果业成为克孜勒镇当地增收致富的支柱型产业。克孜勒镇当地种植了大面积的红枣与核桃，果业加工企业、合作社、作坊数目较多，为当地居民带来了经济收入。此外，近年来全镇农业设施水平逐渐提升，农业逐渐向现代化、精细化发展。棉花等特色产业也不断引进优良品种、推广节水滴灌技术。

镇区二、三产业的发展以服务当地第一产业为核心。克孜勒镇现有乡（镇）企业5家，其中果业加工3家、化肥加工1家、棉业加工1家。第二产业

的发展以农副产品加工为主，如乌鲁格亚农业科技服务专业合作社主要经营红枣加工，收购农产品并吸纳当地劳动力就业。第三产业以传统的零售、餐饮和农资销售为主，目前镇上有便利超市53家、快餐店29家、农资销售店25家，主要满足镇域居民的基本生活需求和农业生产需求。

5. 空间特征

用地空间结构组织合理，用地权属以集体用地为主，土地利用效率偏低。克孜勒镇建成区面积达1.69km^2（包括工业园），其中建设用地达144.1hm^2，占总面积的84.8%。整体城镇沿两条乡道呈带状东西向分布。城镇核心区位于东南部的十字路口处，为镇区居民提供基本的生活服务；西北部为工业园区，主要为农副产品加工厂；中部为集市区，主要为每周定期举行的"万人大巴扎"提供场地，服务于镇域甚至是镇外的农村居民。城镇镇区整体结构分明，空间组织良好。

克孜勒镇镇区建设用地中，国有土地达29.25hm^2，占总建设用地的20.3%；集体土地达114.85hm^2，占总建设用的79.7%。国有土地主要集中在技术设施用地及公共服务用地上。

克孜勒镇镇区土地利用存在一定程度上的用地粗放现象，主要的闲置用地集中在工业区，这与西部地区地广人稀的人口资源分布特征密切相关（表4）。人均建设用地达到了267.75m^2，远远超过了城镇人均用地100m^{2}的国家标准。城镇土地缺乏集约化利用，基本为1～2层低层建筑，镇区总体容积率仅有0.146，工业用地、商业用地占地面积过大，而人口规模过小。

不同类型建设用地空间比例 表4

建设用地类型	面积（hm^2）	比例
居住用地	48.2	42.3%
商住混合用地	0.3	0.2%
商业服务业设施用地	17.8	15.2%
公共管理与公共服务用地	18.6	12.9%
公用设施用地	1.1	0.8%
绿地广场用地	7.1	6.2%
工业仓储用地	41.0	36.0%

不同类型土地具有不同的利用特征。居住用地组织效率低下，人均宅基地面积较少，但是户均宅基地面积较大。由于特殊的生活习惯，克孜勒镇居民更加倾向于选择平房作为住宅，镇区的住宅全部为街坊式住房，组织效率低下。住宅中仅有2栋高层，且楼层高度仅为5层，为中学家属楼，其余均为平房，最大高度仅为2层。镇区居民人均宅基地面积仅96.5m²，低于全国平均水平，但是由于户均人口较多，镇区户均宅基地面积476.9m²，在全国处于中等偏上水平。

商业用地沿主干道分布，在一定程度上呈现组团集聚性。克孜勒镇商业用地多沿主干道分布，共有商业设施238处，其中沿街商铺236家，商业总建筑面积达10105.36m²。商业服务设施的类型分布也体现出了一定程度上的组团集聚性，如十字路口是克孜勒镇的中心区，多分布一些生活零售如家电、果蔬、肉品、熟食等，而北部为公共服务区，所以多分布一些办公服务如打印、快递以及餐饮等，西部则更多的是建材、农资等。这些组团性的商业服务更多针对的是城镇内部居民。

工业仓储用地占比较高，土地利用效率有待提高。克孜勒镇工业用地达41.04hm²，占建设用地比例达35.97%，远高于全国平均水平。主要工业用地集中在镇西北处的工业园内部，土地利用效率低下，整个园区现有共4家企业，园区大量的土地处于闲置状态，土地利用效率有待进一步提高。

6. 设施水平

镇外交通便捷，但是镇内道路结构不合理，支路密度不足。克孜勒镇位于阿克苏市温宿县，距离温宿县城、阿克苏市车程均为1小时，到机场和火车站的车程也均在1小时左右，对外交通十分便捷。唯一制约的因素为镇区内的道路级别仍为乡道，长期以来道路投资较少，路面破损严重，无法承担大规模车辆运营，这也就造成了去往县城与市区的公共交通为面包车，运载量不足。

公共服务设施主要依靠上级政府投资，政府服务设施占地比例较高。公共服务设施建设主要依靠上级政府投资，在上级投资范围内的服务设施建设较好，如学校、卫生院等的建设，但是在政府投资范围覆盖不到的领域建设情况较差，如养老、文化服务以及给排水、供暖、供热等。克孜勒镇位于少数民族地区，具有更强的行政中心职能，镇工商、司法、行政、宣传、农业管理等政府部门均有自己的独立用地，政府服务设施占公服用地比例约为26%，整体上政府服务设施占地比例较高。

7. 小结

克孜勒镇是南疆地区典型的农业服务型小城镇，全镇维吾尔族人口占到95%以上，当地语言以维吾尔语为主。作为镇域内的政治经济中心，具有一定的人口集聚能力，但是辐射范围有限，其人口集聚的主要障碍是产业支撑能力不足。受少数民族地区特殊人口政策影响，克孜勒镇人口年龄结构呈现纺锤形，人口老龄化程度远低于全国平均水平。镇区家庭类型构成以小型化的核心家庭为主。在居民生活方面，克孜勒镇居民收入来源以农业为主，家庭支出以满足基本生活需要的必需支出为主。由于维吾尔族家庭人口相对较多，且大多家庭需要一定的室内宗教活动场所，楼房无法提供充足的空间，镇区居民的住宅类型大多选择自建平房。住宅配套基础设施建设相对滞后。居民对镇区生活总体满意度较高，出行交通工具以摩托车为主。

在产业经济方面，近年来克孜勒镇经济发展速度不断加快，但是投资资金来源以本地城市为主，语言交流障碍和对当地安全局势不确定性的担忧是限制外来资金进入的主要原因。全镇基本形成了以农业为主导产业，农牧业结合的经济格局。第一产业占国民经济总产值的60%，林果种植业（大枣、核桃）是其支柱产业。镇区二、三产业的发展以服务当地第一产业为核心，其中第二产业主要以初级农产品加工为主，第三产业主要以满足镇区和镇域居民的基本生活需求和农业生产需求为主。

在空间特征方面，克孜勒镇的用地空间结构组织合理，用地权属以集体用地为主，土地利用效率偏低。不同类型土地具有不同的利用特征，其中居住用地组织效率低下，人均宅基地面积较少，但是户均宅基地面积较大；商业用地沿主干道分布，在一定程度上呈现组团集聚性；工业仓储用地占比较高，但土地利用效率有待提高。在基础设施建设方面，克孜勒镇镇区的对外交通较为便捷，但是镇内道路结构不合理，支路密度不足。公共服务设施主要依靠上级政府投资，由于位于少数民族地区，克孜勒镇具有更强的行政中心职能，政府服务设施占地比例较高。

附图 典型镇用地现状图

双塘镇用地权属和功能现状图

图例

	居住用地		公共设施用地		水域
	商住混合用地		绿地广场用地		道路
	商业服务设施用地		农林用地		国有用地(其余为集体用地)
	公共管理与公共服务用地		工业仓储用地		镇区边界

札萨克镇用地权属和功能现状图

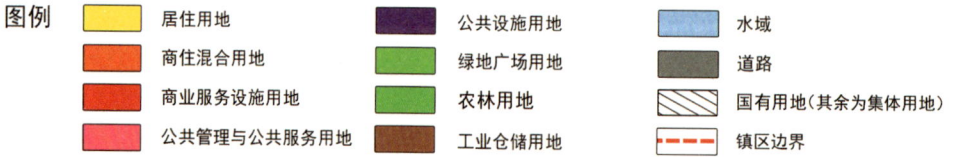

图例

- 居住用地
- 商住混合用地
- 商业服务设施用地
- 公共管理与公共服务用地
- 公共设施用地
- 绿地广场用地
- 农林用地
- 工业仓储用地
- 水域
- 道路
- 国有用地（其余为集体用地）
- 镇区边界

东梁镇用地权属和功能现状图

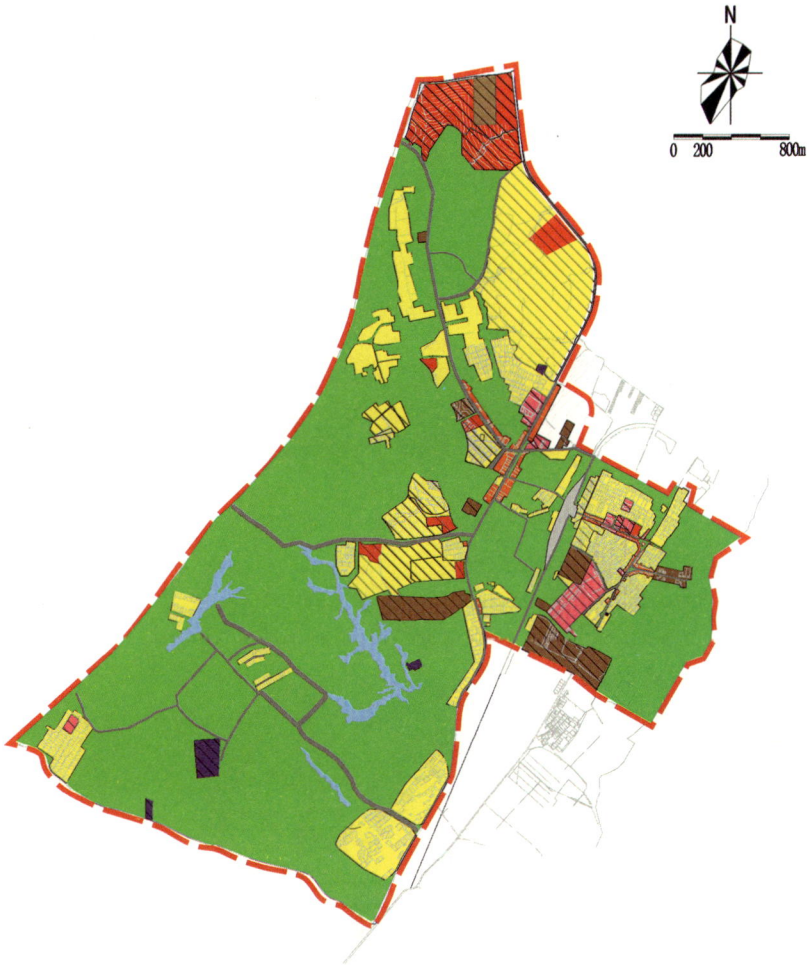

N

0 200 800m

图例

居住用地
公共设施用地
水域

商住混合用地
绿地广场用地
道路

商业服务设施用地
农林用地
国有用地（其余为集体用地）

公共管理与公共服务用地
工业仓储用地
镇区边界

新桥镇用地权属和功能现状图

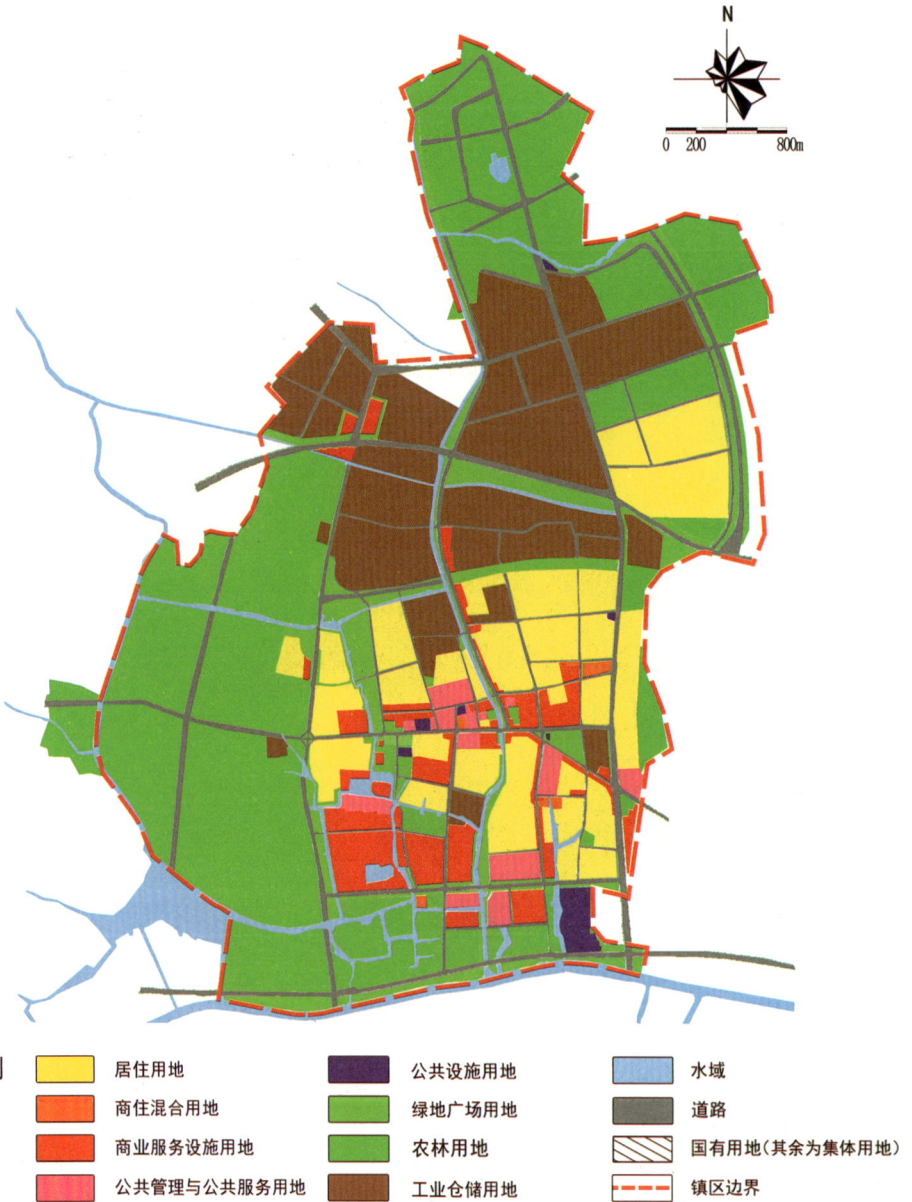

图例

居住用地
商住混合用地
商业服务设施用地
公共管理与公共服务用地

公共设施用地
绿地广场用地
农林用地
工业仓储用地

水域
道路
国有用地(其余为集体用地)
镇区边界

云岭镇用地权属和功能现状图

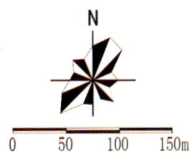

N

0　50　100　150m

图例

	居住用地		公共设施用地		水域
	商住混合用地		绿地广场用地		道路
	商业服务设施用地		农林用地		国有用地（其余为集体用地）
	公共管理与公共服务用地		工业仓储用地		镇区边界

西滨镇用地权属和功能现状图

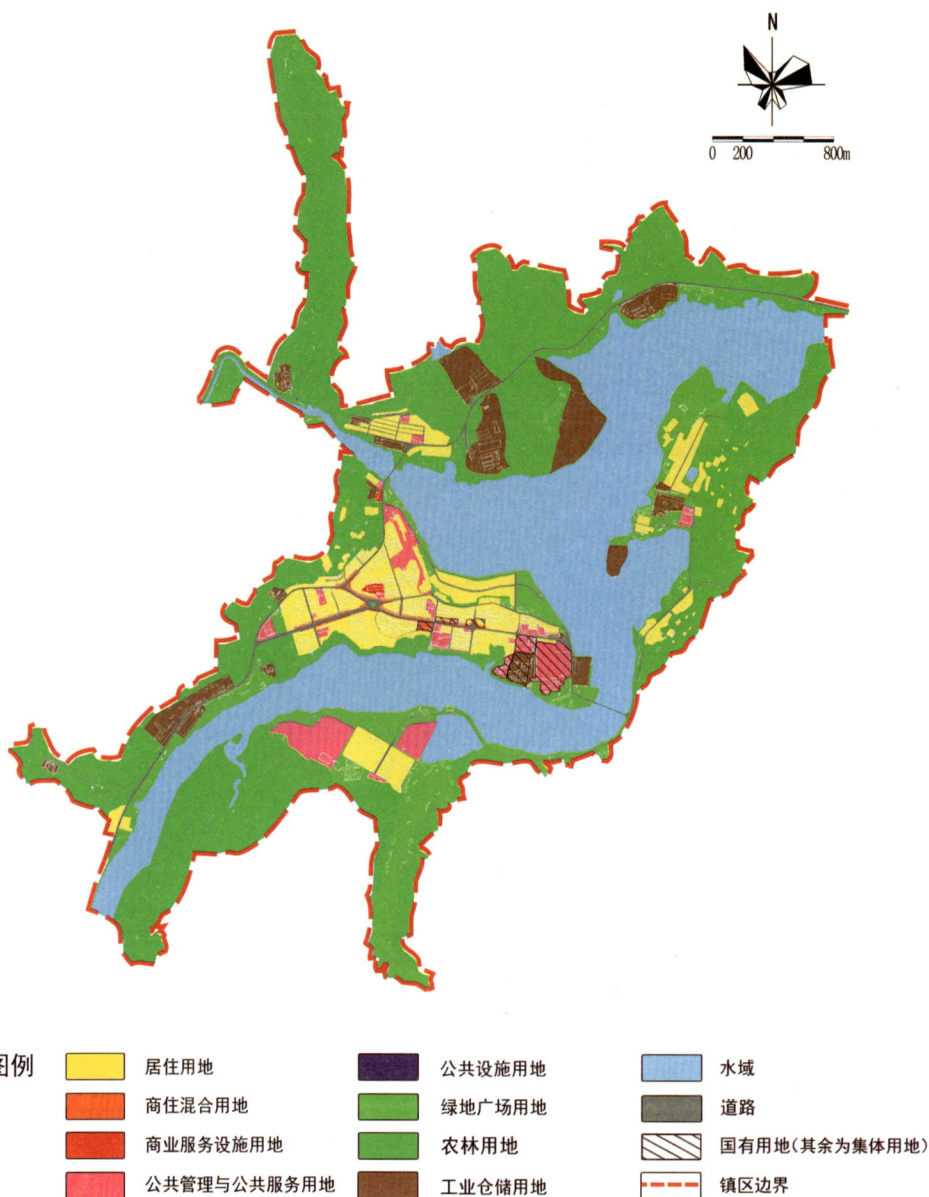

N

0 200   800m

图例

居住用地	
商住混合用地	
商业服务设施用地	
公共管理与公共服务用地	
公共设施用地	
绿地广场用地	
农林用地	
工业仓储用地	
水域	
道路	
国有用地(其余为集体用地)	
镇区边界	

万德镇用地权属和功能现状图

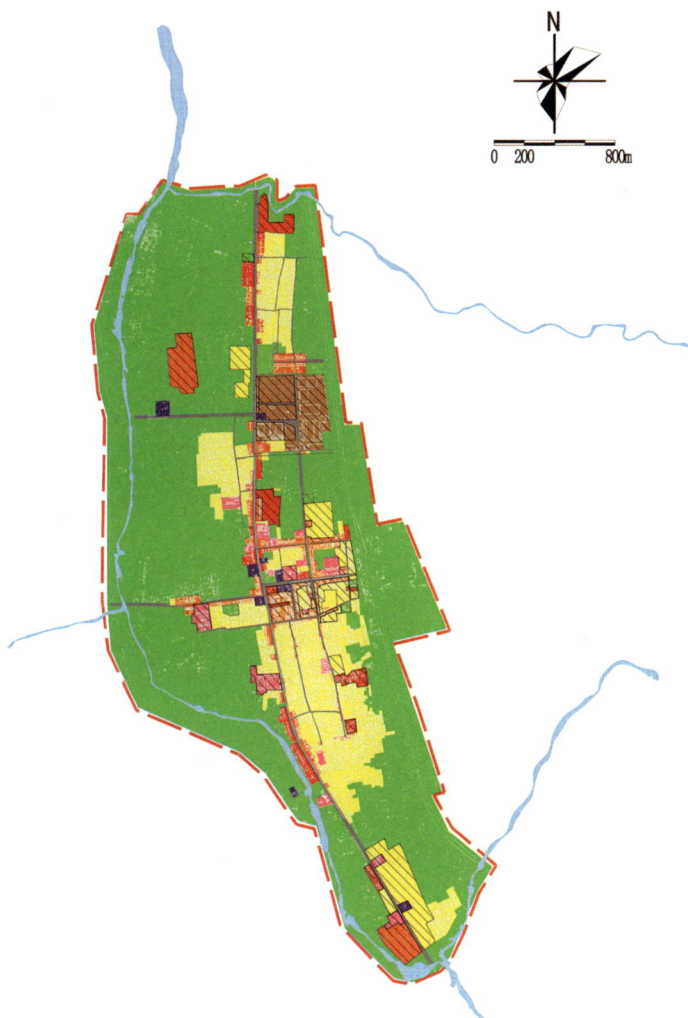

N

0 200 800m

图例

居住用地	公共设施用地	水域	
商住混合用地	绿地广场用地	道路	
商业服务设施用地	农林用地	国有用地（其余为集体用地）	
公共管理与公共服务用地	工业仓储用地	镇区边界	

龙潭镇用地权属和功能现状图

N

0 500 1000 1500m

图例

居住用地

商住混合用地

商业服务设施用地

公共管理与公共服务用地

公共设施用地

绿地广场用地

农林用地

工业仓储用地

水域

道路

国有用地（其余为集体用地）

镇区边界

山塘镇用地权属和功能现状图

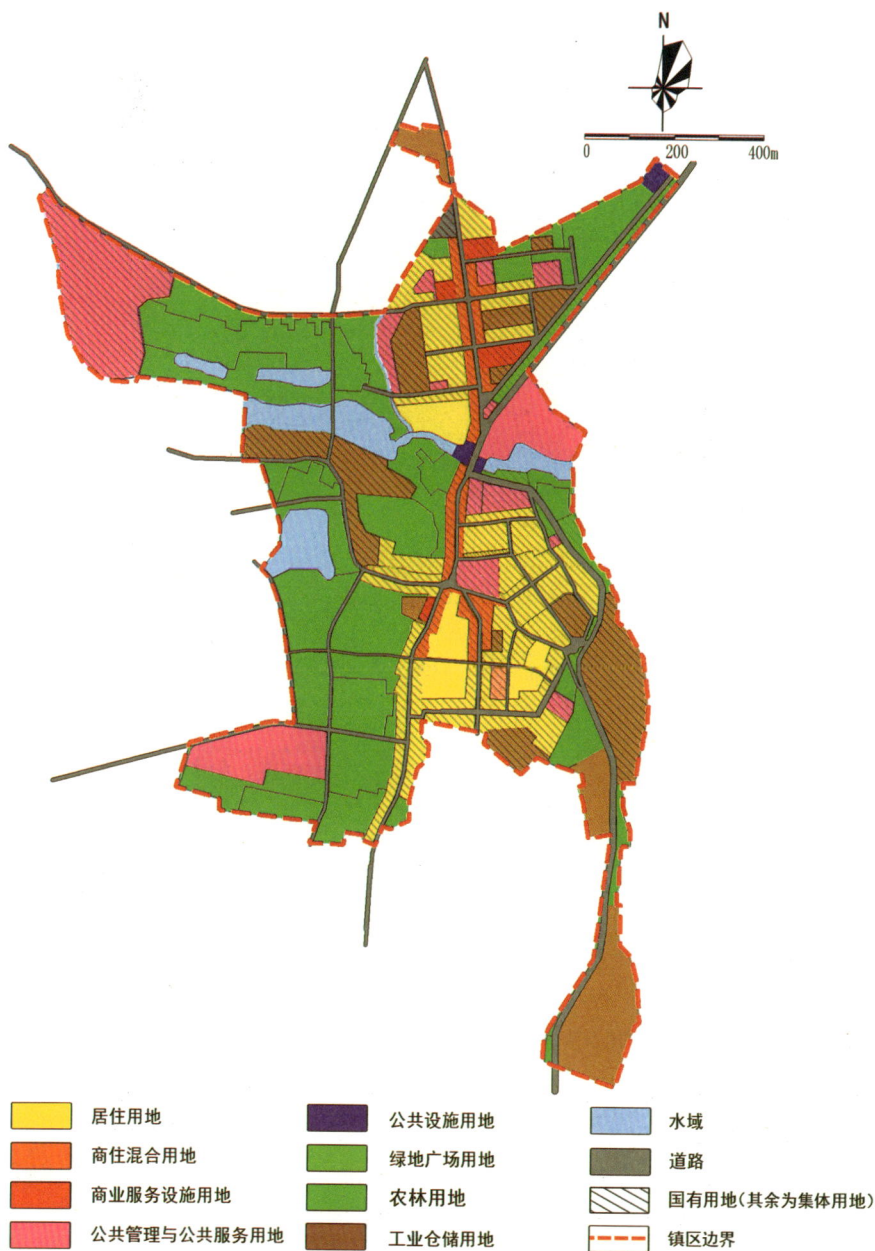

图例

- 居住用地
- 商住混合用地
- 商业服务设施用地
- 公共管理与公共服务用地
- 公共设施用地
- 绿地广场用地
- 农林用地
- 工业仓储用地
- 水域
- 道路
- 国有用地（其余为集体用地）
- 镇区边界

冯坡镇用地权属和功能现状图

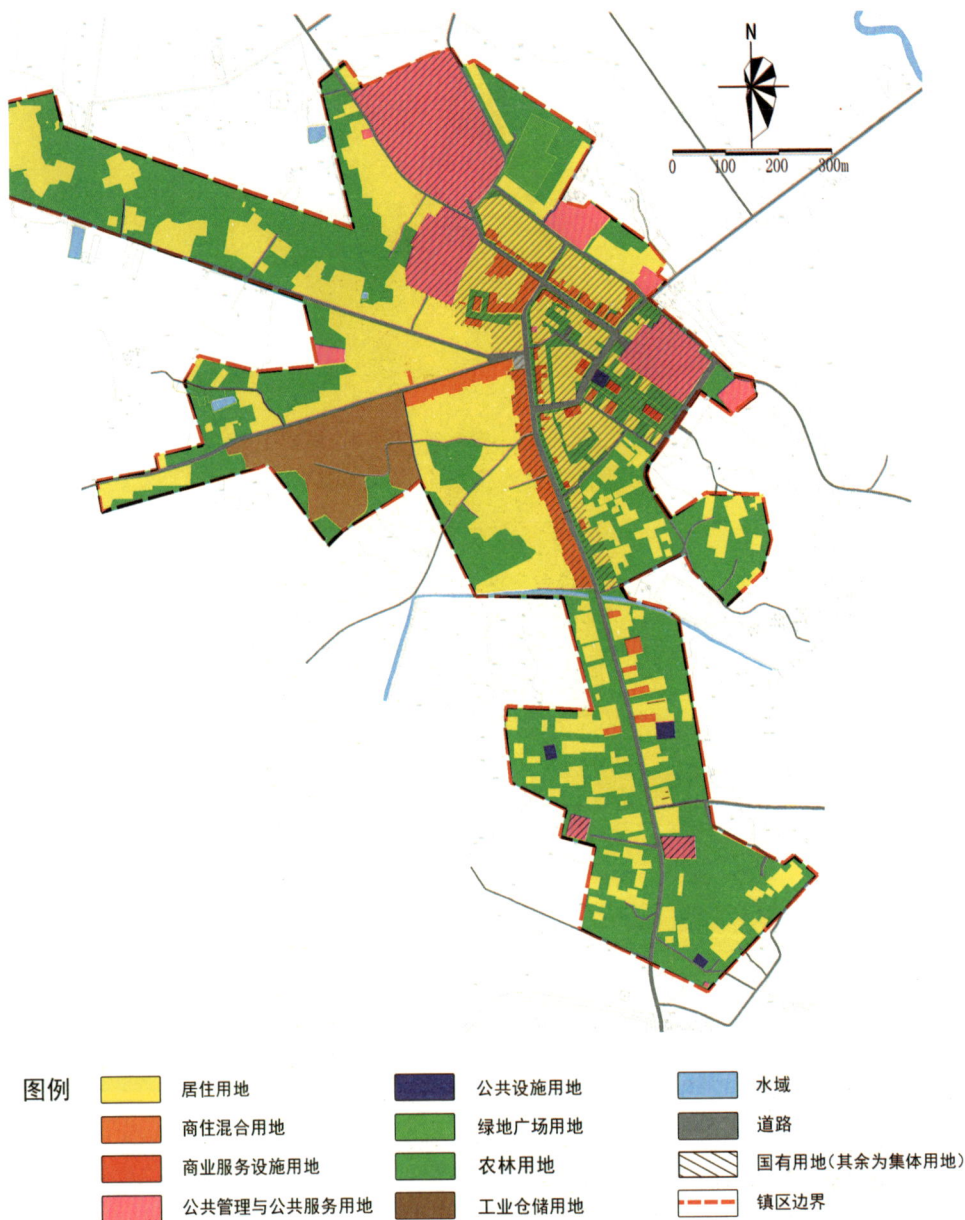

图例

居住用地		公共设施用地		水域		
商住混合用地		绿地广场用地		道路		
商业服务设施用地		农林用地		国有用地（其余为集体用地）		
公共管理与公共服务用地		工业仓储用地		镇区边界		

南平镇用地权属和功能现状图

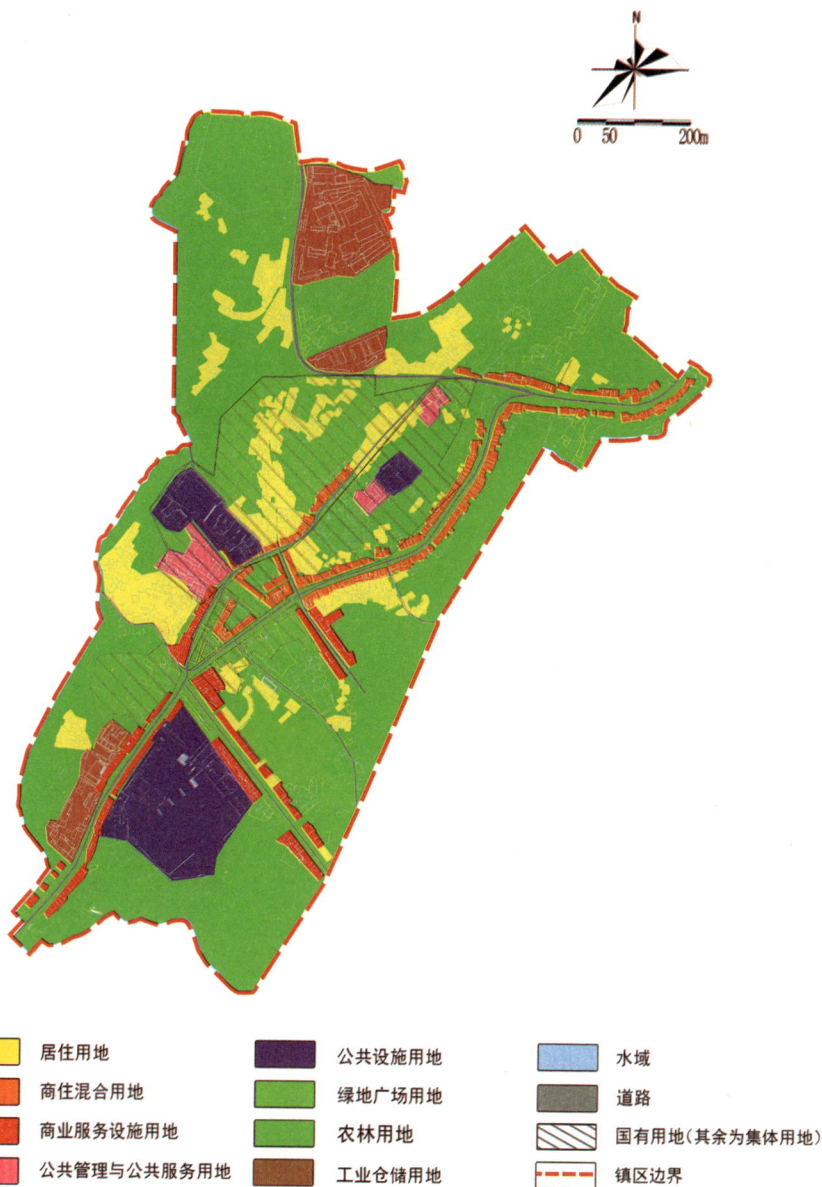

图例

居住用地		公共设施用地		水域	
商住混合用地		绿地广场用地		道路	
商业服务设施用地		农林用地		国有用地（其余为集体用地）	
公共管理与公共服务用地		工业仓储用地		镇区边界	

永兴镇用地权属和功能现状图

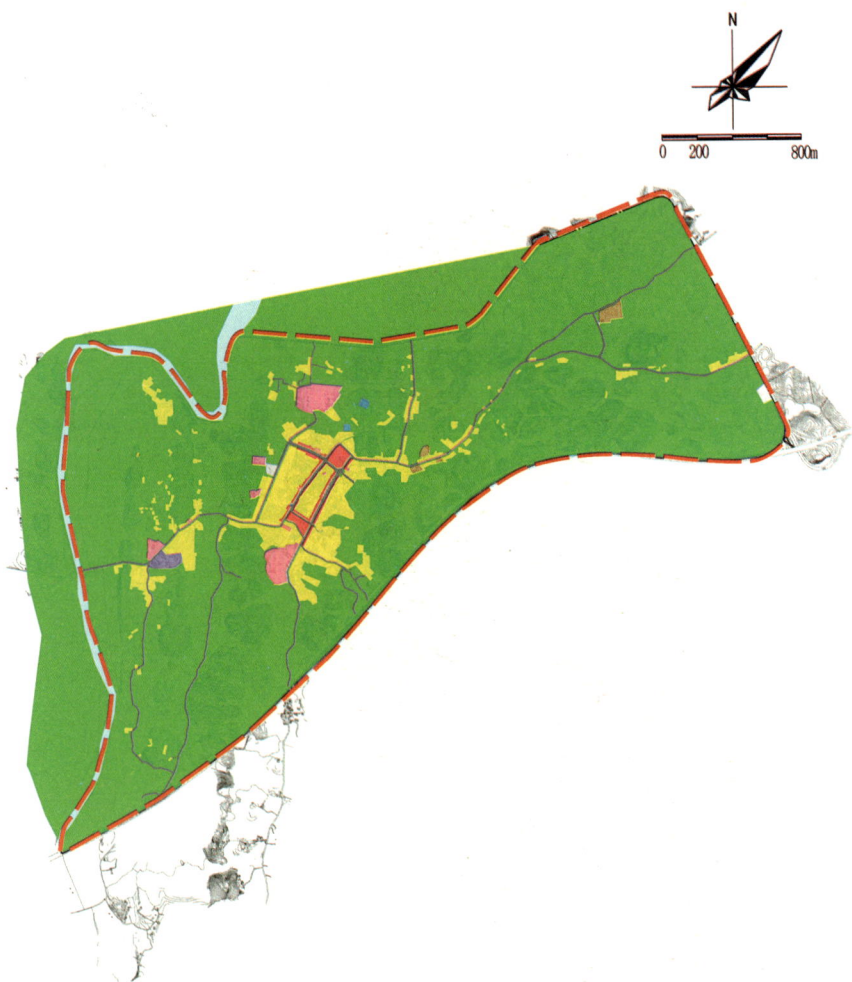

图例

居住用地		公共设施用地		水域		
商住混合用地		绿地广场用地		道路		
商业服务设施用地		农林用地		国有用地(其余为集体用地)		
公共管理与公共服务用地		工业仓储用地		镇区边界		

桑耶镇用地权属和功能现状图

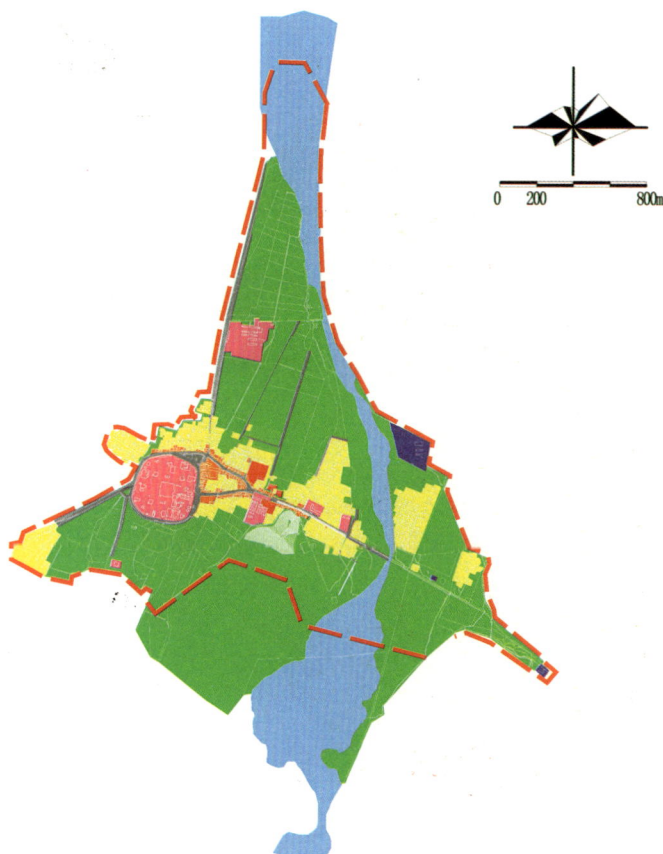

0　200　　　800m

图例

居住用地 公共设施用地 水域
商住混合用地 绿地广场用地 道路
商业服务设施用地 农林用地 国有用地（其余为集体用地）
公共管理与公共服务用地 工业仓储用地 镇区边界

什川镇用地权属和功能现状图

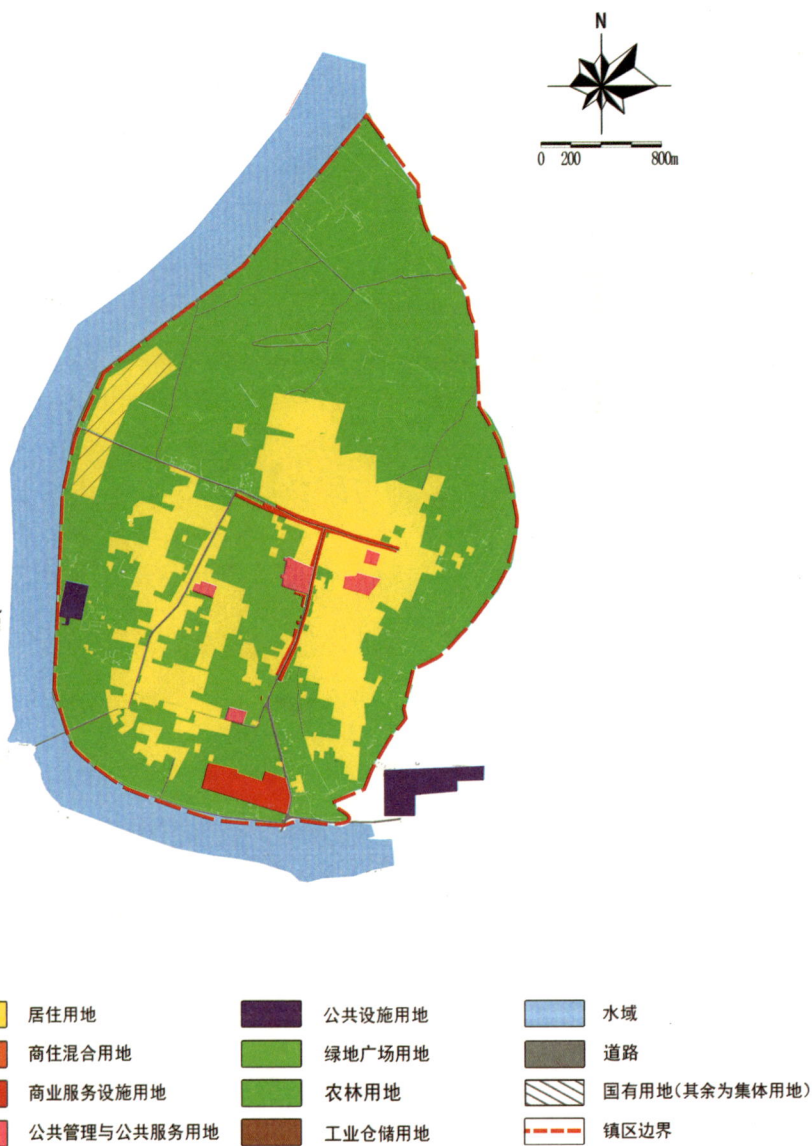

图例

居住用地	公共设施用地	水域
商住混合用地	绿地广场用地	道路
商业服务设施用地	农林用地	国有用地（其余为集体用地）
公共管理与公共服务用地	工业仓储用地	镇区边界

克孜勒镇用地权属和功能现状图

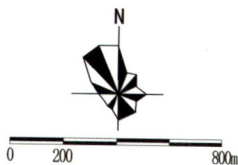

N

0 200   800m

图例
居住用地	公共设施用地	水域
商住混合用地	绿地广场用地	道路
商业服务设施用地	农林用地	国有用地(其余为集体用地)
公共管理与公共服务用地	工业仓储用地	镇区边界